Gopnik • Kuhl • Meltzoff **Forschergeist in Windeln**

Wie Ihr Kind die Welt begreift

W0195769

Für all unsere Kinder

Alison Gopnik • Patricia Kuhl • Andrew Meltzoff

Forschergeist in Windeln

Wie Ihr Kind die Welt begreift

Aus dem Amerikanischen von
Gabriele Turner

ARISTON

Die amerikanische Originalausgabe erschien unter dem Titel
The Scientist in the Crib. Minds, Brains, and how Children learn
bei William Morrow and Company Inc., New York.

Dr. Alison Gopnik
Dr. Andrew N. Meltzoff
Dr. Patricia K. Kuhl

Die Deutsche Bibliothek – CIP-Einheitsaufnahme
Gopnik, Alison:
Forschergeist in Windeln : Wie Ihr Kind die Welt begreift / Alison Gopnik ;
Patricia Kuhl ; Andrew Meltzoff. Aus dem Amerikan. von Gabriele Turner. -
2. Aufl. - Kreuzlingen ; München : Hugendubel, 2001
(Ariston)
Einheitssacht.: The scientist in the crib ‹dt.›
ISBN 3-7205-2150-8

2. Auflage 2001
© by Alison Gopnik, Patricia K. Kuhl, Andrew N. Meltzoff, 1999
© der deutschsprachigen Ausgabe Heinrich Hugendubel Verlag,
Kreuzlingen/München 2000
Alle Rechte vorbehalten

Umschlaggestaltung: Zembsch' Werkstatt, München, unter Verwendung
eines Fotos von Image Bank, München
Produktion: Maximiliane Seidl
Satz und Repro: EDV-Fotosatz Huber/Verlagsservice G. Pfeifer, Germering
Druck und Bindung: Huber, Dießen
Printed in Germany

ISBN 3-7205-2150-8

Du, dessen äußere Erscheinung nicht
Von Seelengröße spricht,
Du bester Weiser, der du noch nicht fliehst
Dein Erbteil, Auge unter Blinden du,
Der stumm und taub die ewige Tiefe liest,
Vom ewigen Geist durchdrungen immerzu:
Seher! Mächtiger Prophet!
Voll Wissen du, um das wir stet
Ein Leben lang uns mühen ohne Ruh ...
Nur Kind! Doch herrlich durch das Himmelsgut
Der Freiheit auf dem Gipfel deines Seins ...

Wordsworth,
»Ode: Ahnungen der Unsterblichkeit
durch Erinnerungen an die frühste Kindheit«

INHALT

VORWORT

Wissenschaft und Babys? Wir haben dieses Buch geschrieben, um zu zeigen, dass Wissenschaft und Kleinkinder zusammengehören. In den vergangenen dreißig Jahren haben sich Wissenschaftler wie wir in den Wiegen umgesehen – und in Laufgittern, Kinderkrippen und Vorschulen. Hunderte von exakten wissenschaftlichen Studien sind veröffentlicht worden, die uns erklären, wie Babys und Kleinkinder denken und lernen. Diese Studien haben unsere Vorstellungen von Babys und Kleinkindern und vom Wesen des menschlichen Geists und Gehirns radikal verändert. Außerdem haben sie dazu beigetragen, bedeutsame, uralte philosophische Fragen zu beantworten. Ein Blick in die Wiege und die Kinderkrippe lehrt uns genauso viel wie ein Blick in die Petri-Schale oder durchs Teleskop. In mancher Hinsicht lehrt er uns sogar mehr – wir lernen, was es heißt, ein Mensch zu sein.

In diesem Buch erzählen wir die Geschichte der neuen Wissenschaft, die sich mit dem Bewusstsein des Kindes beschäftigt. Diese Geschichte dürfte für jeden von Bedeutung sein, der sich für den menschlichen Geist und das menschliche Gehirn interessiert. Sie ist ein Kernstück der neuen Disziplin, die man als Kognitionswissenschaft bezeichnet. Die Kognitionswissenschaft hat die Psychologie, Philosophie, Linguistik, Informatik und die Neurowissenschaft vereint. Auf neue wissenschaftliche Erkenntnisse stößt man oft an Orten, an denen man es nicht erwartet, die man gar für unbedeutend hält – und einige der wichtigsten Erkenntnisse der Kognitionswissenschaft wurden im Kinderbett und in der Kinderkrippe gewonnen. Kinder verstehen zu lernen hat uns geholfen, uns selbst neu zu verstehen.

Wissenschaftler und Kinder haben noch weitere Gemeinsamkeiten. Die neue Forschung zeigt, dass Babys und kleine Kinder mehr von der Welt wissen und über sie lernen, als wir uns je hät-

11

ten träumen lassen. Sie denken, ziehen Schlüsse, treffen Voraussagen, halten Ausschau nach Erklärungen und führen sogar Experimente durch. Wissenschaftler und Kinder gehören zusammen, weil sie die lernbegierigsten Schüler sind, die man sich vorstellen kann. Und das bedeutet, dass auch ganz gewöhnliche Erwachsene größere Lernfähigkeit besitzen, als wir vielleicht gedacht hatten. Denn schließlich sind alle Erwachsenen ehemalige Kinder und potenzielle Wissenschaftler.

Wir hoffen, dass dieses Buch zeigen wird, dass Wissenschaftler und Kinder auch noch in manch anderer Hinsicht Ähnlichkeiten aufweisen. Eltern interessieren sich stark, ja leidenschaftlich für Kinder, oder zumindest für ihre eigenen. Doch müssen sie feststellen, dass ihr Interesse an Kindern anders behandelt wird als ihr Interesse für die Wissenschaft. Wissenschaftliche Bücher gehen davon aus, dass ihre Leser ernst zu nehmende, gut unterrichtete, intelligente, welterfahrene Erwachsene sind, die einfach etwas über die Dinge wissen möchten, die ihnen wichtig sind. Bücher über Babys und Kinder dagegen sind fast durchwegs Ratgeber – »Wie-mach-ich's« -Bücher. Das ist ungefähr so, als wenn man über die Evolution nur in Handbüchern über Hundezucht lesen könnte und nicht bei Stephen Jay Gould. Oder so, als wenn der Laie noch nie von Stephen Hawking gehört hätte und sich sein Wissen über den Kosmos auf die Identifizierung der Sternbilder beschränken würde. Ratgeber können außerordentlich nützlich sein – aber sie sollten nicht die einzigen Bücher sein, in denen Eltern sich über etwas informieren können, das ihnen so sehr am Herzen liegt wie ihre Kinder.

Unser Buch wird hoffentlich dazu beitragen, diese Lücke zu schließen. Die Wissenschaft vom Bewusstsein der Babys dürfte besonders für diejenigen Menschen faszinierend sein, die tagtäglich mit Babys und Kleinkindern zusammen sind. Das Bild vom Kind, das wir gewonnen haben, wirkt gleichzeitig erstaunlich vertraut und erstaunlich fremd. Eltern, die dieses Buch lesen, werden vermutlich doppelt fassungslos sein: über das, was sie aus eigener Erfahrung so gut kennen, und über das, was ihnen neu ist.

Es gibt noch einen weiteren Grund, warum Wissenschaftler und Kinder vieles gemein haben. Jeder Mensch sollte ein Interesse daran haben, Kinder zu verstehen, weil die Zukunft der Erde buchstäblich von ihnen abhängt. Das hat man in den letzten Jahren mehr und mehr eingesehen. Aber die politischen Maßnahmen für Kinder werden nur dann richtig greifen, wenn die Wissenschaft richtig greift. Die Fernsehstatements und Zeitungskommentare zu diesem Thema stellen die Dinge allzu vereinfacht dar. Wenn die Bürger und Wähler die richtigen politischen Entscheidungen über Kinder treffen sollen, müssen sie verstehen, was die Wissenschaft sagt (und was sie nicht sagt).

Als wir dieses Buch schrieben, standen wir vor den Problemen, die Wissenschaftler immer haben, wenn sie versuchen, ihre Forschungen zu erklären. Wissenschaft ist elegant und methodisch. Aber sie ist auch unordentlich, laut, kompliziert und immer wieder in Kontroversen und Auseinandersetzungen verstrickt. Wir haben versucht, diejenigen Experimente, Schlussfolgerungen, Ideen und Spekulationen herauszugreifen, die wir für die interessantesten halten, aber wir konnten unmöglich das gesamte Gebiet in allen seinen Schattierungen und in seiner ganzen Vielschichtigkeit beleuchten. Wir haben versucht, deutlich zu machen, wann wir unsere eigenen Ansichten darlegen und wann wir von Vorstellungen sprechen, die in Fachkreisen bereits allgemein anerkannt sind. Und wir haben versucht, auf all die vielen Fragen hinzuweisen, die noch unbeantwortet sind.

Wie jede Wissenschaft, so fußt auch die neue Entwicklungsforschung auf den vereinten Anstrengungen von buchstäblich Tausenden von Wissenschaftlern. Es wäre unmöglich, sie alle im Text zu erwähnen, zumal sich der Leser dann wie auf einer Party vorkäme, auf der dauernd über Leute gesprochen wird, die er nicht kennt. Wir haben versucht, dies zumindest teilweise wieder gutzumachen, indem wir am Ende des Bandes detaillierte, umfangreiche Quellen- und Literaturhinweise geben. Damit möchten wir unsere Thesen wissenschaftlich belegen und aufzeigen, wo die wesentlichen Ideen am besten und klarsten dargestellt sind.

Ein Teil der Botschaft dieses Buchs lautet, dass Kinder deswegen so viel können, weil sie Hilfe von Menschen erhalten, denen sie etwas bedeuten. Auf Autoren trifft das sogar noch mehr zu. Dieses Buch baut auf den Erkenntnissen einer ganzen Generation von Wissenschaftlern auf, die gezeigt haben, dass Babys Forschergeist besitzen und dass es wichtig und wertvoll ist, diesen Forschergeist zu erforschen. Und es baut auch auf der Mithilfe von Tausenden von Eltern und Kindern auf, die in großem Umfang und voller Begeisterung an den Untersuchungen mitgewirkt haben.

Unsere eigenen Ideen und Forschungen wurden durch Zuschüsse der *National Science Foundation* und der *National Institutes of Health* unterstützt (NSF9213959, HD22514, HD18286, HD34565 und DC00520). Großzügig unterstützt wurden wir auch von der Fakultät für Psychologie, dem Institut für menschliche Entwicklung und dem Institut für kognitive Wissenschaften der University of California at Berkeley sowie von der Fakultät für Psychologie, der Fakultät für Sprach- und Hörwissenschaften und dem *Center on Human Development and Disabilities* der University of Washington. Auch unseren Kollegen und den Studenten an beiden Universitäten schulden wir Dank.

John Campbell und Danny Povinelli haben Manuskripte zu diesem Buch gelesen und kommentiert, wofür wir sehr dankbar sind. Wir hatten ungewöhnliches »genetisches« Glück: Von Adam Gopnik, der ein ebenso großherziger Bruder wie hervorragender Autor ist, kamen besonders wertvolle Kommentare und Anregungen, und Julian Meltzoff steuerte sowohl die Weisheit eines Vaters als auch die eines Wissenschaftlers und wohlwollenden Lesers bei. Unsere Agentin Katinka Matson trug dazu bei, das Projekt zu realisieren. Toni Sciarra vom Verlag Morrow zeigte sich stets begeistert und hilfsbereit – ein Lektor, wie er im Buche steht. Dank geht auch an Keith Moore für viele Jahre kollegialer Zusammenarbeit und an Craig Harris, Calle Fisher und Erica Stevens für ihre Hilfe bei der Forschung und bei der Fertigstellung des Endmanuskripts.

Zu guter Letzt danken Autoren dann immer ihren Familien. Bei unserem Buch hat dieser Dank jedoch eine spezielle Bedeutung.

Denn für uns ist die Beschäftigung mit der Kindheit deswegen so befriedigend, weil unsere eigene Kindheit so voller Licht war und wir Eltern, Brüder und Schwestern hatten, die uns gleichzeitig liebten und lehrten. Unser tief empfundener Dank gilt Irwin und Myrna Gopnik und Adam, Morgan, Hilary, Blake und Melissa; Julian und Judith Meltzoff und Nancy; Joe und Susan Kuhl und Delphine, Donna, Benno und Shirley.

Die Wissenschaft und die Kinder einander näher zu bringen war nicht nur das Projekt dieses Buches – es ist auch das wichtigste und befriedigendste Projekt unseres Lebens. Andy und Pat sind miteinander verheiratet und tief dankbar, einander zu haben. Den größten Dank muss jedoch Alison ihrem Mann, George Lewinski, für seine Hilfe bei diesem Projekt aussprechen. Und ohne unsere Kinder – Katherine Meltzoff und Alexei, Nicholas und Andres Gopnik-Lewinski – hätte dieses Buch schlicht nicht geschrieben werden können. Ihnen und allen anderen Kindern ist es gewidmet.

KAPITEL EINS

Alte Fragen und eine junge Wissenschaft

Gehen Sie nach oben, öffnen Sie vorsichtig die Tür und schauen Sie ins Kinderbett. Was sehen Sie dort? Die meisten von uns sehen ein Bild der Unschuld und Hilflosigkeit, ein unbeschriebenes Blatt. Doch was wir in Wirklichkeit sehen, ist der großartigste Geist, der je existiert hat, der gewaltigste Lernapparat des ganzen Universums. Die kleinen Finger und der winzige Mund sind Forschungsgeräte, die die fremde Welt ringsum mit größerer Präzision erkunden als jeder Marsrover. Die schrumpligen Ohren nehmen ein Gewirr unverständlicher Geräusche wahr und verwandeln sie fehlerfrei in eine verständliche Sprache. Die weit geöffneten Augen, die Ihnen manchmal direkt ins Herz zu blicken scheinen, tun tatsächlich genau das und entschlüsseln dabei Ihre innersten Gefühle. Das verletzliche Köpfchen birgt ein Gehirn, das jeden Tag Millionen neuer Verbindungen herstellt. Zumindest das haben uns dreißig Jahre wissenschaftlicher Forschungen lehren können.

Diese Forschungen sind Gegenstand unseres Buches. Wie sind sie wirklich, diese uns tief vertrauten und doch überraschend fremden Wesen, die wir Kinder nennen? Natürlich haben sich die Menschen immer um ihre Kinder Gedanken gemacht, sich den Kopf über sie zerbrochen und sogar Qualen um sie ausgestanden. Aber meistens sind die Fragen, die man sich stellt, praktischer Natur. Teils sind es ganz unmittelbare Fragen: Wie bringt man das Kind dazu, mehr zu essen oder weniger zu schreien? Teils sind es Fragen, die in die Zukunft reichen: Wie macht man aus dem Kind einen richtigen Erwachsenen? Und in der Tat sind diese Fragen wichtig, entscheidend sogar für das Überleben jeder Zivilisation (und natürlich für jeden Vater und jede Mutter). Jedoch werden wir zu Fragen dieser Art nicht viel zu sagen haben. Dieses Buch wird Ihnen nicht verraten, wie Sie Ihr Baby pflegeleichter, schlauer oder hübscher machen können, wie Sie es zum Schlafen oder nach Harvard bringen. Bücher, die diese Fragen beantworten – oder zumindest behaupten, das zu tun –, gibt es genug. Sie finden Sie bei Ihrem Buchhändler gleich zwischen dem Regal mit den Kochbüchern und dem mit den Ratgebern für Heimwerker. Die Fragen, die wir stellen, sind gleichzeitig schwerer und leichter zu beantworten als die praktischen Fragen. Wir wollen Kinder verstehen, nicht renovieren.

Während die vermeintlichen Antworten auf die praktischen Fragen Bände füllen, ist es jedem, der mit Babys und Kleinkindern zusammenlebt oder sie auch nur beobachtet, schon einmal passiert, dass er sich plötzlich tief gehende Fragen stellt. Wir haben uns dafür entschieden, Entwicklungspsychologen zu werden und Kinder zu studieren, weil uns diese Fragen faszinieren. Diese brillanten Wesen mit den kleinen Körpern und den großen Köpfen verfügen über eine geradezu »außerirdisch« anmutende Intelligenz (auch wenn wir manchmal argwöhnen mögen, dass diese Außerirdischen nur darauf aus sind, uns zu ihren Sklaven zu machen). Babys sind faszinierend, rätselhaft und schlichtweg merkwürdig. Schauen Sie einmal eine Weile zu. Ein dreimonatiges Baby bemerkt die Streifen auf einer Einkaufstüte, die sein Vater durchs Zimmer trägt, und verfolgt sie mit den Augen, so konzentriert, dass es zu schielen anfängt. Ein Einjähriger zeigt im Zoo auf einen Elefanten und sagt triumphierend, im Brustton der Überzeugung: »Wauwau!« Ein »schrecklicher Zweijähriger« macht sich an dem Schalter des Computers zu schaffen, der ihm ausdrücklich verboten wurde, und vernichtet die Arbeit eines ganzen Tages – langsam, in vollem Bewusstsein, den Blick unverwandt auf seine Mutter gerichtet. Während wir Windeln wechseln und Nasen putzen, rufen wir immer wieder aus: »Was geht nur in ihrem Köpfchen vor? Wo um Himmels willen hat er denn *das* aufgeschnappt?«

Entwicklungspsychologen genießen den Luxus, diese Fragen systematisch stellen zu dürfen und sogar noch Antworten darauf zu bekommen. Tatsächlich verstehen wir allmählich, was in ihrem Köpfchen vorgeht und wo um Himmels willen er das aufgeschnappt hat.

Babys zu studieren ist an sich schon eine faszinierende Sache. Aber die Erforschung der kindlichen Entwicklung trägt auch dazu bei, eine umfassendere, tiefer gehende und sehr alte Frage zu beantworten, die nicht nur Babys betrifft, sondern uns alle. Wir Menschen, die wir aus nicht mehr bestehen als ein paar Kilo Protein und Wasser, haben es fertig gebracht, den Ursprung des Universums zu begreifen, das Wesen des Lebens und sogar ein bisschen etwas von uns selbst. Kein anderes Tier und nicht einmal der raffinierteste Computer wissen derart viel. Und trotzdem hat jeder von uns als das hilflose Wesen im Kinderbett angefangen. Nur ein paar winzige Informationssplitter aus der Außenwelt dringen zu diesem Wesen durch – ein paar Photonen, die auf seine Netzhaut treffen, ein paar Schallwellen, die auf seinen Trommelfellen vibrieren. Und trotzdem verstehen wir am Ende, wie die Welt funktioniert. Wie stellen wir das an? Wie haben wir es von dort bis dahin geschafft, wo wir jetzt stehen?

Die neuen Forschungen über Babys geben auch darauf Antworten. Es hat sich herausgestellt, dass die Fähigkeiten, die es uns ermöglichen, etwas über die Welt und uns selbst zu lernen, ihren Ursprung im Säuglingsalter haben. Wir werden mit der Fähigkeit geboren, die Geheimnisse des Universums und unseres eigenen Geists zu entdecken, und mit dem Drang, so lange zu forschen und zu experimentieren, bis uns das gelungen ist. Wissenschaft ist nicht die exklusive Domäne einer unterkühlten Elite: Sie führt einfach die Lernmethoden weiter, die jeder von uns angewandt hat, als er sehr klein war.

Der Versuch, die menschliche Natur zu verstehen, ist ein Teil der menschlichen Natur. Die Entwicklungswissenschaftler arbeiten am gleichen Projekt und verwenden die gleichen kognitiven Werkzeuge wie die Babys, die sie studieren. Wenn der Wissenschaftler in die Wiege blickt und Antworten auf einige der ergründlichsten Fragen über die Funktionsweise des Geistes, der Welt und der Sprache sucht, sieht er einen anderen Wissenschaftler, der ihn anblickt und – zu seiner Überraschung – so ziemlich dasselbe tut. Kein Wunder, dass beide lächeln.

Wie können wir so viel wissen, wenn unsere Sinne doch so beschränkt sind? Dieses Problem – das Problem des Wissens – ist eines der ältesten und größten Probleme der Philosophie. Die philosophische Disziplin, die man als Erkenntnistheorie bezeichnet, beschäftigt sich mit ihm. Drei Spielarten dieses Problems sind für Erwachsene wie auch für Kinder besonders wichtig und verwirrend. Wir bezeichnen sie als das Problem des fremden Ichs, das Problem der Außenwelt und das Problem der Sprache. Die neue Entwicklungspsychologie trägt dazu bei, alle drei Fragen zu beantworten.

Sehen wir uns einen ganz alltäglichen Vorgang an. Jeden Sonntag abend sitzen wir beim Abendessen. Wir servieren eine gesunde Kartoffelsuppe mit Lauch (die erst aufgegessen werden muss, bevor man Nachtisch bekommt), reichen Salz und Pfeffer herum, schmieren Butter aufs Brot, schieben unsere Stühle von dem großen Holztisch zurück. Wir lachen, streiten und necken einander. Einer der größeren Brüder macht natürlich wieder einen rüden Scherz auf Kosten des kleinen Bruders, der daraufhin gekränkt eine Entschuldigung verlangt. Nichts könnte banaler, familiärer, gemütlicher und vertrauter sein. Nur dass wir eigentlich nichts von alledem erleben.

Alles, was uns aus der Außenwelt erreicht, ist ein Spiel von Farben und Formen, Licht und Schall. Nehmen wir die Menschen, die um den Tisch herum sitzen. Wir glauben Ehemänner und Ehefrauen und Freunde und kleine Brüder zu sehen. Aber was wir wirklich sehen, sind Hautsäcke, die in Tuchstücke gestopft und auf Stühle drapiert sind. Oben auf den Hautsäcken befinden sich zwei dunkle Punkte, die sich rastlos bewegen, und darunter ein Loch, das gelegentlich Geräusche von sich gibt. Die Säcke bewegen sich in unberechenbarer Weise und manchmal berührt uns einer von ihnen. Die Löcher verändern ihre Form und gelegentlich tropft salzige Flüssigkeit aus den beiden Punkten.

So nimmt natürlich nur ein Verrückter andere Menschen wahr, es ist ein Albtraum. Das Problem des fremden Ichs besteht in der

Frage, wie wir es schaffen, von dieser verrückten Sicht zu unserer ganz alltäglichen Wahrnehmung von anderen Menschen zu gelangen. Warum sehen wir keine Hautsäcke, sondern Männer und Frauen und Kinder – Menschen mit Gedanken und Gefühlen, Meinungen und Wünschen, wie auch wir selbst sie haben?

Sogar die Gegenstände in dem Raum sehen wir nicht wirklich. Der braune, ovale Umriss, den wir als Tisch bezeichnen, ändert ständig seine Form, wenn wir um ihn herumgehen. Die vermeintlich massiven, dreidimensionalen Löffel und Pfeffermühlen sind in Wirklichkeit nur flache Bilder auf unseren Augen. Das Gefühl, wenn wir den Löffel in der Hand halten, ist ganz anders als die Form, die wir sehen. Die Tischoberfläche ist an vielen Stellen unterbrochen: durch weiße Löcher, wo sie unter Tellern und Schüsseln verborgen ist. Noch stärker verändert die Suppe ihre Form, während sie von der Suppenschüssel auf den Löffel und in den Mund wandert, bis wir sie schließlich ganz aus dem Blick verlieren und nur noch die Wärme im Hals spüren. Wir scheinen etwas über eine Welt voller Gegenstände zu wissen, deren Eigenschaften völlig unabhängig von uns existieren, eine Welt voller Tische und Löffel und voll gesunder Suppe. Aber alles, was wir unmittelbar erleben, ist ein unaufhörlicher, chaotischer Strom von Eindrücken. Das ist das Problem der Außenwelt.

Am größten ist das Problem vielleicht, wenn wir uns den Geräuschen zuwenden, die aus den Löchern in den Hautsäcken dringen. Setzen Sie sich in einer ausländischen Stadt in ein Café. Plötzlich wird Ihnen klar, dass die Gedanken, Scherze und Entschuldigungen, die am häuslichen Abendbrottisch so selbstverständlich dahinfließen, in Wirklichkeit eine ungeheuer schnelle Folge fein modulierter Geräusche sind, von denen sich das eine kaum vom anderen unterscheidet. Jedes Wort ist eigentlich nichts als ein flüchtiges Wispern in der Luft, das nur für Bruchteile von Sekunden zu hören ist, bis es vom nächsten Wispern abgelöst wird. Die raffiniertesten Computer sind kaum in der Lage, fortlaufende Rede zu entschlüsseln – selbst dann, wenn nur eine einzige Person mit ruhiger Stimme langsam spricht. Aber für uns sind die Worte vollkommen transparent: Wir erfahren dadurch die Gedanken der Menschen, die sie aussprechen. Wir können einen Satz hören, den ein kleiner Junge, der den Mund voller Suppe hat, in höchster Empörung spricht, und verwandeln diesen Satz mühelos in einen Gedanken. Das ist das Problem der Sprache.

Der empfindliche dreijährige kleine Bruder am Tisch kann all das auch. Er erlebt keine Hautsäcke, die sich bewegen, sondern seinen Bruder, der ihn aufzieht. Er sieht keine undifferenzierten Farben und Formen, sondern Tische und Stühle und Suppe. Und er begreift sofort die Bedeutung eines rüden Scherzes und einer Entschuldigung, obwohl beides eigentlich nur äußerst flüchtige Vibrationen sind. Wie macht er das?

Der Babycomputer

Die moderne Antwort auf diese Frage lautet, dass Babys sozusagen ganz besondere Computer sind. Sie sind Computer, die nicht aus Silikonchips, sondern aus Neuronen bestehen und die nicht von Typen mit Taschenschonern, sondern von der Evolution programmiert wurden. Sie nehmen Input aus jenem Chaos von Eindrücken auf, das unsere Welt ist. Und sie (und damit also auch wir) machen daraus irgendwie Witze, Entschuldigungen, Tische und Löffel. Uns Entwicklungspsychologen fällt die Aufgabe zu herauszufinden, welches Programm auf Babys läuft, und irgendwann auch zu klären, wie dieses Programm in ihrem Gehirn codiert ist und wie es entwickelt wurde. Wenn uns das gelänge, hätten wir die alten philosophischen Probleme auf wissenschaftliche Weise gelöst.

Wenn wir uns den Verstand eines Babys als Computer vorstellen, der aus Neuronen besteht und von der Evolution programmiert wurde, sehen wir nicht nur Babys in einem neuen Licht, sondern auch Computer, Neuronen und die Evolution. Die Babycomputer müssen wesentlich leistungsfähiger sein als selbst das beeindruckendste Produkt von Silicon Valley. Bill Gates' kleine Tochter hat bereits Probleme gelöst, über die sich Bill, mit all seinen Milliarden, immer noch vergeblich den Kopf zerbricht. Die neue Entwicklungspsychologie sagt uns, dass Baby 0.0 bereits über sehr spezielle »Programme« verfügt.

Erstens muss sein ursprüngliches Programm schon eine Menge Wissen über die Welt enthalten. Die Experimente, die wir beschreiben werden, zeigen, dass sogar Neugeborene schon sehr viel über Menschen, Gegenstände und Sprache wissen. Noch bedeutsamer ist aber, dass Babys und Kinder über hoch leistungsfähige Lernmechanismen verfügen, mit deren Hilfe sie ihr Wissen spontan revidieren, umformen und umstrukturieren können. Das ist genau der Punkt, an dem unsere Computer eine notorische Schwäche aufweisen. Sie können zwar hervorragend mit gut definierten Problemen umgehen, aber beim Lernen machen sie keine besonders gute Figur. Und wenn sie ihre Lernmethoden gar spontan ändern sollen, schneiden sie wirklich schlecht ab. Und schließlich haben Babys den besten technischen Support, den sie sich wünschen können: Mütter. Die Erwachsenen sind nämlich so konzipiert, dass sie sich auf eine Weise benehmen, die den Babys das Lernen ermöglicht. Diese Unterstützung spielt bei der Entwicklung der Babys sogar eine derart wichtige Rolle, dass es sinnvoll sein könnte, sie für einen Teil des Systems zu halten. Das Computersystem des Menschenbabys ist eigentlich ein Netzwerk, das von Sprache und Liebe statt von Glasfasern zusammengehalten wird.

Das Studium von Babys verändert auch die Vorstellung, die wir vom Gehirn haben. Viele Menschen scheinen unser Gehirn in zwei Teile zu teilen: einen »natürlichen«, neurologisch determinierten, der von der Evolution geformt ist, und einen »kulturellen«, sozial determinierten, der durch das Lernen geformt wird. Wenn wir Babys studieren, erkennen wir, wie grundlegend falsch diese Meinung ist. Sie ist nicht nur falsch in dem offensichtlichen Sinn, dass zwischen Natur und Erziehung eine Wechselwirkung besteht oder dass beides eine Rolle spielt. Sie ist auf viel grundsätzlichere Weise falsch. *Alles* in unserem Bewusstsein resultiert aus den Vorgängen in unserem Gehirn – von den automatischen Mechanismen, die unsere Atmung steuern, bis hin zu ausgefeilten kulturellen Details wie Hochzeitsbräuchen oder Existenzangst. Das bedeutet jedoch, dass unser Gehirn ungeheuer flexibel, sensibel und plastisch sein muss und dass die Ereignisse in der Außenwelt immensen Einfluss auf das Gehirn haben. Eine Hand voll Gene könnte niemals im Voraus die Milliarden von spezifischen Nervenverbindungen bestimmen, die das Gehirn eines Erwachsenen ausmachen. Und wie wir noch sehen werden – je mehr wir über das Gehirn lernen, desto flexibler, empfindlicher und plastischer erscheint es uns. Das kommt zum Teil daher, dass wir erst in jüngster Zeit begonnen haben, lebendige Gehirne zu analysieren, anstatt tote zu sezieren. Lebende Dinge wirken immer aktiver als tote.

So wie alles, was mit unserem Bewusstsein zu tun hat, von unserem Gehirn verursacht wird, ist alles, was mit unserem Gehirn zu tun hat, letztlich in unserer Evolutionsgeschichte begründet. Das aber bedeutet nun, dass die Evolution Lernstrategien und kulturelle Fähigkeiten genauso auswählen kann, wie sie Reflexe und Instinkte auswählt. Für uns Menschen *ist* die Erziehung unsere Natur. Die kulturellen Fähigkeiten sind Teil unserer Biologie und der Lerntrieb ist unser wichtigster und zentralster Instinkt. Die neue Entwicklungsforschung deutet darauf hin, dass unser einzigartiger evolutionärer Trick, unser wichtigstes Anpassungsinstrument, unsere beste Waffe im Überlebenskampf eben unsere verblüffende Fähigkeit ist, zu lernen, wenn wir Babys sind, und zu lehren, wenn wir erwachsen sind.

Tatsächlich haben wir sogar noch eine spezifischere Variante dieses allgemeinen Bilds der Evolution entworfen. Wenn man sich ein breites Spektrum von Tierarten ansieht, stellt man fest, dass einige evolutionäre Merkmale offenbar immer zusammengehören. Tiere mit einer relativ großen Gehirnrinde, flexiblem Verhalten und kognitiver Komplexität (also diejenigen, die wir vermenschlichend als kluge Tiere betrachten, wenngleich uns die Kakerlaken da vielleicht etwas anderes erzählen könnten) teilen meist auch andere Merkmale mit uns. Dazu gehört zum Beispiel, viele verschiedene Nahrungsmittel zu essen, auf viele unterschiedliche Arten Sex zu haben, polygam zu sein, an vielen unterschiedlichen Orten zu leben und – was für unser Thema besonders wichtig ist – eine lange Zeit der Unreife zu durchleben. Wenn wir über die Polygamie einmal schnell hinweggehen, können wir sagen, dass wir Menschen all diese Merkmale im Überfluss aufweisen.

Diese lange Zeit der Unreife, die Kindheit, gibt uns Rätsel auf. Warum müssen die Jungen so lange so hilflos sein und warum müssen die Erwachsenen so viel Zeit und Energie investieren, um sie zu behüten? Der herausragende Psychologe und Erzieher Jerome Bruner hat die These aufgestellt, dass die Zeit der geschützten Unreife es Kindern ermöglicht, ihre spezifische physische Umwelt kennen zu lernen (wir Menschen können in einer größeren Zahl unterschiedlicher Umgebungen überleben – einschließlich des Weltraums – als jedes andere Wesen). Und was noch wichtiger ist: Sie erlaubt es Kindern, etwas über ihr spezifisches soziales Umfeld zu lernen (wir schließen uns zu einer größeren Vielzahl unterschiedlicher sozialer Verbände zusammen als jedes andere Wesen). Andere Spezies überleben, weil sie äußerst fein entwickelte Instinkte haben, die hervorragend an ihre spezielle ökologische Nische angepasst sind. Wir Menschen überleben, weil wir fähig sind zu lernen, wie man sich in fast jeder ökologischen Nische verhalten muss, und weil wir sogar unsere eigenen Nischen schaffen können.

Wenn dies unsere evolutionäre Strategie ist, dann ist es sinnvoll, Babys zu haben, die über große Lernfähigkeiten verfügen, und Erwachsene, die sich hingebungsvoll der Aufgabe widmen, ihnen beim Lernen zu helfen. Das mag auch der Grund sein, warum unsere Babys völlig hilflos sind und es unseren Erwachsenen wichtig ist, sie am Leben zu erhalten. Lernen hat den Vorteil, dass man herausfinden kann, wie die jeweilige eigene Umgebung beschaffen ist. Der Nachteil besteht darin, dass jemand, der das noch nicht herausgefunden hat, nicht weiß, was er tun soll; er ist hilflos. Vielleicht haben wir von der Evolution zwei Geschenke mitbekommen: immense Fähigkeiten, etwas über die Welt ringsum zu lernen, und eine lange behütete Phase, während der wir diese Fähigkeiten einsetzen können.

Wir haben sogar das Argument vorgebracht, dass unsere ansonsten mysteriöse Fähigkeit, Wissenschaft zu betreiben, eine Art Überbleibsel unserer kindlichen Lernfähigkeiten sein könnte. Erwachsene Wissenschaftler machen sich die natürlichen menschlichen Fähigkeiten zunutze, die es Kindern ermöglichen, in so kurzer Zeit so viel zu lernen. Kinder sind keine kleinen Wissenschaftler – Wissenschaftler sind große Kinder.

Natürlich können alle Argumente über Evolution und Geist nur Spekulationen sein. Was wir aber sicher wissen – oder so sicher, wie etwas in der Wissenschaft überhaupt sein kann –, ist, dass Babys wirklich eine herausragende Lernfähigkeit besitzen und dass Erwachsene sich wirklich der Aufgabe widmen wollen, ihnen beim Lernen zu helfen. Das werden wir in den nächsten Kapiteln zeigen.

Die andere Methode des Sokrates

Die Wissensprobleme – die Probleme des fremden Ichs, der Außenwelt und der Sprache – sind im wahrsten Sinn des Wortes uralte Fragen. Neu ist die Idee, dass das Studium sehr kleiner Kinder und Babys uns bei der Lösung dieser Probleme helfen kann. Aber Kinder hat es natürlich schon immer gegeben. Warum also hat es so lange gedauert, bis die Wissenschaft sich ihnen zugewandt hat?

Das Seltsame ist, dass die Vorstellung, Kinder seien wichtig, ganz zu Anfang unserer Kultur durchaus existierte. Eine der ersten und berühmtesten Darstellungen des Wissensproblems und einer der ersten Antwortversuche finden sich in dem sokratischen Dialog *Meno*. Sokrates und seine Freunde trinken im Haus des Meno Wein und denken dabei darüber nach, wie wir etwas so Abstraktes wie Tugend verstehen können, wenn wir sie nicht direkt erfahren haben. Sokrates' Antwort lautet, dass wir nicht aus Erfahrung gelernt haben, was Tugend oder irgendein anderes abstraktes Konzept ist. Wir müssen es schon von Anfang an gewusst haben. Sokrates glaubte, dass wir es aus der Erinnerung an ein früheres Leben wüssten. Die moderne Version dieses Arguments würde lauten, dass das Wissen in unserem genetischen Code enthalten ist.

Schon Philosophiestudenten im ersten Semester hören von der Argumentation des Sokrates. Was sie hingegen nicht lernen ist, dass es sich hier nicht nur um ein abstraktes logisches Argument handelt. Es basiert vielmehr auf einer Art Experiment, einer empirischen wissenschaftlichen Untersuchung. Die wichtigste Person in *Meno* ist nämlich weder Meno noch Sokrates oder ein anderer der Aristokraten, sondern ein namenloses Kind – der Sklavenjunge, der den Wein einschenkt. *Meno* ist sowohl die erste Diskussion des Wissensproblems als auch das erste überlieferte entwicklungspsychologische Experiment.

Von abstrakten Konzepten wie der Tugend geht Sokrates zu den noch abstrakteren Konzepten der Geometrie über. Er geht mit dem Sklavenjungen, einem ungebildeten Kind, die einzelnen Schritte eines geometrischen Beweises durch. Der Junge bestätigt, dass jeder Schritt richtig ist, und beweist am Ende das Theorem. Sokrates zieht daraus folgenden Schluss: Weil der Junge, der keine Erfahrung mit Geometrie hat, den Beweis führen konnte, muss er die geometrischen Beweise bereits gekannt haben, ohne sich dessen bewusst zu sein.

Das ist schon aus heutiger Sicht eine ziemlich verblüffende Schlussfolgerung, aber damals war sie noch verblüffender. Euklid arbeitete an der Akademie in Athen und formulierte seine Beweise ungefähr zur gleichen Zeit, zu der auch *Meno* geschrieben wurde. Geometrie war in den Tagen des Sokrates die sensationellste und fortschrittlichste Wissenschaft. Es war ungefähr so, als würden wir sagen, dass Kinder Andrew Wiles' Beweis des Fermatschen Satzes eigentlich schon kennen.

Die neuen Forschungen zeigen, dass Sokrates mit seiner Idee, die allen intuitiven Annahmen erstaunlich zuwiderlief, Recht hatte. Schon winzige Babys und ungebildete Kinder müssen viel mehr wissen, als wir glauben. Dies ist das erste Element der modernen Antwort auf das Wissensproblem. Aber wie wir sehen werden, ist es noch nicht die vollständige Antwort.

Der lange Pfad der Erkenntnis

In den folgenden 2500 Jahren sprachen und schrieben die Philosophen zwar in großer (manchmal quälender) Ausführlichkeit über das Wissensproblem, aber keiner von ihnen probierte je wieder die Methode des Sokrates aus. Niemand versuchte, das Problem zu lösen, indem er mit Kindern sprach und herausfand, was sie wussten. (Ein englischer Philosoph erklärte einmal, er habe natürlich schon Kinder herumlaufen sehen, aber eigentlich noch nie mit einem gesprochen).

Tatsächlich schien der Begriff »Kinderwissen« ein Widerspruch in sich zu sein. Nach vorherrschender Meinung waren Kinder im Wesentlichen nichts anderes als unvollkommene Erwachsene. Man definierte sie durch die Dinge, die sie nicht wussten und nicht konnten. Natürlich war dies nicht völlig unberechtigt. Jeder von uns sieht, dass Kinder vieles nicht wissen und nicht können, und als Eltern konzentrieren wir uns darauf, diese Unvollkommenheiten zu beseitigen. Aber gleichzeitig war dieses Kinderbild auch äußerst irreführend.

Es war das Bild eines langen »Pfades der Erkenntnis«, bei der am einen Ende das Baby stand und am anderen der Philosoph. Nach dieser Vorstellung hatten Kinder (und auch »primitive« Völker und Frauen) Eigenschaften, die in diametralem Gegensatz zu Vernunft, Wissenschaft und Zivilisation standen. Sie handelten »intuitiv« statt »rational«, waren »natürlich« statt »zivilisiert«, wurden von Leidenschaften angetrieben und nicht von Plänen geleitet. Ihr Geist galt als von Erscheinungen, Aberglauben und Magie gefangen. Je kleiner die Kinder waren, desto weiter waren sie vom Wissen entfernt. Neugeborene waren buchstäblich überhaupt nichts. Um es mit der berühmten Metapher des Philosophen

John Locke aus dem 17. Jahrhundert auszudrücken: Kinder waren eine »Tabula rasa«, ein unbeschriebenes Blatt.

Es gab auch eine Gegenmeinung, die am klarsten von den romantischen Poeten und Philosophen des frühen 19. Jahrhunderts formuliert wurde. Besonders beredt hat Wordsworth sie in seinem wundervollen Gedicht »Ode, Ahnungen der Unsterblichkeit durch Erinnerungen an die frühste Kindheit« zum Ausdruck gebracht, das diesem Buch auszugsweise vorangestellt ist. Die Romantiker vertraten die Ansicht, dass Kinder (und »primitive« Völker und Frauen) eine besondere Art von Wissen besäßen, und zwar gerade deswegen, weil sie so ungebildet waren. Das Wissen der Kinder war demnach poetischer, aber nicht wissenschaftlicher Natur. Die Romantiker glaubten, dass Kinder eben deswegen alles mit einer gewissen Klarheit und Intensität erlebten, weil ihr Erleben noch nicht durch die Konzepte der Erwachsenen verdorben sei. Und natürlich war auch an dieser Vorstellung etwas Richtiges. Niemand kann Kinder ansehen oder auf seine eigenen Erfahrungen als Kind zurückblicken, ohne die außerordentliche Wahrnehmungsfähigkeit und Vorstellungskraft der Kindheit anzuerkennen.

Aber sogar im Kinderbild der Romantiker hatten die wesentlichen Annahmen des vorherrschenden Bildes ihren Platz. Denn auch die Romantiker waren ja der Ansicht, dass Kinder intuitiv, irrational und unzivilisiert seien, dass sie von Leidenschaften getrieben würden und von der Wissenschaft so weit entfernt seien wie nur irgend möglich. Die Romantiker dachten lediglich, dass all das nicht schlecht, sondern gut sei, dass es keine Unvollkommenheiten, sondern besondere Fähigkeiten seien. Sie sahen darin Wissensquellen und nicht Hindernisse, die sich dem Wissen in den Weg stellten.

Diese beiden Sichtweisen leben auch heute noch fort und die Annahmen, die ihnen zugrunde liegen, ebenfalls. Man geht immer noch davon aus, dass zwischen dem wissenschaftlichen, kultivierten, rationalen Weltverständnis und den intuitiven, natürlichen, emotionalen Wissensformen eine tiefe Kluft besteht. Man glaubt immer noch, dass Kinder (und »primitive« Völker und Frauen) die typischen Vertreter der Intuition und nicht der Wissenschaft seien, die Vertreter der Leidenschaft und nicht der Vernunft. Und die Diskussion dreht sich immer noch um die Frage, welche Seite die wichtigere ist.

Die neue Entwicklungsforschung jedoch beweist, dass dieser historische Konsens über Kinder schlicht und einfach falsch war. Kinder sind keine unbeschriebenen Blätter, keine zügellosen Gierhälse und auch keine intuitiven Seher. Babys und Kleinkinder denken, beobachten und urteilen. Sie wägen Beweise ab, ziehen Schlüsse, experimentieren, lösen Probleme und suchen nach der Wahrheit. Natürlich tun sie das nicht so bewusst wie ein Wissenschaftler. Und die Probleme, die sie zu lösen versuchen, sind nicht die Geheimnisse von Sternen und Atomen, sondern Alltagsprobleme, die sich darum drehen, wie Menschen, Gegenstände und Wörter beschaffen sind. Aber schon die winzigsten Babys wissen viel von der Welt und bemühen sich aktiv, noch mehr herauszufinden.

Das zieht der gesamten Vorstellung vom langen Pfad der Erkenntnis den Boden unter den Füßen fort. Zumindest Frauen und Angehörige anderer Kulturen haben es inzwischen geschafft, nicht mehr mit den negativen Bedeutungen der »Kindlichkeit« belegt zu werden. (Wenn man heutzutage sagt, Frauen oder Menschen aus anderen Kulturkreisen seien intuitiv und natürlich, darf man das nur noch aus der positiven Perspektive der Romantiker heraus tun.) Aber wenn sogar die Kinder selbst nicht »kindlich« sind, dann fällt das ganze Bild in sich zusammen. Es gibt keine »Wilden«, weder edle noch sonstige, und nicht einmal unter den Kindern selbst gibt es »Kinder der Natur«. Es gibt nur noch Menschen – Kinder und Erwachsene, Frauen und Männer –, die allesamt herauszufinden versuchen, was auf dieser Welt vor sich geht.

Das Merkwürdige ist, dass der Konsens über Kinder nie durch so etwas wie systematische Beweisführung untermauert wurde. Wissenschaft soll ja eigentlich über unsere Alltagserfahrungen hinausgehen und das überprüfen, was wir alle sicher zu wissen glauben. Doch niemand machte sich daran festzustellen, was Kinder von der Welt wirklich wussten und was nicht, auf welcher Stufe sie anfingen und was sie dazulernten. Bertrand Russell hat einmal auf treffende Weise die Behauptung des Aristoteles kommentiert, Frauen hätten weniger Zähne als Männer. Überraschend, so Russell, sei weniger, dass Aristoteles Unrecht hatte. Sondern vielmehr, dass er seinen Irrtum sofort bemerkt hätte, wenn er nur seine Frau gebeten hätte, den Mund zu öffnen, und ihre Zähne gezählt hätte. Ähnlich war es mit den Kindern. Schließlich sind sie überall um uns herum – man braucht keine Expeditionen in ferne Kontinente und keine Hightech-Labors, um sie beobachten zu können. Es hätte gereicht, sie zu bitten, den Mund zu öffnen, und ihnen zuzuhören. 2500 Jahre lang hat das niemand getan.

Neue Wege: Piaget und Vygotsky

Erst um 1930 feierte die andere Methode des Sokrates ihre Wiederauferstehung. Und zwar geschah dies in zwei obskuren Winkeln der Welt: im ruhigen, langweiligen, wohlhabenden, friedlichen Genf und im kriegsgebeutelten, hungergeplagten, von Tyrannen beherrschten Moskau. Jean Piaget war ein frühreifer, brillanter Biologe und Naturforscher. Sein erstes wissenschaftliches Papier »Über einen Albino-Sperling« veröffentlichte er, als er erst zehn Jahre alt war. Bis zum 20. Lebensjahr hatte er bereits Dutzende von biologischen Arbeiten herausgebracht, die sich meist mit Mollusken befassten. Aber er hatte auch Kants »Kritik der reinen Vernunft« gelesen. Er war noch keine Dreißig, als er zum Direktor des J. J. Rousseau Instituts an der Universität von Genf ernannt wurde, wo er bis ans Ende seines sehr langen Lebens blieb.

Piaget wollte das klassische philosophische Problem des Wissens lösen. Aber anders als frühere Philosophen suchte er nach einer Erklärung, die sich mit der Biologie vereinbaren ließ. Um die Jahrhundertwende ließen die Fortschritte in der Biologie allmählich erahnen, dass der Geist irgendwie im Gehirn verankert sein muss. Das menschliche Wissen selbst musste ein natürliches, biologisches Phänomen sein. Piaget wollte eine Verbindung zwischen Kant und den Mollusken, zwischen der Epistemologie und der Biologie finden. Seine herausragende Erkenntnis bestand darin, dass das Studium der Entwicklung menschlicher Kinder eine Möglichkeit bot, diese Verbindung herzustellen.

In den 30er Jahren begann Piaget, das Leben seiner eigenen drei kleinen Kinder Jacqueline, Lucienne und Laurent aufzuzeichnen. Baby-Tagebücher hat es schon früher und auch seither wieder gegeben, aber keine, die sich mit Piagets Tagebüchern vergleichen lassen. Mit minutiöser Genauigkeit hielt Piaget die bedeutsamen Muster im scheinbar zufälligen Verhalten ganz kleiner Babys fest. Und das Tag für Tag, ja sogar Moment für Moment, sodass jede einzelne Beobachtung Teil einer umfassenderen, sich allmählich entfaltenden Geschichte wurde. Wenn wir Piagets Tagebücher gelesen haben, kennen wir die Babyzeit von Jacqueline, Lucienne und Laurent genauer als die unserer eigenen Kinder. (Es war ausgesprochen unheimlich, als wir die drei, inzwischen freundliche Leute im Alter unserer Eltern, 1996 auf der Feier zu Piagets 100. Geburtstag trafen.) Die Beobachtungen der Babys sind eingebettet in einen theoretischen Apparat, der sehr kompliziert, aber auch von erstaunlichen Einsichten geprägt ist. Wenn man bedenkt, dass all das ohne Aufzeichnungsgeräte zustande kam, nur mit Hilfe genauer Beobachtung, Stift und Papier und in den Pausen, die ein anspruchsvoller akademischer Beruf Piaget ließ, dann kann man sich kaum vorstellen, wie ein Mann allein dazu in der Lage war. Und tatsächlich wissen wir heute auch, dass viele der Beobachtungen von Piagets Frau Valentine gemacht wurden, der Mutter der Kinder, die selbst Psychologin war. Aber sogar für zwei Genies ist das Ganze eine ziemlich beeindruckende Leistung.

Genau wie Sokrates erkannten auch die Piagets, dass ganz kleine Kinder schon viel mehr über die Welt wissen, als man allgemein geglaubt hatte. Aber der wichtige, eigenständige Beitrag, den die Piagets zur modernen Theorie leisteten, war ein ganz anderer. Im Dialog *Meno* überprüft Sokrates ständig, ob das Kind die Geometrie genauso versteht wie ein Erwachsener. Sokrates' Kind antwortet stets: »Ja, o Sokrates.« Auch Piaget fragte Kinder, ob sie die Welt genauso sahen wie die Erwachsenen. Doch seine Kinder antworteten immer wieder: »Nein, Monsieur Piaget.« Piaget zeigte, dass die Vorstellung, die Babys von der Welt haben, genauso komplex und gut strukturiert ist wie die der Erwachsenen. Und er zeigte, dass Babys nach der Wahrheit über die Welt forschen, in der sie leben. Aber er machte auch geltend, dass sich die Sichtweise der Babys qualitativ tief greifend von der Sicht der Erwachsenen unterscheidet. Genau wie Erwachsene, so Piaget, hätten auch Babys systematische Vorstellungen von anderen Menschen, der Welt und der Sprache, aber ihre Vorstellungen seien anders als unsere und oft sehr eigenartig. So schienen Babys zum Beispiel zu denken, dass Gegenstände einfach aufhörten zu existieren, wenn man sie versteckte, und dass es keine Grenzen zwischen ihnen selbst und anderen Menschen gäbe.

Piaget schloss daraus, dass Babys nicht einfach mit Erwachsenen-Wissen geboren werden, es weder aus einem früheren Leben mitbringen noch in ihrer DNA mitbekommen. Stattdessen glaubte er, dass Kinder über hoch leistungsfähige Lernmechanismen verfügen müssen, die es ihnen ermöglichen, neue Bilder der Welt zu konstruieren – Bilder, die sich vielleicht von denen der Erwachsenen grundlegend unterscheiden. Wenn wir etwas über die Welt lernen – zum Beispiel, indem wir Wissenschaft betreiben –, dann finden wir nicht einfach auf Anhieb die endgültige Antwort. Stattdessen durchlaufen wir einen ganz langsamen, stufenweisen Prozess, in dessen Verlauf Fehler korrigiert, Ideen weiterentwickelt und falsche Vorstellungen revidiert werden. Auf diese Weise nähern wir uns allmählich der Wahrheit. Genau das sahen auch die Piagets, als sie beobachteten, wie ihre Kinder das Kleinkindstadium durchliefen.

Aber Piaget dachte auch, dass die Lernfähigkeit genauso biologisch angelegt sei wie jeder andere Bestandteil des genetischen Codes. Als Metapher benutzte er oft die Verdauung: Der Verstand des Babys assimiliere Informationen auf dieselbe Weise, wie sein Körper Milch assimiliert. Für Piaget war Lernen ein ebenso natürlicher Vorgang wie Essen. Diese Idee ist das zweite Element der neuen Entwicklungswissenschaft.

Das dritte Element steuerte ein Mann bei, bei dem man ein Interesse für diese Thematik gar nicht vermuten würde. Lev Vygotsky gehörte zu der vielschichtigen intellektuellen Szene des Russlands der 20er Jahre. Er war Literaturkritiker und Arzt und litt an der Schwindsucht. Wie Piaget wollte auch er die Psychologie und die Biologie miteinander in Einklang bringen. Aber sein Interesse an der Sprache und am Denken hatte auch mit den großen politischen Fragen jener Tage zu tun. Als begeisterter Marxist wollte er wissen, wie die Gesellschaft das Bewusstsein ihrer Mitglieder formte.

Im Russland der 30er Jahre waren politische Spekulationen der Gesundheit noch weniger zuträglich als Tuberkulose. Zu Vygotskys Studenten gehörte auch der große russische Neurologe Alexander Luria. Vygotsky vermutete, dass die Lese- und Schreibfertigkeit tief greifende Auswirkungen auf das Denken und die Wahrnehmung hätten. Daher schickte er Luria in die östlichen Randgebiete Russlands, um herauszufinden, ob die Tataren, die Analphabeten waren, bestimmte wahrnehmungsbezogene Illusionen hätten. Die Resultate der Untersuchung waren so aufregend, dass Luria die lange Reise mit der transsibirischen Eisenbahn nicht abwarten konnte und an Vygotsky telegrafierte: »Tataren haben keine Illusionen.« Er wurde sofort verhaftet – es gab nur ein einziges Thema, über das die Tataren keine Illusionen haben konnten. Luria beschloss, die Entwicklungspsychologie aufzugeben, ging zum Militär und wurde Gehirnchirurg an der Front – das war weniger gefährlich.

Vygotsky selbst entging den Säuberungen nur, weil er jung starb, mit 38 Jahren. Wie Piaget hatte er mit der Forschungsarbeit an der Universität begonnen, als er noch in den Zwanzigern war, doch wussten er und seine Studenten damals bereits, dass er bald tot sein würde. Ein knappes Jahrzehnt lang arbeitete er mit der Produktivität eines Besessenen, produzierte am laufenden Band halb dokumentierte Experimente und unveröffentlichte Manuskripte und verlegte sich aufs Diktieren, als er gegen Ende seines Lebens zu schwach wurde, um einen Stift zu halten. Ein Jahr nach seinem Tod erließ Stalin eine Verfügung, mit der speziell die Entwicklungspsychologie offiziell verboten wurde. (Das war der Probelauf für das berühmtere Dekret, das die Evolutionsbiologie für ungesetzlich erklärte.) Noch in den 70ern war diese Verfügung in Kraft. Die meisten von Vygotskys Studenten wanderten ins Gefängnis, weil sie »bourgeoise Forschungen« betrieben hatten.

Vygotsky erkannte, dass die Erwachsenen entscheidend mitbestimmen, was Kinder wissen. Den meisten von uns, die wir praktische Erziehungsarbeit leisten, erscheint das ganz offensichtlich. Es steht für uns außer Frage, dass wir der bestimmendste Faktor im Leben unserer Kinder sind, im Guten wie im Schlechten. Verständlicherweise konzentrieren wir uns auf das, was wir tun oder nicht tun und wie es unsere Kinder prägt. Aber weil die Beziehung zu ihnen so sehr im Vordergrund steht, ist unsere Sicht eingeschränkt und unscharf – genau wie uns überwältigende romantische Liebe, die für die meisten von uns die beste Analogie zur Elternschaft ist, blind für das wahre Wesen unserer Liebhaber und der Liebe selbst macht. Wenn man Piagets Tagebücher liest, stellt man fest, dass dieses riesige, liebevolle elterliche Ego auf eigentümliche, ja geradezu unheimliche Weise abwesend ist. Genau das macht die große Stärke von Piagets Werk aus. Weil er sich selbst aus dem Bild ausblendete, konnte er den Geist des Kindes viel klarer sehen als irgendjemand vor ihm. Aber natürlich sind Erwachsene und ganz besonders Eltern unweigerlich ein Faktor im Leben von Kindern. Piaget maß diesem Faktor wenig Bedeutung bei und übersah damit etwas Wichtiges.

Vygotsky erkannte, dass Erwachsene, insbesondere Eltern, den Kindern als eine Art Werkzeug zur Lösung des Wissensproblems dienen, auch wenn wir uns das in unserer – vermutlich notwendigen – elterlichen Megalomanie ganz anders vorstellen. So beobachtete Vygotsky zum Beispiel, wie Erwachsene sich ganz unbewusst so verhielten, dass sie den Kindern genau die Informationen vermittelten, die diese brauchten, um die Probleme zu lösen, die ihnen am wichtigsten waren. Die Kinder benutzten die Erwachsenen dazu, die Eigentümlichkeiten ihrer Kultur und Gesellschaft kennen zu lernen.

Vygotsky glaubte aber auch, dass der Einfluss der Erwachsenen auf den Verstand der Kinder ein biologisch begründeter Faktor sei, ein elementarer Teil der menschlichen Natur. Er betonte besonders die Rolle der Sprache. Sprache ist ein natürliches, biologisches und einzigartiges Merkmal der Menschen, aber gleichzeitig ist sie auch das Medium, mit dem wir unsere kulturellen Errungenschaften vermitteln. So wie Piaget erkannte, dass das Lernen angeboren ist, erkannte Vygotsky, dass die Kultur etwas Natürliches ist.

Trotz der enormen Unterschiede im theoretischen Ansatz und im Charakter hatten der gequälte, todkranke russische Literat und der heitere, patriarchalische Schweizer Naturforscher zwei Dinge gemeinsam. Erstens entwickelten beide eine Methode, zu der die genaue, detaillierte Beobachtung von Babys und kleinen Kindern in ihrer natürlichen Umgebung gehörte, oft über lange Zeiträume hinweg. Die Schlussfolgerungen, die sie zogen, standen in engem Zusammenhang mit diesen Beobachtungen. Dass sich ihre Theorien letztlich durchsetzten, lag nicht zuletzt daran, dass sie auf solider empirischer Arbeit beruhten. Ihre zweite Gemeinsamkeit ist jedoch, daß die Arbeit beider Forscher während der folgenden dreißig Jahre fast vollständig ignoriert wurde.

Stattdessen dominierten der Freudianismus und der Behaviorismus von Psychologen wie B. F. Skinner die Psychologie, vor allem in Amerika. Beide Theorien hatten zu kleinen Kindern eine Menge zu sagen. Aber ganz wie Aristoteles mit seinen Zähnen, dachten auch Freud und Skinner gar nicht daran, systematische Experimente mit Kindern oder Babys durchzuführen. Freud verließ sich großenteils auf Schlussfolgerungen, die er aus dem Verhalten neurotischer Erwachsener gezogen hatte, und Skinner auf Erkenntnisse, die er aus dem Verhalten nur geringfügig weniger neurotischer Ratten gewann. Und genau wie die Philosophen verstanden auch Freud und Skinner die Entwicklungsgeschichte falsch. Freud betrachtete Kinder als von Hunger und Leidenschaft getriebene Wesen, deren elementarste Eindrücke von der Welt völlig verzerrte Fantasien waren. Skinner vertrat die Ansicht, ein Kind sei ein unbeschriebenes Blatt, das nur passiv darauf wartete, »beschrieben« zu werden.

Das Computerbaby

Die zweite und hoffentlich endgültige Wiederauferstehung der Entwicklungspsychologie fand erst in den späten 60er Jahren statt. Auch wenn Veränderungen des wissenschaftlichen Zeitgeists immer ein bisschen mysteriös sind, können wir doch auf eine Reihe recht unterschiedlicher Faktoren verweisen, durch die Piaget und Vygotsky plötzlich wieder Bedeutung erlangten. Zum Teil waren es soziologische Faktoren. Jahrhundertelang waren Kinder Domäne der Frauen gewesen, weshalb man es nicht für wert erachtete, ihnen ernsthaftes wissenschaftliches Interesse zu widmen. Solange die Männer in der akademischen Welt tonangebend waren, musste die Entwicklungspsychologie unweigerlich eine Randerscheinung bleiben. In Berkeley etwa waren zwar einige namhafte Entwicklungspsychologinnen in den Forschungsinstituten tätig, aber keiner von ihnen wurde je ein Posten in der eigentlichen Universität angeboten. (Tatsächlich gab es in der psychologischen Fakultät in Berkeley bis 1973 keine einzige Frau.) Was dennoch an Forschungsarbeit geleistet wurde, spielte sich oft im Rahmen der praktischen Bereiche Ausbildung und Kindererziehung ab. Ein männlicher Kollege fand in den 60er Jahren heraus, dass er in Cornell erst einen Abschluss in Hauswirtschaft machen musste, bevor er Entwicklungspsychologie studieren konnte. Der Einzug der Frauen in den Universitäten trug ganz langsam dazu bei, dass das Studium von Babys und Kindern an Ansehen gewann.

Ein weiterer wichtiger Faktor war technologischer Natur. Der Videorecorder wurde zum Teleskop der Entwicklungspsychologie.

Babys und Kleinkinder kommunizieren nicht auf dieselbe Weise wie Erwachsene. Die grundlegenden Werkzeuge der Erwachsenen-Psychologie – mehrteilige Fragebögen, Reaktionszeitmessung mittels Knöpfedrücken und was sonst noch so dazugehört – sind hier ganz nutzlos. Und man kann Babys keine guten Noten, kein Geld und keine Futterbrocken in Aussicht stellen (wie es sich bei Schulkindern oder Ratten bewährt hat), um sie zur Mitarbeit zu bewegen. Zweijährige werden sogar systematisch das Gegenteil von dem tun, was man von ihnen verlangt (in unserem Institut geht jedes Mal ein tiefes Seufzen durch die Reihen der Forschungsassistenten, wenn wir ihnen sagen, dass es an der Zeit sei, die Kinder dieser Altersgruppe zu testen).

Unsere wichtigste Technik besteht darin, das nonverbale Verhalten der Babys systematisch zu studieren. Wir beobachten ihren Gesichtsausdruck, ihre Handlungen und sogar ihre Augenbewegungen. Unglücklicherweise jedoch weiß jeder, der schon einmal ein Baby beobachtet hat, dass dessen Verhalten oft formlos und fließend wirkt, zumindest vordergründig betrachtet. Hie und da erhascht man etwas und fragt sich dann, ob man es sich vielleicht doch nur eingebildet hat. Das ist einer der Gründe, warum die Tagebücher der Piagets so erstaunlich sind. Aber es sind eben nicht nur die herausragenden Genies, die die Wissenschaft voranbringen, sondern auch die Methoden, mit deren Hilfe wir ganz gewöhnlichen Sterblichen dieselben Leistungen vollbringen können. Mit Videoaufnahmen können wir objektiv feststellen, was Babys tun, und es uns in Ruhe immer wieder ansehen. Noch in den 80er Jahren mussten wir zwanzig Kilo schwere Kameras in die Kinderzimmer schleppen (was wir unseren Studenten immer gern und ausführlich erzählen, wenn sie anfangen, sich zu beschweren).

Eine weitere technologische Entwicklung, der digitale Computer, verlieh der Entwicklungspsychologie dann eine neue theoretische Berechtigung. Weder Piaget noch Vygotsky hatten über die nötigen theoretischen Werkzeuge verfügt, um Geist und Gehirn erfolgreich zu einem Ganzen zu integrieren. Wissenschaftlicher Erfolg hängt oft davon ab, ob man die richtigen Analogien findet, und der Computer war uns bei diesem Unterfangen eine große Hilfe. Schließlich konnten Computer eine Menge Dinge, die im Kern mental, ja sogar intelligent erschienen (zum Beispiel Gleichungen ausrechnen oder, was für Computerfreaks das Größte war, Schach spielen). Und dennoch waren sie unleugbar physische, materielle Objekte, genau wie das Gehirn. Eine bahnbrechende Neuerung, die die Psychologie in den vergangenen 30 Jahren erlebt hat, besteht in der Erkenntnis, dass das Gehirn eine Art Computer ist. Darauf baut die neue Disziplin der Kognitionswissenschaft auf. Natürlich wissen wir nicht, welche Art von Computer das Gehirn nun genau ist. Fest steht nur, dass es sich stark von den eigentlichen Computern unterscheidet.

Die neue Technik der Videoaufzeichnungen und die neuen Theorien der Kognitionswissenschaft machten aus den bahnbrechenden Ideen von Piaget und Vygotsky ein konkretes wissenschaftliches Forschungsunterfangen. Mit Hilfe von Camcordern konnten wir Kinder auf eine neue Weise sehen und mit Hilfe der Metapher Computer konnten wir sie auf neue Weise verstehen. Und vor allem begannen wir allmählich einzusehen, dass es sich lohnt, Kinder zu betrachten und zu verstehen.

Der Lohn dafür war eine Reihe erstaunlicher wissenschaftlicher Erkenntnisse. In den letzten 30 Jahren haben wir mehr über das gelernt, was Babys und Kleinkinder wissen, als in den letzten 2500 Jahren. Wir können Phänomene erklären, die jeder kennt, zum Beispiel das »schreckliche zweite Jahr«. Und wir haben außergewöhnliche neue Phänomene entdeckt, die niemand vorausgesagt hätte – zum Beispiel die Tatsache, dass Neugeborene wissen, wie ihre Zunge aussieht, dass sechs Monate alte Babys schon zwischen Schwedisch und Englisch unterscheiden können und dass zwei Jahre alte Kinder wissen, dass manche Leute Brokkoli tatsächlich lieber mögen als Goldfisch-Cracker. Und jedes Mal, wenn wir etwas Neues über Babys lernen, erfahren wir auch etwas Neues über uns selbst. Denn schließlich sind wir auch nur ehemalige Babys, die schon eine Weile aus der Wiege sind.

KAPITEL ZWEI
Was Kinder über Menschen lernen

Die alten Wissensfragen sind allesamt faszinierend, aber nur das Problem des fremden Ich bereitet uns tagtäglich Kopfzerbrechen. Den größten Teil unseres im Wachzustand verbrachten Lebens verwenden wir darauf, zu enträtseln, was in den Köpfen anderer Menschen vorgeht. Warum hat er das getan? Sagt sie die Wahrheit? Macht es ihr wirklich nichts aus, wenn ich länger arbeite, oder sagt sie nur aus Prinzip, dass es ihr nichts ausmacht, und brütet dann doch darüber nach? Weiß er wirklich nicht, dass es mir sehr wohl etwas ausmacht, dass er länger arbeitet, und ich nur aus Prinzip sage, es würde mir nichts ausmachen? Wenn eine Hellseherin die großen Geister auf dem Campus einer beliebigen bedeutenden Universität überwachen würde, würde sie viel mehr über sexuelle und amtspolitische Machenschaften erfahren als über Physik oder Chemie (oder, wir geben es zu, über Entwicklungspsychologie).

Dafür gibt es natürlich gute evolutionäre Gründe. Wir sind eine ausgesprochen soziale Spezies und stark voneinander abhängig, ganz einfach, um überleben zu können. Und wir sind auch eine komplizierte Spezies, die über ein größeres Repertoire an Verhaltensweisen verfügt als jede andere. Schon vor Urzeiten mussten wir vorhersagen können, wie sich andere Menschen verhalten würden. Das war noch wichtiger, als zu wissen, wie sich Mammuts oder Säbelzahntiger oder Feuerstein und Feuer verhalten würden. Und besonders gut lässt sich das Verhalten anderer Menschen voraussagen, wenn man weiß, was in ihren Köpfen vorgeht.

Den neuesten entwicklungspsychologischen Forschungen können wir entnehmen, dass wir die anderen Menschen wirklich vom ersten Augenblick an, in dem wir sie sehen, als *Menschen* wahrnehmen. Eine Person zu sein bedeutet, einen Geist und einen Körper, ein Innen und ein Außen zu haben. Jemanden als Person wahrzunehmen bedeutet, ein Gesicht zu sehen und keine Maske, ein »Du« und kein »Es«. Wenn wir auf die Welt kommen, haben wir bereits eine Reihe tief verwurzelter Vorstellungen davon, auf welche Weise andere Menschen uns ähneln und wir selbst anderen Menschen ähneln.

Aber die Forschung sagt uns auch, dass diese angeborenen Vorstellungen nicht das Ende, sondern erst der Anfang auf dem Weg zum Verständnis des menschlichen Geistes sind. Die Essenz der Persönlichkeit, das Du eines jeden Menschen zu erkennen mag Gott und Martin Buber genügen, aber uns, dem sündigen Rest der Menschheit, genügt es offensichtlich nicht. Wir müssen auch lernen, mit welcher Art von Du wir es jeweils genau zu tun haben. Mag er Brokkoli *wirklich*? Wird sie in die Luft gehen, wenn ich diese Vase auch nur anrühre? Hat dieser Junge auf dem Spielplatz, der gesagt hat, dass Golfbälle explodieren, wenn man hineinschneidet, gelogen oder wusste er es nicht besser oder ist er gar ein gefährlicher Verrückter? Solcher Art sind die Probleme, mit denen sich Kinder konfrontiert sehen und die sie lösen, wenn sie älter werden.

Die Menschen um einen herum zu verstehen ist auch ein Teil des Prozesses, in dem man selbst zu einer bestimmten Art von Mensch wird. Wenn Kinder allmählich verstehen, wie der Geist anderer Menschen beschaffen ist, lernen sie gleichzeitig, wie ihr eigener beschaffen ist. Sie lernen, wie es ist, einen altgriechischen Geist zu haben, einen holländischen aus dem 16. Jahrhundert oder einen, der an die amerikanische Westküste des ausgehenden 20. Jahrhunderts gehört. (Eines unserer Kinder, gerade drei Jahre alt, schlug an einem langweiligen Regentag vor, dass wir jetzt wirklich mal losgehen sollten, um einen Caffe latte zu trinken und in ein paar Buchläden zu schauen.) Volksgemeinschaften denken und fühlen, essen und kleiden sich auf eine ganz bestimmte Weise und Kinder müssen diese Lebensweise von den Erwachsenen erlernen, die sie umgeben.

In Kapitel eins haben wir ausgeführt, dass die Lösung, die die Natur für das Problem des Wissens bereithält, aus drei Elementen besteht: aus angeborenem Wissen, hoher Lernfähigkeit und den Unterweisungen, die die Erwachsenen dem Kind unbewusst

42

geben. Alle drei Elemente spielen bei der Lösung des Problems des fremden Ich eine Rolle.

Was Neugeborene wissen

Sie liegen im Entbindungsraum des Krankenhauses und sind völlig erschöpft. Eine Frau, die ein Kind gebärt, unterliegt einer eigenartigen Mischung aus Entschlossenheit und Zwang. Sie sind diejenige, die presst, und Sie tun es konzentrierter und zielbewusster als alles andere, was sie je getan haben. Aber andererseits war es nicht ihr eigener Entschluss, zu pressen und vielleicht wollen Sie es nicht einmal. Sie werden einfach mitgerissen. Es ist wie eine Mischung aus einem Marathonlauf und dem großartigsten, überwältigendsten Orgasmus, den Sie je erlebt haben.

Und dann liegt plötzlich, nach all der Aufregung und Mühe, ein kleiner, warmer Körper an Ihrer Brust und ein friedliches, ruhiges Gesicht mit großen Augen schaut zu Ihnen auf. Vielleicht liegt es nur an den natürlichen Endorphinen, die Sie durchströmen, sobald der eigentliche Schmerz abgeflaut ist – aber jedenfalls brechen Sie nicht zusammen, wie man meinen könnte, sondern spüren eine Art gesteigerter Wahrnehmungsfähigkeit. Sie sind überwach und alles wirkt klarer und schärfer als sonst. Und wenn in den nächsten paar Nächten die Schwestern Sie endlich allein gelassen haben und der hilfsbereite Ehemann heimgegangen ist, um ein bisschen zu schlafen und den Verwandten Bericht zu erstatten, dann liegen Sie mit dem Baby im Arm da, atmen jenen merkwürdigen, süßen, tierischen Neugeborenengeruch ein und schauen ganz versunken das kleine, noch etwas zerknautschte Gesicht an. Auch das Baby, das vielleicht ebenfalls noch unter dem Einfluss der Endorphine steht, ist weit wacher, als es in den nächsten Tagen sein wird, und blickt Sie an. Und in diesem Moment – bevor die schlaflosen Nächte und Windeln und Kinderwagen und Schneeanzüge über sie hereinbrechen – scheint in diesem Blick vollkommenes gegenseitiges Verständnis zu liegen, völliger Friede und reines Glück.

So jedenfalls die romantische Vorstellung. Leider ist nicht jede Geburt von diesem Zauber umgeben, so wie auch nicht jede sexuelle Begegnung von dem ganz ähnlichen Zauber der wahren Liebe umgeben ist. Aber genau wie die wahre Liebe ist auch die Geburt eines der großen Geschenke, die das Leben für uns bereithält, und sie scheint das Risiko der Enttäuschung und die Realität des Schmerzes mehr als wert zu sein.

Wie sieht dieser Zauber des augenblicklichen gegenseitigen Verstehens im Licht der wissenschaftlichen Realität aus? Die neuesten Forschungen zeichnen ein Bild, das mit der Intuition junger Mütter bemerkenswert im Einklang steht. Viele Jahre lang versicherten »Experten«, die in Wirklichkeit überhaupt keine systematischen Erkenntnisse über Babys gesammelt hatten, den Eltern mit einer gewissen perversen Befriedigung, dass die geistigen Fähigkeiten ihres neugeborenen Babys nicht ganz so hoch entwickelt seien wie die einer durchschnittlichen Gartenschnecke. Babys könnten eigentlich gar nichts sehen, ihr Lächeln sei »nur durch Gase verursacht« und die Vorstellung, dass sie Menschen wieder erkennen könnten, nur eine Illusion vernarrter Mütter. In Wirklichkeit wisse doch jeder, dass ein Baby einen Menschen nicht von einem Hund unterscheiden kann. Es ist, als gäbe es zwei sich überlagernde Schichten von Volksweisheiten über Babys. Fast jeder, der wirklich mit ihnen zu tun hat, denkt sofort, dass Babys Verstand haben. Und doch folgt dann oft fast genauso schnell Zynismus, gemischt mit dem verzerrten Widerhall mittelalterlicher Mythen. Nicht selten hört man von Eltern Bemerkungen wie: »Ich könnte schwören, dass sie mich erkennt, nur weiß ich natürlich, dass sie das nicht kann.«

Aber warum sollten Sie nun uns Glauben schenken anstatt jenen unbedarften Experten, die meinen, dass Babys gar nicht sehen können? Wie können wir behaupten, dass wir wirklich wissen, was Babys denken? Mit Hilfe der Videotechnik haben Wissenschaftler ausgeklügelte experimentelle Methoden entwickelt, um Babys zu fragen, was sie wissen. So wurde ein ganzer Komplex von Methoden allein dafür entwickelt, zwei einfache Fragen zu beantworten:

Glauben Babys, dass zwei Dinge das Gleiche oder etwas Verschiedenes sind? Und wenn sie denken, dass sie verschieden sind, ist ihnen dann eines lieber als das andere? Man kann Babys mit genau überwachten Ereignispaaren konfrontieren und feststellen, ob sie zwischen ihnen unterscheiden können und welches sie lieber sehen oder hören. Zum Beispiel kann man Babys das Bild eines menschlichen Gesichts und das eines komplizierten Gegenstands zeigen, etwa das Bild eines Schachbretts. Dann zeichnet ein Beobachter, der nicht weiß, was die Babys gerade ansehen, ihre Augenbewegungen auf. Durch die Analyse der Augenbewegungen lässt sich feststellen, welches Bild die Babys länger angeblickt haben. Man kann diese Idee noch weiter ausbauen und die Babys Schnuller kauen lassen, die verschiedene Video- und Audiobänder in Gang setzen. Dann beobachtet man, bei welchen Bändern die Babys bereit sind, sich ein bisschen anzustrengen. So kann man beispielsweise herausfinden, ob die Babys ein Band mit der Stimme der eigenen Mutter länger laufen lassen als eines, auf dem die Stimme eines Fremden zu hören ist.

Und schließlich kann man sich die Tatsache zunutze machen, dass Babys sich, genau wie wir alle, irgendwann langweilen. Wenn man ihnen das Gleiche immer wieder zeigt, hören sie auf zu schauen und zu lauschen. Sobald man aber ein Band mit etwas Neuem einlegt, merken sie wieder auf und hören oder schauen hin. Entwicklungswissenschaftler bezeichnen diese Langeweile als »Gewöhnung«. So kann man den Babys zum Beispiel eine Reihe verschiedener glücklicher Gesichter zeigen und sie werden allmählich das Interesse verlieren – sie haben sich daran gewöhnt. Auch wenn man ihnen ein neues glückliches Gesicht zeigt, sehen sie es kaum länger an. Zeigt man ihnen aber plötzlich ein trauriges Gesicht, dann schauen die Babys wieder aufmerksam hin. Babys wissen also irgendwie, dass die glücklichen Gesichter zusammengehören und das traurige Gesicht etwas anderes ist.

Mit Hilfe solcher Techniken können wir nachweisen, dass Babys von Geburt an menschliche Gesichter und Stimmen von anderen Dingen und Geräuschen unterscheiden können und sie auch lieber mögen. Nur wenige Tage nach der Geburt erkennen sie bereits vertraute Gesichter, Stimmen und sogar Gerüche und ziehen sie denjenigen vor, die ihnen nicht vertraut sind (es sieht sogar so aus, als würden sie die Stimme ihrer Mutter bereits bei der Geburt erkennen, aufgrund der zwar gedämpften, aber doch vernehmlichen Klänge, die sie im Mutterleib gehört haben). Sie wenden sich einem bekannten Gesicht zu, einer bekannten Stimme und sogar einem Kissen, das zuvor dicht an die Haut der Mutter gehalten worden war. Von anderen Gesichtern, Stimmen und Gerüchen wenden sie sich ab.

Während der ersten neun Monate, noch bevor Babys gehen, sprechen oder auch nur krabbeln können, erkennen sie bereits den Unterschied zwischen einem glücklichen, einem traurigen und einem zornigen Gesichtsausdruck und wissen sogar, dass ein glücklich aussehendes Gesicht – das lächelt und Fältchen um die Augen hat – mit dem Klang einer fröhlichen Stimme einhergeht. Man kann ihnen gleichzeitig zwei Filme zeigen, einen mit einem glücklich aussehenden Gesicht und einen mit einem traurigen. Wenn man ihnen nun entweder eine fröhliche oder eine traurige Stimme vorspielt, blicken die Babys länger auf das Gesicht mit dem Ausdruck, der zu der Gefühlsäußerung passt, die sie gerade hören.

Babys wissen sogar, wie sich Menschen bewegen. Man kann jemandem kleine, helle Lichter an die Ellenbogen, Knie und Schultern binden und ihn im Dunkeln filmen. In der Filmaufnahme sind dann nur Lichtflecken zu sehen, die sich bewegen. Auf einen Erwachsenen wirkt das entstehende Lichtmuster eindeutig menschlich und kann sogar Emotionen auslösen; es ähnelt einem simplen Cartoon. Wie sich herausgestellt hat, können auch Babys dieses abstrakte, sich bewegende Lichtmuster von Mustern unterscheiden, die nicht menschlichen Ursprungs sind, und sie mögen das menschliche Muster lieber. Offenbar sind sie so auf andere Menschen eingestellt, dass sie sogar von einem abstrakten menschlichen Lichtmuster gefesselt werden.

Selbst die Grenzen des Sehvermögens von Babys führen dazu, dass sie Menschen besondere Aufmerksamkeit schenken. Dass

Neugeborene nicht sehen können, ist ein Mythos, aber gemessen an Erwachsenen sind sie sehr kurzsichtig, und im Gegensatz zu Erwachsenen fällt es ihnen schwer, ihren Blick so einzustellen, dass sie nahe und weiter entfernte Dinge gleich gut erkennen können. Dinge, die etwa 30 cm entfernt sind, werden scharf gesehen, näher liegende nur verschwommen. Nun sind 30 cm natürlich genau der Abstand, der sich zwischen dem Gesicht des Neugeborenen und dem eines Menschen befindet, der es hält. Babys sind offenbar darauf angelegt, die Menschen, die sie lieben, deutlicher zu sehen als irgendetwas anders.

Man könnte sagen, dass die Welt des Neugeborenen ein wenig dem Raum mit den Rembrandt-Porträts in der *National Gallery of Art* in Washington D.C. ähnelt. Hell erleuchtete Gesichter mit all ihren Ausdrucks- und Gefühlsnuancen heben sich von einem düster-verschwommenen Hintergrund ab – ein bemerkenswertes psychologisches Helldunkel.

All das sind jedoch nur Äußerlichkeiten. Haben Babys auch eine tiefer gehende Vorstellung davon, was es bedeutet, ein Mensch zu sein? Wir haben einigen Anlass zu glauben, dass das tatsächlich so ist. Vor zwanzig Jahren machte einer von uns, Andy, eine verblüffende Entdeckung: Einmonatige Babys imitieren Gesichtsausdrücke. Streckt man einem Baby die Zunge heraus, wird das Baby dasselbe tun; öffnet man den Mund, öffnet das Baby ihn ebenfalls. Woher wissen wir aber, dass das wirklich Nachahmung ist und wir nicht nur etwas in die ungemein beweglichen Babygesichter hineininterpretieren? Andy zeigte Babys gezielt, wie jemand entweder die Zunge herausstreckt oder den Mund öffnet. Dabei nahm er die Gesichter der Babys auf Video auf. Dann zeigte er die Aufnahmen jemand anderem, der keine Ahnung hatte, welchen Gesichtsausdruck die Babys jeweils gesehen hatten. Diese zweite Person musste nun sagen, ob das jeweilige Baby die Zunge herausstreckte oder den Mund öffnete. Dabei ergab sich ein systematischer Zusammenhang zwischen dem, was die Babys aus Sicht dieses unbedingt neutralen, objektiven Beobachters taten, und dem, was sie gesehen hatten.

Zunächst führte Andy diese Experimente mit drei Wochen alten Babys durch. Um aber zu beweisen, dass diese Fähigkeit wirklich angeboren ist, musste er zeigen, dass schon Neugeborene imitieren können. Also richtete er neben dem Entbindungsraum des örtlichen Krankenhauses ein Versuchszimmer ein und vereinbarte mit werdenden Eltern, dass sie ihn anrufen sollten, wenn die Geburt unmittelbar bevorstand. Ein ganzes Jahr lang stand er ständig mitten in der Nacht auf oder stürzte aus Institutsbesprechungen und raste ins Krankenhaus, fast so gehetzt wie die werdenden Eltern. Doch auf diese Weise konnte er Babys testen, die weniger als einen Tag alt waren – das jüngste war gerade 42 Minuten alt. Und die Neugeborenen imitierten ebenfalls.

Auf den ersten Blick mag einem diese Fähigkeit zu imitieren zwar komisch und niedlich erscheinen, aber nicht sonderlich bedeutungsvoll. Doch wenn Sie kurz darüber nachdenken, wird Ihnen aufgehen, wie erstaunlich sie in Wirklichkeit ist. Im Mutterleib gibt es keine Spiegel: Neugeborene haben noch nie ihr eigenes Gesicht gesehen. Wie können sie also wissen, ob sich ihre Zunge im Mund oder draußen befindet? Nun, es gibt noch eine andere Möglichkeit, herauszufinden, wie das eigene Gesicht aussieht. Während Sie dies hier lesen, haben Sie vermutlich eine recht gute Vorstellung davon, wie ihr Gesichtsausdruck gerade aussieht (äußerst konzentriert, hoffen wir, und hin und wieder amüsiert). Versuchen Sie nun, Ihre Zunge herauszustrecken (vorausgesetzt, Sie sind gerade ungestört). Dass Ihnen das gelungen ist, können Sie durch die so genannte Kinästhesie feststellen – Ihr inneres Gefühl für Ihren eigenen Körper.

Um imitieren zu können, müssen Neugeborene irgendwie verstehen, dass eine Ähnlichkeit zwischen ihrem inneren Gefühl und dem Gesicht besteht, das sie außen vor sich sehen: eine runde Form mit einem langen rosa Ding am unteren Ende, das sich hin- und herbewegt. Neugeborene unterscheiden also nicht nur zwischen Gesichtern und haben dabei bestimmte Vorlieben. Sie merken offenbar auch, dass diese Gesichter ihrem eigenen Gesicht ähneln. Sie erkennen, dass andere Leute »so sind wie ich«.

Es gibt nichts Persönlicheres, nichts, was mehr zu einem gehört, als dieses innere Gespür für den eigenen Körper, den eigenen Gesichtsausdruck und die eigenen Bewegungen, für das, was einem wehtut und einen juckt. Und doch stellen wir offenbar von Geburt an eine Verbindung her zwischen diesem persönlichen Selbst und den Körperbewegungen anderer Menschen, die wir lediglich sehen und nicht spüren. Die Natur gibt uns bei der Lösung des Problems vom fremden Ich raffinierte Starthilfe. Wir wissen ganz unmittelbar, dass wir wie andere Menschen sind und die anderen so sind wie wir.

Es gibt noch weitere Gründe, die dafür sprechen, dass schon sehr kleine Babys ganz besonders auf Menschen eingestellt sind. Babys flirten. Zu den besonderen Freuden des Lebens gehört es, ein drei Monate altes Baby im Arm zu halten und schwachsinniges Zeug zu brabbeln. »Dududu«, hören Sie Ihre sonst so vernünftige, verständige, professionelle Stimme sagen. »Was für ein hübsches Mädchen du bist, nicht wahr, mein Spätzchen, bist du nicht ein hübsches Mädchen?« Sie ziehen die Augenbrauen hoch, schürzen die Lippen und ziehen komische Grimassen. Aber noch bemerkenswerter ist, dass dieses winzige Baby auf Ihr absurdes Gehabe reagiert. Es gluckst, wenn Sie glucksen, lächelt zurück und gestikuliert im Takt Ihrer Stimme. Es ist, als würden Sie beide einen komplizierten Tanz aufführen, sich quasi wortlos unterhalten, ein schmalziges Liebeslied singen oder Bettgeflüster austauschen. Es ist einfach himmlisch.

Aber abgesehen davon, ist es auch ein weiterer Beweis dafür, dass Babys spontan ihre eigene Mimik, ihre Gesten und ihre Stimme mit der Mimik, den Gesten und Stimmen anderer Menschen koordinieren. Flirten ist zum großen Teil eine Sache des Timings. Wenn Sie sich auf einer Party umsehen, brauchen Sie kein Wort zu verstehen, um festzustellen, wer flirtet; Sie müssen die Leute nur anblicken. Dabei sehen Sie, wie zwei Menschen ihre Gesten aufeinander abstimmen, sodass sie synchron zueinander sind und die anderen Anwesenden gewissermaßen ausschließen. Sie streicht sich das Haar aus dem Gesicht und er steckt die

Hand in die Tasche; sie beugt sich erwartungsvoll vor und spricht, er lehnt sich zurück und hört einfühlsam zu. Bei Babys läuft das ganz genauso ab. Wenn Sie reden, ist das Baby still; sobald Sie innehalten, fängt das Baby an zu glucksen, mit den Fäustchen zu winken und zu strampeln. Wie das Imitieren, so deutet auch das Flirten der Babys darauf hin, dass sie andere Menschen nicht nur erkennen, wenn sie sie sehen, sondern auf spezielle Weise mit ihnen verbunden sind. Wie der Erwachsenen-Flirt umgeht auch der Baby-Flirt die Sprache und stellt eine direktere Verbindung zwischen Menschen her.

Von Dingen und Menschen

Schon in den allerersten Monaten verstehen Babys also, dass an anderen Menschen etwas Besonderes ist und dass sie eine besondere Verbindung zu anderen Menschen haben. So weit der »Martin-Buber-Teil« unseres alltäglichen Verständnisses für den menschlichen Geist. Aber leider besteht das Leben nicht nur aus mystischer Gemeinschaft oder, was noch bedauerlicher ist, nicht nur aus Bettgeflüster. Sogar Collegestudenten bedienen sich noch gelegentlich sinnloser Babysprache, wenn sie Kleinanzeigen für den Valentinstag aufgeben, aber wenn ihre Semesterarbeiten ähnlich kindisch klingen, werden sie nicht sehr gut abschneiden. Es gibt noch viel mehr, was wir von Menschen wissen müssen.

Zum Beispiel müssen wir wissen, was Menschen von *Dingen* halten. Menschen sehen Dinge an, wollen sie haben, tun etwas mit ihnen und wissen etwas über sie. Wenn Babys etwa ein Jahr alt sind, verändert sich ihr Austausch mit anderen Menschen ganz erheblich. Plötzlich sind wir nicht mehr allein mit unseren Babys in unseren kindlich-romantischen Kokon eingesponnen. Eindringlinge stoßen dazu: Teddybären, Bälle, Schlüssel, Rasseln, Lampenkabel, Löffel, junge Hunde, Telefone, Porzellanvasen, Lippenstifte, weit entfernte Flugzeuge – eine Vielzahl faszinierender, verführerischer, unwiderstehlicher Gegenstände. Wenn Babys sich aufsetzen, greifen und krabbeln können, werden diese Gegenstände, die sie zunächst zwar fasziniert haben, die sie aber nur aus der Ferne bestaunen konnten, zu Objekten der Begierde und zu potenziellen Gefahren. Glücklicherweise verschwinden die anderen Menschen nicht völlig aus den Gedanken des Babys (obwohl es den Eltern so erscheinen mag). Stattdessen werden sie zu einem wesentlichen Element in einer Art kognitivem Dreieck.

Wenn Babys etwa ein Jahr alt sind, fangen sie an, auf Gegenstände zu zeigen sowie Gegenstände anzusehen, auf die andere Menschen zeigen. Wie das Imitieren ist uns auch das Zeigen so vertraut, dass wir es als selbstverständlich betrachten. Aber genau wie das Imitieren weist auch das Zeigen darauf hin, dass zwischen einem selbst und den anderen Menschen tiefes Verständnis herrscht. Wenn man auf etwas zeigt, es gar immer wieder tut, dann wieder ins Gesicht der anderen Person blickt, bis auch sie zu dem Gegenstand hinsieht – dann deutet man damit an, dass man auf irgendeiner Ebene denkt, der andere solle dasselbe ansehen wie man selbst. Wir können systematisch festhalten und messen, wo Babys hinsehen, wenn sie einen Erwachsenen beobachten, der auf eine bestimmte Stelle zeigt. Wenn ein Baby das Alter von einem Jahr erreicht hat, wird es exakt auf die Stelle blicken, auf die der Erwachsene gezeigt hat.

Andere Experimente demonstrieren ebenfalls, dass Einjährige ein völlig neues Verständnis von Menschen haben. Was passiert, wenn man einem Baby etwas Neues, ein wenig Merkwürdiges zeigt, etwas, das wundervoll oder gefährlich sein mag – zum Beispiel einen Spielzeugroboter, der laufen kann? Das Baby schaut fragend zu Mama, um zu sehen, was sie macht. Was denkt sie? Lächelt sie beruhigend oder sieht sie entsetzt aus? Einjährige werden ihr eigenes Verhalten entsprechend modifizieren. Sehen sie ein Lächeln, werden sie weiterkrabbeln, um den Gegenstand zu untersuchen. Sehen sie Entsetzen, bleiben sie wie angewurzelt sitzen.

Auch das können wir wieder ganz systematisch nachweisen. Eine Frau sieht beispielsweise in zwei Schachteln. In die eine blickt sie mit sichtbarer Freude, in die andere mit einem Ausdruck höchsten Ekels. Dann schiebt sie die Schachteln dem Baby hin, das noch nie hineingeschaut hat. Trotzdem entwickelt das Baby durch den bloßen Blick auf das Gesicht der Frau eine Vorstellung vom Inhalt der Schachteln: Es langt fröhlich in diejenige Schachtel, über die die Frau sich gefreut hat, während es die andere, vor der sie sich geekelt hat, nicht öffnet. Das Baby versteht nicht nur, dass die andere Person glücklich oder angewidert war, sondern auch, dass bestimmte Dinge sie glücklich machen und andere sie anwidern.

In ähnlicher Weise können Einjährige feststellen, was man mit Gegenständen macht, indem sie beobachten, was andere Menschen damit anfangen. Andy testete das mit Hilfe der Imitation. Er zeigte Babys eine sehr ungewöhnliche Möglichkeit, einen neuen Gegenstand zu behandeln – er berührte den Deckel einer Schachtel mit der Stirn, worauf die Schachtel aufleuchtete. Die Babys sahen ihm fasziniert zu, durften die Schachtel aber selbst nicht anfassen. Eine Woche später kamen die Babys erneut ins Institut. Andy gab ihnen einfach nur die Schachtel, ohne selbst etwas damit zu tun. Aber die Babys berührten sofort den Deckel mit *ihrer* Stirn. Weithin herrscht der Glaube, Babys hätten kein Gedächtnis – doch diese Babys hatten sich die ganze Woche lang die neue Information gemerkt, was die Leute mit dem unbekannten Ding tun. Und mehr noch: Die Babys dachten offenbar, dass sie, wenn andere Menschen mit einem Ding etwas Besonderes tun, dasselbe tun sollten. (Sie können so etwas auch sehen, wenn Sie beobachten, wie Babys mit einem Spielzeugtelefon spielen. Obwohl das Spielzeugtelefon eigentlich überhaupt nichts macht, ahmen die Babys das nach, was die Erwachsenen mit dem Telefon anstellen. Sie drücken die Knöpfe, halten das Spielzeugtelefon ans Ohr und babbeln sogar in den Hörer.)

Wenn Babys etwa ein Jahr alt sind, entdecken sie anscheinend, dass sich ihre von Anfang an bestehende emotionale Beziehung zu anderen Menschen auch auf eine Anzahl gemeinsamer Verhaltensweisen gegenüber der Welt erstreckt. Wir sehen dieselben Gegenstände, tun mit ihnen dieselben Dinge und fühlen sogar dasselbe für sie. Diese Einsicht verleiht dem Verständnis, das Babys für das fremde Ich haben, eine völlig neue Dimension. Aber auch ihr Verständnis für die Welt bekommt eine ganz neue Dimension. Einjährige Babys wissen, dass sie etwas sehen werden, wenn sie dahin blicken, wo andere Menschen hinzeigen. Sie stellen fest, wie man mit einem Gegenstand umgeht, indem sie beobachten, was andere Menschen damit tun. Und sie finden heraus, welche Gefühle sie für etwas haben sollen, indem sie beobachten, wie andere Menschen fühlen.

Mit Hilfe anderer Menschen können Babys die Welt verstehen lernen. Auf sehr einfache Weise nehmen diese Einjährigen schon an einer Kultur teil. Sie können sich bereits die Entdeckungen früherer Generationen zunutze machen. Sie müssen nicht selbst entdecken, dass es in dieser Ecke etwas Lohnenswertes zu sehen gibt, dass jene Schachtel etwas Unerfreuliches enthält oder dass die Schachtel aufleuchtet, wenn man sie mit der Stirn berührt. All diese Dinge können wir ihnen auch ohne Sprache mitteilen. Sogar Babys, die noch nicht sprechen können, sind von Natur aus kultivierte Wesen.

Durch dieses neu erworbene Verständnis können Babys nun auch andere Menschen veranlassen, etwas für sie zu tun. Eine Einjährige kann auf ein Spielzeug zeigen und erwarten, dass der Erwachsene es ihr holt, oder ihre Hand in die des Erwachsenen legen und ihn dazu bringen, dass er ihr das Apfelkompott reicht. Babys können kommunizieren, noch bevor sie sprechen können.

Diese spezielle Dreiecksgeschichte hat ein Happy End. Durch das neue Interesse an Dingen hat das Baby mehr mit anderen Menschen gemeinsam und kann inniger mit ihnen kommunizieren. Schließlich besteht Kommunikation aus mehr als nur Gemeinschaft. Auch bei Erwachsenen weicht das Bettgeflüster irgendwann dem ganz anders gearteten Entzücken, das man spürt, wenn man feststellt, dass beide thailändisches Essen mögen und Quentin-Tarantino-Filme hassen. In den besten Romanzen steht man einander nicht nur gegenüber, sondern stellt sich gemeinsam der Welt. Nach etwa zwölf Monaten passiert das Gleiche in der Romanze zwischen Kindern und ihren Eltern.

Babys und Erwachsene scheinen demnach zusammenzuwirken, um erfolgreich mit den Gefahren fertig zu werden, die die Dinge in sich bergen. Doch im kindlichen Garten Eden lauert eine Schlange, von der noch weit größere Gefahr ausgeht. Der Feind im eigenen Land ist immer mächtiger als der Feind vor den Toren. Wenn Babys lernen, dass die Menschen für gewöhnlich dieselbe Einstellung zu den Dingen haben wie sie selbst, schicken sie sich gleichzeitig an, noch etwas anderes, Beunruhigendes zu lernen: Manchmal haben die anderen Menschen nicht dieselbe Einstellung. Was passiert, wenn das Baby nach dem verbotenen Lampenkabel, der Porzellanvase, dem Lippenstift greift? Oder wenn sein Vater ihm ekligen Rübenbrei in den Mund schieben will statt leckerem Apfelkompott? Plötzlich gehen Gemeinsamkeit und Kommunikation entzwei.

Dem einjährigen Baby muss das ausgesprochen paradox, ja pervers vorkommen. Je deutlicher es seine Begeisterung für das Lampenkabel zum Ausdruck bringt, desto unerbittlicher tut seine Mutter alles, um es davon fern zu halten. Je unmissverständlicher es die Rüben zurückweist, desto entschlossener will sein Vater es damit füttern. Zwar reagieren das Baby und der Erwachsene auf denselben Gegenstand, doch ihre Einstellung dazu scheint unterschiedlich, ja diametral entgegengesetzt zu sein.

Wenn Babys ungefähr eineinhalb Jahre alt sind, verstehen sie allmählich, was es mit diesen Unterschieden zwischen den Menschen auf sich hat, und fangen an, sie faszinierend zu finden. Auch das können wir wieder systematisch demonstrieren. Alison und eine ihrer Studentinnen, Betty Repacholi, zeigten Babys zwei Schüsseln voll Essen. Die eine enthielt köstliche Cracker mit Käsegeschmack, die andere rohen Brokkoli. Sogar hier in Berkeley zogen alle Babys die Cracker vor. Dann probierte Betty aus jeder Schüssel. Bei einer sah sie entzückt drein und sagte »Mmmh«, bei der anderen schnitt sie eine angewiderte Grimasse und sagte »Igitt«. Dann stellte sie beide Schüsseln vor die Babys hin, streckte die Hand aus und sagte: »Gibst du mir bitte was?«

Wenn Betty zu erkennen gegeben hatte, dass sie die Cracker mochte und den Brokkoli verabscheute, gaben ihr die Babys natürlich die Cracker. Aber was, wenn sie stattdessen zum Brokkoli »Mmmh« gesagt hatte und zu den Crackern »Igitt«? Dann sahen sich die Babys mit einem jener Fälle konfrontiert, in denen wir die Dinge anders betrachten als sie selbst, in denen wir das eine wollen und sie das andere. 14 Monate alte Babys, noch ganz in der unschuldigen Überzeugung befangen, dass wir alle dasselbe wollen, reichen uns die Cracker. Aber die klügeren (freilich, wie wir sehen werden, auch traurigeren) 18-monatigen Babys geben uns den Brokkoli, obwohl sie selbst ihn hassen. Diese winzigen Kinder, die noch kaum sprechen können, haben schon etwas außerordentlich Wichtiges über die Menschen gelernt. Sie wissen jetzt, dass Menschen Wünsche haben und diese Wünsche sich unterscheiden und sogar miteinander kollidieren können.

Wir können diese Entdeckung durch wissenschaftliche Versuche demonstrieren, aber sie zeigt sich auch im Alltagsleben, und zwar auf dramatische Weise. Alle Eltern kennen und fürchten das berüchtigte »schreckliche zweite Jahr«, in dem sich der entzückende, wenn auch etwas ungebärdige einjährige Schlingel in ein zweijähriges Ungeheuer verwandelt. Was das schreckliche zweite Jahr so schrecklich macht, ist nicht die Tatsache, dass die Kinder etwas tun, was Sie nicht wollen – darin sind auch Einjährige schon recht gut –, sondern dass sie es tun, *weil* Sie es nicht wollen. Während Einjährige vom Zauber verbotener Dinge anscheinend magisch angezogen werden (etwa vom Zauber des Lampenkabels), sind Zweijährige bewusst böse, wollen sozusagen »Blut sehen«. Ein Zweijähriger würdigt das Lampenkabel an sich keines Blickes, sondern streckt nur die Hand danach aus und schaut dabei unverwandt und mit großer Entschlossenheit Sie an.

Kinder können dieses Szenario in verschiedenen dämonischen Varianten durchspielen. Nach Aussage ihrer Mutter pflegte die frechste der Autorinnen dieses Buchs der Sache noch eine weitere beleidigende Nuance hinzuzufügen, indem sie jedes Mal, wenn sie etwas Verbotenes getan hatte, gleich eine Hand ausstreckte, um einen Klaps in Empfang zu nehmen. Eines unserer charmantesten und friedfertigsten Kinder dagegen lächelte strahlend, während es sich auf den verbotenen Gegenstand zubewegte. Erwiderte man das Lächeln auch nur andeutungsweise, hatte das fatale Folgen. Ein anderes unserer Kinder näherte sich dem verbotenen Gegenstand in kleinen, mit mathematischer Präzision berechneten Einheiten, bis es nur noch Millimeter entfernt war, und starrte dabei ununterbrochen seinen Vater an.

Dieses seltsame Verhalten stellt sich jedoch als völlig rational heraus. Genau wie Experimente mit ganz kleinen Babys die Hintergründe unserer elterlichen Intuition erklären, dass unsere Beziehung zu Neugeborenen ganz besonders harmonisch ist, erklären Experimente mit Kleinkindern den Hintergrund unserer Intuition, dass diese Harmonie manchmal gestört wird, wenn die Kinder älter werden. Zweijährige haben soeben zu erkennen begonnen, dass Menschen unterschiedliche Wünsche haben. Unser Experiment mit dem Brokkoli zeigt, dass Kinder dies erst zu begreifen beginnen, wenn sie ungefähr 18 Monate alt sind. Kinder mit 14 Monaten glauben offenbar, dass ihre eigenen Wünsche sich mit unseren decken. Im schrecklichen zweiten Jahr erforschen die Kinder offensichtlich methodisch, was es mit diesem Problem auf sich hat, und führen dabei fast so etwas wie ein experimentelles Forschungsprogramm durch. Kleinkinder überprüfen systematisch, in welchem Ausmaß ihre eigenen Wünsche und die der Außenwelt voneinander abweichen können. Der ernste Blick richtet sich auf Sie, weil das Interesse in Wirklichkeit gar nicht dem Lampenkabel gilt, sondern Ihnen und Ihrer Reaktion. Wenn das Kind ein angehender Psychologe ist, dann sind wir Eltern die Laborratten.

Es mag manchmal ein gewisser Trost sein, dass uns diese Kleinkinder nicht wirklich zum Wahnsinn treiben wollen, sondern nur verstehen möchten, wie wir funktionieren. Die Tränen nach einem Wutausbruch am Ende einer Konfrontation im schrecklichen zweiten Jahr sind echt. Dem schrecklichen zweiten Jahr liegt ein echter Konflikt zugrunde – zwischen dem Bedürfnis der Kinder, andere Menschen zu verstehen, und dem Bedürfnis, glücklich mit ihnen zusammenzuleben. Mit Konflikten zu experimentieren mag nötig sein, wenn man begreifen will, wie die Menschen reagieren werden, aber es ist auch gefährlich. Am schrecklichen zweiten Jahr lässt sich ermessen, wie kraftvoll und tief verwurzelt der Lerntrieb in diesen kleinen Kindern ist. Genau wie für einen Wissenschaftler ist die Wahrheitsfindung für diese Zweijährigen mehr als nur eine Aufgabe – es ist eine Leidenschaft. Und genau wie bei einem Wissenschaftler kann diese Leidenschaft gelegentlich dazu führen, dass man das häusliche Glück opfert.

Dass die Zweijährigen diese neuen Entdeckungen über die Menschen machen, hat aber auch eine positivere Seite. Eines Tages kehrte Alison in einem Zustand der Verzweiflung aus dem Institut zurück, der berufstätigen Eltern wohlvertraut sein wird. Sie hatte erkannt, dass sie eine unfähige Forscherin war (eine ihrer Arbeiten war von einer Fachzeitschrift abgelehnt worden) und eine schlechte Lehrerin (ein Student hatte sich wegen einer Note beschwert). Und jetzt entdeckte sie auch noch, dass sie eine Rabenmutter war (die Hähnchenschenkel fürs Abendessen waren noch eingefroren). Wie jede richtig starke, zähe, berufstätige Frau in einer solchen Lage setzte sie sich aufs Sofa und brach in Tränen aus. Ihr Sohn, damals nicht ganz zwei Jahre alt, blickte besorgt drein, dachte kurz nach und lief dann ins Badezimmer. Er kam mit einer großen Packung Heftpflaster zurück und machte sich daran, Alison über und über damit zu bekleben: Hier handelte es sich eindeutig um eine Verletzung, bei der jede Menge Pflaster angesagt war. Wie viele Therapeuten irrte er sich in der Diagnose, aber seine Behandlung war äußerst effektiv. Alison hörte auf zu weinen.

Das ist nicht nur eine rührende Geschichte über ein besonders liebenswertes Kind (obwohl Alison natürlich dazu neigt, sie so zu erzählen). Systematische Untersuchungen lassen erkennen, dass Zweijährige zum ersten Mal echtes Einfühlungsvermögen für andere Menschen zeigen. Zwar geraten schon kleinere Babys aus der Fassung, wenn sie merken, dass jemand anderer unglücklich ist (wir alle wissen, auf welch verstörende Weise ein Baby plötzlich zu heulen anfängt, wenn ein Ehestreit beginnt). Aber erst Zweijährige spenden Trost. Sie spüren Ihren Schmerz nicht nur, sondern versuchen, ihn zu lindern. Das zweijährige Ungeheuer ist auch der zweijährige rettende Engel.

Voraussetzung für diese Art von Einfühlungsvermögen ist das gleiche hoch entwickelte Verständnis für andere Menschen, das auch das bösartige Verhalten Zweijähriger auslöst. Um sich wirklich in andere Menschen hineindenken zu können, muss man verstehen, wie sie sich fühlen und was man tun kann, damit es ihnen besser geht, auch wenn man selbst nicht das Gleiche fühlt. Man muss wissen, dass der andere Heftpflaster benötigt, auch wenn man selbst keines braucht – genauso, wie man weiß, dass der andere Brokkoli will, obwohl man selbst keinen mag, oder möchte, dass man von dem Lampenkabel wegbleibt, das einem so verführerisch erscheint. Echtes Einfühlungsvermögen bedeutet nicht nur zu wissen, dass andere Menschen genauso fühlen wie man selbst. Es bedeutet auch, dass man weiß, dass sie etwas anderes fühlen, und dass man trotzdem Mitleid mit ihnen empfinden kann. Babys werden mit dieser tiefen moralischen Einsicht zwar nicht geboren, aber mit zwei Jahren entwickeln sie bereits ein Verständnis dafür.

Die Kunst, eine Meinung zu haben

Wenn Kinder lernen, zwischen ihren eigenen Wünschen und denen anderer zu unterscheiden, entdecken sie gleichzeitig auch die Unterschiede zwischen dem, was sie selbst sehen können, und dem, was andere sehen können. Wenn Einjährige irgendwohin zeigen und in die Richtung blicken, in die andere zeigen, haben sie offenbar entdeckt, dass sie dieselben Dinge sehen können wie ein anderer Mensch. Aber auch hier besteht die logische Folge der Entdeckung wiederum darin, dass es zwischen dem, was ich sehe, und dem, was du siehst, Unterschiede geben kann. Wenn Sie sich zum Beispiel in einem anderen Zimmer oder am anderen Ende der

Telefonleitung befinden, hat es wenig Sinn, Ihnen mein neuestes Kunstwerk zu zeigen. Sehr kleine Kinder scheinen sich dessen jedoch noch nicht bewusst zu sein.

Wir können überprüfen, ob Kinder diesen Unterschied verstehen, indem wir mit ihnen Versteck spielen, was Kleinkinder leidenschaftlich gerne tun. Ich verstecke etwas vor dir und du etwas vor mir. Sehr kleine Kinder lieben Versteckspiele zwar, stellen sich aber nicht sehr geschickt dabei an. Die Lieblingsstrategie einer Zweijährigen kann etwa darin bestehen, den Kopf unter den Tisch zu stecken, während ihr Overall-bedeckter Po bestens zu sehen ist.

Wir können das aber noch systematischer zeigen. Zum Beispiel kann man einem Kind eine lange Röhre geben, an deren einem Ende sich ein Bild befindet, das jeweils nur eine Person sehen kann. Dann kann man das Kind bitten, das Bild Papa zu zeigen. Sehr kleine Kinder werden die Röhre zwischen sich und Papa hin- und herschwenken, als ob sie sich nicht recht vorstellen können, dass Papa das Bild sehen kann, wenn sie selbst es nicht sehen.

Alison und Andy entwickelten ein Experiment, um diese Idee noch weiter zu verfolgen. Sie begannen mit einem Imitationsspiel: Du gibst mir das Spielzeug und ich gebe es dir; du klebst den Aufkleber auf meine Hand und ich klebe ihn auf deine. Kinder machen das sehr gut und sehr gern. Dann wurde auf dem Tisch eine Trennwand zwischen der Frau, die den Versuch durchführte, und dem Kind angebracht. Die Frau versteckte ein Spielzeug vor dem Kind, indem sie es auf ihre Seite der Trennwand stellte. Dann gab sie dem Kind das Spielzeug und bat es, das Spielzeug nun vor ihr zu verstecken. Dazu hätte das Kind das Spielzeug auf *seine* Seite der Abschirmung stellen müssen, damit es selbst es sehen konnte, die Frau aber nicht. Die kleinsten Kinder jedoch, zwischen 24 und 30 Monaten alt, stellten das Spielzeug oft auf die Seite der Frau, wo es aus ihrem eigenen Blickfeld verschwunden war, während die andere Person es ganz genau sehen konnte. Und die Kleinkinder experimentierten aktiv herum, um diesem Problem auf den Grund zu gehen. Sie gingen zum Beispiel um den Tisch herum auf die Seite der Frau, um herauszufinden, wie die Trennwand hier aussah.

Oder sie umgingen das Problem auf einfallsreiche Weise und versteckten das Spielzeug zum Beispiel hinter dem Rücken, wo es keiner mehr sehen konnte. Genau wie bei dem Versuch mit der Röhre begriffen sie offensichtlich nicht, wie der eine ein Spielzeug sehen kann, der andere dagegen nicht.

Doch noch bevor sie drei Jahre alt sind, lernen Kinder, zwischen dem zu unterscheiden, was sie selbst sehen, und dem, was andere sehen. Ein Kind von 36 Monaten, also gerade erst drei geworden, wird das Spielzeug immer richtig verstecken, auf *seiner* Seite der Trennwand. Es weiß, dass die andere Person es dann nicht sehen kann, obwohl es selbst das Spielzeug sieht. Es wird ganz genau vorhersagen, wann Sie den Gegenstand sehen und es selbst ihn nicht sieht. Und es wird Ihnen sagen, dass Sie ihn nicht sehen, es selbst ihn aber sehen kann. Dreijährige können Ihnen sogar sagen, wie ein Gegenstand aus verschiedenen Perspektiven aussieht. Wenn Sie eine gelbe Spielzeugente hinter ein Stück blaues Plastik stellen, sieht sie grün aus. Diesen Trick können Sie einem Dreijährigen vorführen und ihm zeigen, dass die Ente in Wirklichkeit gelb ist. Dreijährige werden dann sagen, dass die Ente jemandem auf der einen Seite des Plastikstücks blau erscheint, jemandem auf der anderen Seite aber gelb. Im Gegensatz zu vielen herkömmlichen Behauptungen entwickeln diese sehr kleinen Kinder bereits ein mehr als nur egozentrisches Verständnis für andere Menschen.

Man ist etwas erstaunt, wenn man feststellt, dass Zweijährige solche ganz offensichtlichen Probleme noch nicht zu lösen vermögen. Noch verwunderlicher ist jedoch, dass Kinder in nur drei Jahren etwas so Wichtiges lernen wie die Tatsache, dass Menschen die Dinge im wahrsten Sinn des Wortes unterschiedlich sehen können. Natürlich müssen Kinder noch viel darüber lernen, auf welche Weise verschiedene Menschen die Welt verschieden auffassen. Auch Erwachsene haben da offensichtlich noch viel zu lernen – andernfalls gäbe es nicht so viele Bücher über die Welten, die Männer und Frauen trennen. Aber die ersten Schritte in Richtung auf dieses Verständnis hin machen wir schon, kurz nachdem wir die ersten Schritte laufen können.

Wenn Sie die richtige Internet-Site aufrufen, werden Sie sich in einer riesigen Datenbank namens CHILDES wiederfinden. Diese Datenbank enthält buchstäblich Millionen von Beispielen für spontane Aussprüche von Kindern, die Linguisten in den letzten dreißig Jahren aufgezeichnet haben. Es ist, als würde man eine Falltür in der Decke finden, die in einen Speicher voll abgetragener Latzhosen, zerbrochener Spielsachen und verblasster Schnappschüsse führt. Das CHILDES-Archiv hat auch etwas von dieser Melancholie, von dem Gefühl, dass man von blassen, geisterhaften Stimmen umgeben ist. Abe und Sarah, Ben und Nina, Kinder, die seit langem erwachsen sind, selbst Kinder bekommen haben oder sogar gestorben sind, bleiben hier auf ewig zwei Jahre alt, fragen sich unruhig, was es mit Dracula wirklich auf sich hat, prüfen nach, ob man Eierbecher auch als Brillen verwenden kann, und erklären ihren Eltern geduldig alle möglichen Dinge.

CHILDES macht es uns aber nicht nur möglich, diese Landschaften verlorener Kindheit zu erkunden, sondern gibt uns auch Gelegenheit, systematisch zu betrachten, was sehr kleine Kinder sagen und wie sich die Dinge, die sie sagen, mit zunehmendem Alter verändern. Zu den allerersten Dingen, über die Kinder sprechen, zählen Wünsche, Beobachtungen und Gefühle. Zu ihren ersten Wörtern gehören *will* und das im schrecklichen zweiten Jahr allgegenwärtige *nein, schau* und *alles weg, froh* und *traurig*. Wie die Experimente schon vermuten lassen, sprechen Kinder mit drei Jahren bereits spontan und sogar nachdenklich über die Unterschiedlichkeit von Wünschen, Beobachtungen und Gefühlen. Eines unserer eigenen Kinder entdeckte zu seiner Enttäuschung, dass der lang erwartete Nachtisch beim Sonntagsessen, Ananas mit Kirschsauce, dem zweijährigen Gaumen nicht mundete. Noch Wochen danach sagte der Kleine immer wieder ganz plötzlich, ohne besonderen Anlass: »Weißt du, Mama, du findest Ananas lecker, aber ich finde sie eklig.«

CHILDES berichtet von einer ähnlichen Unterhaltung zwischen einem Dreijährigen aus New England und seiner Mama, bei der der Junge über die berüchtigten exotischen Spezialitäten der französischen Küche nachsann. Kind: »Kann man Schnecken essen?« Mutter: »Ja, manche Leute essen Schnecken.« Kind: »Warum?« Mutter: »Weil sie ihnen schmecken.« Kind: »Mama, magst du Schnecken essen?« Mutter: »Nein, ich glaube nicht.« Kind: »Ich mag keine Schnecken essen [lange Pause] … Leute essen Schnecken.«

Eines unserer eigenen Kinder sah sich an seinem vierten Geburtstag im Kino *Star Wars* an und wartete, als die Lichter ausgingen und mächtige Sturmtruppen über die Leinwand zogen, mit folgender Kostprobe logischer Argumentation auf: »Mit vier Jahren hat man keine Angst nicht. Ich bin jetzt vier Jahre. Ich habe keine Angst.« Eines der CHILDES-Kinder, Nina, hält sich Eierbecher vor die Augen, nimmt sie weg, hält sie wieder hin. Dabei sagt sie immer wieder »Kann es sehen, kann es nicht sehen«, und meint damit den Unterschied zwischen dem, was sie sieht und was ihr Vater sieht.

Sobald Kinder sprechen können, reden sie über das, was in ihren Köpfen und in den Köpfen anderer Menschen vorgeht. Zunächst jedoch konzentrieren sie sich dabei auf Wünsche, Beobachtungen und Gefühle: auf das, was sie und andere Menschen wollen, sehen und fühlen, und nicht auf das, was sie wissen oder worüber sie nachdenken. Über Gedanken und Überzeugungen sprechen sie erst später. Dann fangen sie an, Dinge zu sagen wie: »Die Leute haben geglaubt, dass Dracula gemein war, aber er war lieb« oder »Das ist ein Bus, ich habe gedacht, es ist ein Taxi.«

Lernen über das »Über«

Wunsch, Wahrnehmung und Gefühl sind zentrale Aspekte des menschlichen Geistes und es ist bemerkenswert, dass Kinder, die noch kaum drei Jahre alt sind, diese mentalen Zustände schon so gut verstehen. Alle drei genannten Zustände haben jedoch eine Eigenschaft, die die Philosophen Transparenz nennen. Kinder scheinen über Wünsche, Wahrnehmungen und Gefühle fast so zu denken, wie wir etwa über Magneten oder Gewehrkugeln denken. Wenn man etwas haben will, wird man davon angezogen wie Feilspäne von einem Magneten. Wenn man auf einen Gegenstand ausgerichtet ist, sieht man ihn, so wie man getroffen wird, wenn man in der Schusslinie eines Projektils steht. Das meinen die Philosophen, wenn sie von Transparenz sprechen.

Ganz anders verhält es sich jedoch mit anderen geistigen Zuständen, beispielsweise mit Meinungen und Gedanken. Eine Kugel Eis oder ein Spielzeug können wir nicht einfach so glauben oder denken, wie wir sie sehen oder wollen können. Stattdessen glauben oder denken wir etwas *über* die Eiskugel oder das Auto. Wir glauben, dass im Eis Nüsse sind oder dass das Spielzeugauto Batterien braucht. Philosophen sagen, dass Glaube »opak« oder »repräsentational« ist. Das klassische philosophische Beispiel dafür stammt noch aus den Tagen, als Romane anonym veröffentlicht wurden. Es besagt, dass man über »Sir Walter Scott« vielleicht nicht dasselbe denken wird wie über den »Autor von ›Waverly‹«, obwohl »Sir Walter Scott« und »der Autor von ›Waverly‹« in Wirklichkeit ein und dieselbe Person sind. Wenn wir sagen, dass jemand etwas glaubt, meinen wir, dass er eine Art innerer Beschreibung oder inneres Bild hat, das sich auf den Gegenstand der Betrachtung bezieht – eine Beschreibung oder ein Bild »von« diesem Gegenstand.

Daraus folgt aber, dass Überzeugungen falsch sein können. Vielleicht denken wir, dass im Eis Nüsse sind, während es tatsächlich einfaches Vanilleeis ist. Oder wir glauben, dass das Auto Batterien braucht, während man es in Wirklichkeit an einem Gummiband zieht, oder dass Sir Walter Scott *nicht* der Verfasser von ›Waverly‹ ist. Wir können etwas über die Welt denken, das nicht stimmt. Wünsche und Beobachtungen können in derselben Weise falsch sein.

Wie können wir feststellen, ob Kinder Überzeugungen auf diese opake, repräsentationale Weise verstehen? Wir können sie mit einer einfachen Situation konfrontieren, in der jemand etwas glaubt, das nicht stimmt. Zum Beispiel können wir Kindern eine Bonbondose zeigen, wie sie jeder kennt. Wer sie sieht, wird automatisch denken, dass in der Dose Bonbons sind. Wenn wir die Dose jedoch aufmachen, stellt sich heraus, dass das ein Schwindel war: In Wirklichkeit enthält die Dose Bleistifte. Dann können wir den Kindern einfache Fragen über diesen Vorgang stellen. Was dachtest du, ist in der Dose? Was wird dein Freund Nicky denken, dass drin ist, wenn er die verschlossene Dose sieht? Wenn jemand Bonbons will, wird er überrascht oder enttäuscht sein, wenn er in die Dose schaut? Wenn jemand Bleistifte will, würde er in dieser Dose nachsehen? Sieht es so aus, als wären Bonbons oder Bleistifte in der Dose? Und so weiter.

Bei all diesen Fragen geht es um die gleiche Grundidee. Die trügerische Dose veranlasst uns, etwas Falsches zu glauben; sie sieht wie etwas Bestimmtes aus, ist aber in Wirklichkeit etwas anderes; sie bringt uns dazu, uns die Welt auf eine Weise vorzustellen, die mit der Wirklichkeit nicht übereinstimmt. Einem Erwachsenen erscheinen die Antworten auf diese Fragen ganz offensichtlich. Aber Dreijährige beantworten sie durchwegs falsch. Sie sagen, dass jeder wissen wird, dass in der Dose Bleistifte sind, und dass es so aussieht, als seien Bleistifte darin. Sie sagen sogar, sie hätten von Anfang an gemeint, dass Bleistifte in der Dose seien. Es ist, als würden die Kinder glauben, dass jeder die Welt und die Wirklichkeit in gleicher Weise verstehen muss, weil es ja nur eine einzige Welt und Wirklichkeit gibt. Nie werden Menschen etwas Unterschiedliches über denselben Gegenstand glauben und nie werden sie ihre Meinung über irgendetwas ändern.

Natürlich geben sich auch Erwachsene manchmal solchen Illusionen hin. Aber bei uns wird sogar der störrischste Dogmatismus ein wenig durch das Wissen gemildert, dass zumindest hin und wieder jemand anderer Meinung ist als wir und dass sich zumindest manchmal herausstellt, dass wir Unrecht haben. Die kindliche Doktrin der Unfehlbarkeit dagegen stellt sich als vollkommen unangefochten dar.

Besonders merkwürdig ist die Tatsache, dass Kinder es nicht zu merken scheinen, wenn sich ihre eigenen Überzeugungen geändert haben. Alison beschloss nachzuprüfen, ob Kinder bei ihren eigenen Überzeugungen die gleichen Fehler machen wie bei denen anderer Menschen. Das allererste Mädchen im Test rief »Bonbons«, als es die Dose zunächst sah, und »Nanu! Bleistifte!«, als sie geöffnet wurde. Und doch leugnete es kaum eine Minute später beharrlich – und allem Anschein nach in ehrlicher Überzeugung –, dass es jemals geglaubt hatte, in der Schachtel seien Bonbons.

Alison führte auch noch andere Experimente durch, die in eine ähnliche Richtung weisen. Zum Beispiel scheinen Dreijährige sich nicht daran erinnern zu können, wie sie etwas gelernt haben, und zwar selbst dann nicht, wenn es erst wenige Augenblicke her ist. Bei einer Studie versteckte die Frau, die das Experiment durchführte, eine Tasse unter einem »Stofftunnel« – einem Drahtgerüst, das mit Stoff bedeckt war und an jedem Ende eine Öffnung hatte. Die Kinder entdeckten auf drei verschiedene Arten, was sich unter dem Tunnel befand: Sie nahmen den Tunnel hoch und sahen die Tasse, sie steckten die Hand durch die Öffnung und fühlten die Tasse oder die Frau sagte ihnen einfach: »Da drin ist eine Tasse.« Dann fragte sie die Kinder, was sich unter dem Tunnel befände. Diese Antwort fiel immer richtig aus. Doch die nächste Frage war schwieriger. Sie lautete: »Woher weißt du, dass in dem Tunnel eine Tasse ist? Hast du sie gespürt oder gesehen oder haben wir dir gesagt, dass sie da ist?« Selbst wenn erst wenige Minuten vergangen waren, reagierten die Kinder verwirrt. Sie sagten zum Beispiel, sie hätten die Tasse gesehen, während man ihnen in Wirklichkeit davon erzählt hatte. (Diese Experimente haben offensichtliche Bedeutung für die Bewertung von Zeugenaussagen sehr kleiner Kinder. Die Wahrscheinlichkeit, dass Kinder lügen, ist nicht größer als bei Erwachsenen und sie verwechseln auch Einbildung und Realität nicht. Sehr wohl aber kann es passieren, dass sie durcheinander bringen, was sie wirklich gesehen haben und was ein wohlmeinender Rechtsanwalt oder Sozialarbeiter ihnen gesagt hat.)

Trotzdem haben Kinder ein ebenso gutes Gedächtnis für Alltagsereignisse wie Erwachsene oder sogar ein noch besseres. Denken Sie nur daran, wie sich bei Andys Imitationsexperiment selbst Einjährige eine ganze Woche lang merken konnten, dass er die Schachtel mit der Stirn berührt hatte. Bei anderen Studien zeigte Andy, dass 18 Monate alte Kinder diesen neuartigen Vorgang nicht weniger als vier Monate im Gedächtnis behielten. Und die meisten von uns werden bei Kartenspielen wie Memory von Kleinkindern mühelos geschlagen. Außerdem konnten wir mit unseren Experimenten systematisch nachweisen, dass Kinder sich sehr wohl an Vergangenes erinnern können, wenn auch nicht an ihre einstigen Überzeugungen.

Was geht hier vor? Diese Kinder stellen eine der ältesten und geschätztesten philosophischen Doktrinen in Frage, nämlich eine Doktrin, die manchmal als Autorität der Ersten Person bezeichnet wird. Den meisten von uns scheint es, als ginge es beim Problem des fremden Ich ausschließlich um die anderen. Die Gedanken anderer Menschen können wir nur erschließen, aber zumindest wissen wir sicher, was wir selbst denken. Descartes behauptete sogar, dass wir *nur* das sicher wissen, was wir selbst denken: »Ich denke, also bin ich.« Die Kinder jedoch machen immer die gleichen Fehler – ob sie nun über ihren eigenen mentalen Zustand berichten oder auf den mentalen Zustand anderer Menschen schließen. Offenbar verstehen sie ihren eigenen Geist keinen Deut besser als den der Menschen ringsum. Es mag uns so scheinen, als würden wir etwas über andere Menschen lernen, indem wir sie mit uns selbst vergleichen. Tatsächlich jedoch lassen die Forschungen den Schluss zu, dass wir auch etwas über unseren eigenen Geist lernen, indem wir andere Menschen beobachten.

Liebe und Täuschung

Bis jetzt mag das Wissenschaftler-Kind, das wir beschrieben haben, wie ein distanzierter, ferner Beobachter wirken. Aber das, was wir über andere Menschen herausfinden, prägt unsere Gefühle für sie und unser Leben mit ihnen. Und auch was wir über uns selbst herausfinden, prägt unsere Gefühle und unser Leben. Wir haben gesehen, welchen Einfluss die Entdeckungen der Eineinhalbjährigen auf ihr alltägliches Leben haben, wenn sie schreckliche, aber auch einfühlsame Zweijährige werden. Das immer feinere Verständnis der Drei- und Vierjährigen für den menschlichen Geist beeinflusst deren Alltagsleben ebenfalls.

Kleine Kinder sind sicherlich Wesen mit äußerst intensiven Gefühlen. Aber die vorherrschenden Theorien über Kinder stellen diese Gefühle so dar, als wären sie die Hauptursache für die Handlungen eines Kindes und würden von seinem Denken oder Wissen nicht beeinflusst. Nach der Freudschen Tradition waren die Gedanken und Überzeugungen von Kindern durch und durch von ihren primitiven Trieben geprägt. Eine andere, eher biologische Tradition wurde von den Arbeiten über die »Bindung« inspiriert, die zwischen Muttertieren und ihren Jungen besteht. Beispielsweise folgen manche Vogeljunge dem ersten großen, sich bewegenden Ding, das sie nach ihrer Geburt sehen (so pflegte dem Verhaltensforscher Konrad Lorenz, der dieses Phänomen untersuchte, immer eine Schar Junggänse hinterherzulaufen, wenn er durch die Straßen seines österreichischen Dorfs spazierte).

In manchen Theorien zumindest wurde die menschliche »Bindung« ähnlich gesehen, als eine fast reflektorische, instinktive Reaktion. So haben wir einmal eine Geschichte gehört, wonach in einer Entbindungsstation ein Schild mit der Aufschrift hing: »Babys bitte nicht von ihren Müttern trennen, bis die Bindung vollzogen ist.« Und von der folgenden Geschichte können wir aus eigener Erfahrung berichten: Als Alison eines ihrer Kinder auf die Welt gebracht hatte, kam eine Schwester und sagte, dass sie das Baby auf die Säuglingsstation bringen würde. Als Alison sich höflich weigerte, sich von ihrem Neugeborenen zu trennen (genau genommen sagte sie, da müssten sie schon mit dem Brecheisen kommen), antwortete die Schwester: »Keine Sorge, meine Liebe, wir lassen Sie schon erst die Bindung herstellen.« Dieser Vorstellung nach war die Bindung so etwas wie ein Superkleber: Mutter und Kind einfach ein paar Minuten zusammendrücken, bis sie fest miteinander verbunden sind.

Die neuere Forschung hat dieses Bild verändert. Gelüste diktieren nicht die Gedanken und »Bindung« ist kein Ereignis, das in einer kritischen Phase stattfinden muss und dann ein für alle Mal erledigt ist. Das Wissen bestimmt die Gefühle stärker, als umgekehrt die Gefühle das Wissen verzerren. Die Beziehungen zwischen Eltern und Kindern entwickeln und verändern sich genau wie alle anderen menschlichen Beziehungen, sobald die Partner einander besser kennen und verstehen lernen.

Heute versteht man unter »Bindung«, dass Babys und kleine Kinder »internalisierte Arbeitsmodelle« entwickeln, also systematische Bilder davon, wie Menschen zueinander in Beziehung stehen, kurz gesagt, sie entwickeln Theorien über die Liebe. Natürlich werden diese Modelle stark von dem beeinflusst, was die Kinder bei den Menschen ringsum beobachten. Und genau wie wissenschaftliche Theorien wirken sich diese Modelle auch auf die Art und Weise aus, wie Kinder neue Beobachtungen interpretieren. Wenn man feststellt, dass die Menschen, von denen man sich Wärme und Trost erhofft, sich von einem abwenden, sobald man in Not ist, dann kann das die Erwartungen beeinflussen, was andere Menschen tun werden, und die Interpretation dessen, was sie tatsächlich tun. Aber diese internalisierten Arbeitsmodelle sind nicht festgeschrieben, sondern flexibel. Wie wissenschaftliche Theorien können sie geändert werden, wenn ausreichend neue Beweise auftauchen. Wenn Kinder neue Informationen darüber erhalten, wie Menschen funktionieren, und besonders darüber, wie sie im vertrauten Umgang miteinander agieren, dann verändern die Kinder ihre eigenen Ansichten. Sogar missbrauchte Kinder kommen offenbar häufig ohne langfristige Schäden davon, wenn irgendein Mensch da ist, der sich nicht abwendet. Relativ kurze Erfahrungen mit einem Freund, einer Tante oder einem Lehrer können Kindern eine Alternativvorstellung davon vermitteln, wie Liebe funktionieren kann.

Auch andere Dinge, die Kinder über Menschen lernen, können auf ihr Gefühls- und Sozialleben tief greifend einwirken. Zu den

Dingen, die Freud richtig erkannte, gehört das verblüffend erotische Wesen von Dreijährigen. (Wir sind Entwicklungspsychologen und immer noch verblüfft.) Dreijährige verhalten sich ihren Eltern gegenüber wirklich wie Liebhaber. Genau genommen wie Liebhaber aus der italienischen Oper – mit leidenschaftlichen, sinnlichen Umarmungen, gleichermaßen leidenschaftlicher Verzweiflung, wenn sie von den Eltern getrennt werden, und Eifersucht, wenn Rivalen auftauchen.

Doch in diesen Leidenschaften spiegeln sich vielleicht ganz reale Entdeckungen. Zu den Interaktionen im Säuglingsalter gehört ein gewissermaßen einträchtiges Zusammenleben mit den Menschen, die einen umgeben, gehört jenes bettgeflüsterartige Gefühl größter Intimität. Wenn Babys zu Kleinkindern und dann zu Vorschulkindern werden, erkennen sie zunehmend, dass andere Menschen eigenständige psychologische Wesen sind – Wesen mit anderen Wünschen, Gefühlen, Gedanken und Meinungen. Genau dieses Gefühl des »Andersseins« jedoch ist die Wurzel erotischer Gefühle. Wenn wir allmählich erkennen, dass die, die wir lieben, anders sind als wir, dass sie andere Wünsche, Gedanken und sogar andere Vorlieben haben, dann können wir uns ihrer Liebe nicht mehr so sicher sein.

Vorschulkinder, die in ihre Eltern verliebt sind, ähneln mehr Prousts Swann, der die rätselhafte Odette liebt, als Ödipus, der Jocaste liebt. Sie sind nicht einfach in primitivem, fatalem Unwissen verfangen, sondern werden von einem gleichermaßen fatalen Wissen heimgesucht. Zur Liebe gehört es, dass man Dinge haben möchte (ungeteilte Aufmerksamkeit, völlige Hingabe, absolute Loyalität), von denen man weiß, dass man sie nicht bekommen kann.

Was die Kinder über Überzeugungen herausfinden, hat auch Konsequenzen für andere Aspekte ihrer Beziehungen zu Menschen. Um Menschen zu täuschen oder zu erkennen, dass man von ihnen getäuscht wird, muss man die Unterschiede zwischen dem verstehen, was sie glauben und was man selbst glaubt. Das ist nur möglich, wenn man weiß, wie Überzeugungen überhaupt funktionieren. Man muss wissen, was man tun muss, um jemanden dazu zu bringen, dass er etwas glaubt, das in Wirklichkeit nicht wahr ist. Zwei- und Dreijährige sind so schlechte Lügner, dass sie eigentlich gar nicht als solche bezeichnet werden können. Ein Dreijähriger wird sich auf der anderen Straßenseite hinstellen und Ihnen zuschreien, dass er *nicht* allein hinübergegangen ist. Sie sind schlechte Lügner, weil sie offenbar nicht verstehen, wie man jemand von der Unwahrheit überzeugt. Wir können systematisch zeigen, dass »richtige« Lügen erst im Alter von etwa vier Jahren aufkommen, zur gleichen Zeit, wenn Kinder auch allmählich die Probleme mit den »falschen Überzeugungen« begreifen, wie etwa die Sache mit der trügerischen Bonbondose. Auch dass sie selbst getäuscht werden können, fangen Kinder erst in diesem Alter allmählich zu verstehen an.

Wenngleich die Fähigkeit zu lügen auf den ersten Blick nicht sonderlich erstrebenswert sein mag, sind gewisse Formen der Täuschung für ein zivilisiertes Leben doch unerlässlich. Bevor Kinder vier oder fünf Jahre alt sind, scheinen sie die Notlügen, die wir Höflichkeit nennen, überhaupt nicht zu verstehen. Sie sind baff, wenn jemand so tut, als würde er sich über ein unwillkommenes Geburtstagsgeschenk freuen, oder wenn man den Schmerz, den ein aufgeschlagenes Knie verursacht, mit scheinbar stoischer Ruhe erträgt. Dass man eine Emotion fühlen und trotzdem eine andere zum Ausdruck bringen kann, erscheint ihnen unvereinbar. Vielleicht fällt es kleinen Kindern deshalb im Alltagsleben auch so schwer, ihre eigenen Gefühle zu verbergen – was ein weiterer Grund ist, warum das Leben mit einem Dreijährigen sein kann wie eine tägliche Zwölf-Stunden-Vorstellung von *Tosca*.

Wissen, was man nicht gewusst hat: Erziehung und Gedächtnis

Wenn man Überzeugungen auf neue Weise versteht, kann man auch auf neue Weise lernen. Wir haben gesehen, dass kleine Kinder offenbar nicht erkennen, dass ihre Vorstellungen von der Welt sich in der Vergangenheit geändert haben oder künftig ändern werden. Aber zu wissen, dass man etwas nicht weiß, ist eine Voraussetzung für das systematische Lernen, wie es in der Schule stattfindet. In unserer Kultur liegt die Grenze zwischen »Vorschule« und »Schule« bei etwa sechs Jahren. Aber sogar in Kulturen ohne »offizielles« Schulwesen war man sich schon immer darüber klar, dass es einen Unterschied macht, ob man Dreijährigen oder Sechsjährigen etwas beibringt. Quer durch alle Kulturen und historischen Zeitalter hielt man systematische Unterweisung – ob im Katechismus, in Handarbeit oder in ritterlicher Lebensweise – immer nur bei älteren Kindern für angebracht. Um Nutzen aus dieser Art formaler Unterweisung zu ziehen, muss man mehr können als nur lernen und wissen (dass darin schon Babys und Kleinkinder Meister sind, haben wir bereits gesehen). Man muss wissen, was man lernen muss, und lernen, wie man neues Wissen erwirbt.

Die Tatsache, dass Dreijährige so schlecht abschneiden, wenn sie sich an ihre eigenen früheren Meinungen erinnern sollen, sagt möglicherweise auch etwas Wichtiges über unser Gedächtnis aus. Zu den großen Rätseln der Psychologie gehört das Phänomen der Säuglings-Amnesie – die Tatsache, dass wir uns als Erwachsene an kaum etwas erinnern können, das vor unserem dritten Lebensjahr passiert ist. Besonders verwirrend ist das, weil wir ja gesehen haben, dass Zwei- und Dreijährige und sogar Säuglinge sich offenbar recht gut an Vergangenes erinnern können. Bei Erwachsenen hängt diese Art von kontinuierlichem autobiografischen Gedächtnis von bestimmten Vorstellungen vom menschlichen Geist ab. Etwas Besonderes sind unsere Erinnerungen nicht nur, weil wir wissen, dass in der Vergangenheit bestimmte Dinge passierten, sondern weil wir wissen, dass sie *uns* passiert sind. Wenn wir uns an unsere Vergangenheit erinnern, rufen wir uns nicht nur ins Gedächtnis zurück, was geschehen ist, sondern auch was wir dabei dachten und fühlten, wie uns die Ereignisse erschienen. Aber die Voraussetzung dafür ist natürlich, dass wir verstehen, was es bedeutet, Gedanken zu haben. Man muss verstehen, wie das Bewusstsein arbeitet.

Vor unserem dritten Lebensjahr scheinen wir ein ganz anderes Konzept von unserem eigenen Bewusstsein zu haben und es sogar anders zu erleben, als es bei Erwachsenen der Fall ist. Mit drei Jahren können wir offensichtlich den Unterschied zwischen unseren früheren und unseren jetzigen Gedanken noch nicht begreifen, obwohl wir den Unterschied zwischen vergangenen Ereignissen und gegenwärtigen Ereignissen verstehen. Und wir scheinen uns nicht an unsere früheren Gedanken erinnern zu können, wenn sie unseren jetzigen widersprechen. Das erklärt vielleicht, warum wir aus dem, was uns passiert ist, keine vollständige autobiografische Geschichte zusammenstellen können.

Wie machen sie das nur?

Wenn wir dann etwa fünf Jahre alt geworden sind, scheinen wir unser Bewusstsein im Wesentlichen so zu verstehen wie noch 20 oder 30 Jahre später. Nun begreifen wir Gedanken und Meinungen genauso gut wie Wahrnehmungen, Emotionen, Wünsche und Gefühle. Uns selbst und andere Menschen durch und durch zu verstehen ist natürlich ein mühsames Geschäft, das sich durch unser ganzes Leben zieht. Aber die Grundlagen dafür sind bereits nach wenigen Jahren gelegt. Schon sehr kleine Kinder, die noch nicht einmal lesen oder zwei und zwei zusammenzählen können, haben tatsächlich tiefe Wahrheiten über ihr eigenes Bewusstsein und das Bewusstsein anderer Menschen gelernt.

Die neue Entwicklungsforschung hat gezeigt, dass sich die Art, wie Kinder Menschen verstehen, stetig und offenbar auf logische Weise verändert. Weniger wissen wir darüber, wodurch diese Veränderungen zustande kommen. Wie können Kinder in so kurzer Zeit so viel über das Bewusstsein lernen? Wie wir im ersten Kapitel ausgeführt haben, spielen dabei offenbar drei Faktoren eine Rolle. Kinder können ein angeborenes Fundament nutzen, eine große Lernfähigkeit sowie die Lehren, die ihnen andere Menschen unausgesprochen vermitteln.

Geistes-Blindheit

Autismus ist eine Störung, die bei etwa 25 von 10.000 Kindern auftritt. Viele autistische Kinder haben auch andere Schwierigkeiten; oft sind sie stark zurückgeblieben. Aber bei manchen autistischen Kindern ist die Intelligenz völlig normal entwickelt. Und trotzdem verstehen sie andere Menschen auf eine Weise, die sie sehr stark von uns unterscheidet. Fragen Sie einen aufgeweckten zwölfjährigen Autisten, was »stolz« ist und ob er jemals stolz gewesen sei. Es folgt eine lange Pause. Schließlich murmelt er mit gerunzelter Stirn vor sich hin: »Das weiß ich.« Und sagt dann zögernd: »Stolz sein, das ist zum Beispiel, wenn man beim Fußball ein Tor schießt? Das ist doch stolz?« Er bekommt die Antwort richtig hin, aber offenbar auf ganz andere Weise als die meisten Zwölfjährigen, die sofort großspurige, selbstsicher vorgetragene Anekdoten parat haben. Temple Grandin, eine Autistin, die auch eine erfolgreiche, bekannte Professorin für landwirtschaftliche Tierhaltung ist, sagt, dass sie sich wie eine Anthropologin auf dem Mars vorkommt. Sie sucht sich ihr Wissen von anderen Menschen mühsam zusammen, indem sie die Regelmäßigkeiten in ihrem Verhalten beobachtet. Die meisten von uns werden mit der Fähigkeit geboren, die Verbindung zwischen unserem Bewusstsein und dem anderer Menschen herzustellen. Menschen mit Autismus müssen das Problem des fremden Ichs offenbar von der Pike auf lösen.

Am Leben von Autisten können wir ablesen, wie wichtig es ist, das Bewusstsein anderer Menschen zu verstehen. Die meisten Kinder mögen von Geburt an Menschen lieber als Dinge. Bei autistischen Kindern scheint es oft genau umgekehrt zu sein. Sie sind hingerissen von Steinmustern oder gar Zugfahrplänen; andere Menschen dagegen meiden sie. In gewisser Hinsicht hat das auch Sinn. Stellen Sie sich vor, wie entsetzlich und verstörend die Welt wäre, wenn Sie andere Menschen auf einmal tatsächlich als fremdartige Hautsäcke wahrnehmen würden, die wahllos in unvorhersehbare Richtungen laufen, und nicht mehr als Menschen mit einem Bewusstsein.

Diese Unterschiede zeigen sich auch systematisch im Verhalten autistischer Kinder bei den vielen Experimenten, die wir hier beschrieben haben. Weil die meisten Autisten gleichzeitig geistig zurückgeblieben sind, vergleicht man autistische Kinder bei all diesen Studien sowohl mit normal entwickelten Kindern auf der gleichen geistigen Altersstufe wie auch mit Kindern, die aus anderen Gründen zurückgeblieben sind, zum Beispiel Kindern mit Down-Syndrom. Autistischen Kindern fällt es schwer, Gesichtsausdrücke nachzuahmen. Sie zeigen und folgen Zeigebewegungen nicht so wie andere Kinder. Und falsche Überzeugungen, wie zum Beispiel die unrichtige Vermutung über die trügerische Bonbondose, erkennen sie erst viel später als normal entwickelte Kinder oder sogar Kinder mit Down-Syndrom. Der gesamte Prozess, in dem sich das Verständnis für das Bewusstsein allmählich entfaltet, findet bei ihnen nicht statt.

Autistischen Kindern scheint das elementare Wissen zu fehlen, dass sie wie andere Menschen und andere Menschen wie sie selbst sind. Dieses nie in Frage gestellte Grundprinzip, dieses Axiom unserer Alltagspsychologie gehört paradoxerweise zu den Voraussetzungen, die es den meisten Kindern ermöglichen, nach und nach all die Unterschiede zwischen sich und anderen Menschen zu erkennen.

Als der Autismus in den psychoanalytisch geprägten 50er Jahren zum ersten Mal beschrieben wurde, behaupteten einige Psychiater, dass die Störung von »Kühlschrank-Müttern« verursacht werde, also von Müttern, die sich unnahbar verhielten und nicht auf ihre Kinder eingingen. Bei Müttern mit Universitätsabschluss, so hieß es, sei die Gefahr besonders hoch, dass ihre Kinder autistisch würden. Es ist fast unerträglich, sich vorzustellen, was in einer Mutter vorgegangen sein mag, die schon mit einer solchen Tragödie fertig werden musste und nun zu hören bekam, dass die Krankheit nicht nur Schicksal, sondern selbst verschuldet sei. (Wenn wir als feministische Kognitionspsychologen um die Jahrtausendwende heute die freudschen Ansichten über Frauen in den 50er Jahren kritisieren, mag das wirken, als würde man mit Kanonen auf

Spatzen schießen. Aber dieser spezielle Spatz grinst immer noch so fies, dass er uns wirklich ein paar Schüsse wert zu sein scheint.) Heute steht absolut fest, dass Autismus nichts damit zu tun hat, wie Eltern ihre Babys behandeln. Autismus beginnt sehr früh, hat eine starke genetische Komponente und wird in manchen Fällen möglicherweise durch eine vorgeburtliche Schädigung des Gehirns ausgelöst. Wir haben sogar Vermutungen darüber, welche Teile des Gehirns betroffen sind. Die sinnlos grausame Mutter ist in diesem Fall Mutter Natur.

Wie man Psychologe wird

Die Probleme autistischer Kinder legen die Vermutung nahe, dass die Grundlagen unseres Bewusstseinsverständnisses angeboren sind. Andererseits deuten die neueren Erkenntnisse über das Bewusstsein darauf hin, dass wir auf diesen Grundlagen erst noch aufbauen müssen. Und es ist bemerkenswert, dass sogar manche autistischen Kinder schließlich ans Ziel gelangen können, obwohl es natürlich unendlich schwieriger ist, wenn man so völlig andere Voraussetzungen hat.

Was lässt sich über die Prozesse sagen, die es uns ermöglichen, etwas über das Bewusstsein zu lernen? Wie gelangen wir von unserer anfänglichen Überzeugung, dass wir wie die Menschen um uns herum sind, zum voll entwickelten Verständnis aller Nuancen der Wünsche, Wahrnehmungen, Meinungen und sogar der Existenzangst anderer Menschen? Wir glauben, dass Kinder etwas über das Bewusstsein lernen, indem sie zu »Psychologen« werden. Sie treffen Voraussagen, führen Experimente durch, versuchen, das zu erklären, was sie sehen, und formulieren neue Theorien, die auf dem aufbauen, was sie bereits wissen. Das scheint am besten zu erklären, warum sich die Vorstellungen vom Bewusstsein in der hier beschriebenen Reihenfolge entwickeln. Wir können beobachten, wie Kinder Tag für Tag beim Spielen mit Ideen über das Bewusstsein herumexperimentieren und gedankenvoll versuchen, das merkwürdige Verhalten der Menschen in ihrer Alltagssprache zu erklären.

Es gibt aber auch konkretere Beweise für die Theorie, dass Kinder wie Wissenschaftler lernen. Alison und eine ihrer Studentinnen, Virginia Slaughter, beobachteten dreijährige Kinder, die noch nicht ganz verstanden, was Überzeugungen sind – Kinder, die noch sagten, dass sie schon immer geglaubt hatten, es seien Bleistifte in der Bonbondose. Zwei Wochen hindurch versorgte Virginia die Kinder nun systematisch mit Beweisen, die belegten, dass ihre Vorhersagen falsch waren. Sie versicherte ihnen nachdrücklich, dass sie gar nicht Bleistifte gesagt hatten, sondern Bonbons. Als die Kinder sagten, ihr Freund Nicky würde meinen, dass Bleistifte in der Dose seien, schleppte sie Nicky an und fragte ihn. Gleichzeitig wurden mit einer anderen Gruppe von Kindern auf ähnliche Weise Zahlenprobleme trainiert – also Probleme, die mit dem kindlichen Bewusstseinsverständnis nichts zu tun hatten. Als die beiden Wochen um waren, stellte Virginia den Kindern eine neue Frage zu falschen Überzeugungen (über ein paar Seifen, die wie Golfbälle aussahen). Die Kinder, denen man Beweise geliefert hatte, die ihre falschen Vorstellungen von der Bonbondose widerlegten, schnitten bei den Fragen über die Golfball-Seife viel besser ab als die Kinder, die inzwischen etwas über Zahlen gelernt hatten. Jedoch stellte Virginia den Kindern auch neue Fragen über alle möglichen anderen Aspekte von Überzeugungen. Sie fragte sie zum Beispiel, woher Überzeugungen kommen und wodurch sich Schein und Wirklichkeit unterscheiden. Die Kinder, die die Gegenbeweise erhalten hatten, schnitten nicht nur bei Fragen über trügerische Gegenstände besser ab, sondern auch bei vielen anderen Fragen, die mit Überzeugungen zu tun hatten. Indem wir genau zur rechten Zeit das rechte Beweismaterial geliefert hatten, hatten wir offenbar eine große, durchgreifende Veränderung ausgelöst, eine Art theoretische Revolution, sodass diese Kinder nun völlig anders über das Bewusstsein dachten.

Wir glauben, dass Kinder andere Menschen verstehen lernen, und zwar genau auf dieselbe Weise, wie Wissenschaftler die Welt verstehen lernen. Zunächst ignorieren sie vielleicht die Gegenbeweise, die sich mit ihrer Theorie nicht vereinbaren lassen. Diese Dreijährigen werden einfach behaupten, sie hätten von Anfang an gesagt, dass in der Schachtel Bleistifte seien. Und sie werden sogar behaupten, Nicky habe gesagt, es seien Bleistifte darin, wenn er gerade erst das Gegenteil gesagt hatte. Doch wenn sich Gegenbeweise aller Art in genügender Zahl angesammelt haben, wird es allmählich unmöglich, die Fakten einfach zu ignorieren oder anders zu interpretieren. Wenn die neue Theorie dann endlich an die Stelle der alten tritt, hat das weit reichende Auswirkungen. Die neue Theorie ermöglicht es uns nicht nur, uns mit den Gegenbeweisen auseinander zu setzen. Sie macht es uns auch möglich, viele andere Phänomene auf neue Weise zu verstehen. Und sie erlaubt es uns, eine ganze Reihe neuer Voraussagen über das zu treffen, was sich künftig ereignen wird.

Little Brother is watching you

Im gerade beschriebenen Experiment übernahmen wir die Rolle, die für den Wissenschaftler die Natur spielt: Wir zerschlugen Erwartungen, rüttelten an vorgefassten Meinungen, lieferten aber auch Hinweise darauf, wo die richtigen Antworten zu suchen sind. Aber nun sind wir natürlich Entwicklungspsychologen. Spielen andere Menschen im Alltagsleben der Kinder die gleiche Rolle?

In einer Hinsicht lautet die Antwort auf jeden Fall Ja. Indem die Menschen einfach sie selbst sind, versorgen sie uns mit einem Großteil der Informationen, die wir brauchen, um sie und uns selbst zu verstehen. Es besteht jedoch Anlass zu der Vermutung, dass eine recht oft übersehene Gruppe von Menschen – ältere Brüder und Schwestern nämlich – eine besonders bedeutsame Rolle spielen, wenn es um die Entwicklung des kindlichen Bewusstseinsverständnisses geht. Im Allgemeinen schneiden ältere Geschwister bei Dingen wie Intelligenztests besser ab als jüngere. Jüngere Geschwister jedoch schneiden durchwegs bei denjenigen

Tests besser ab, in denen es um das Verständnis des Bewusstseins geht. Das Problem mit der trügerischen Bonbondose verstehen sie meist früher als ihre älteren Geschwister. Und je mehr Brüder und Schwestern Kinder haben, desto besser schneiden sie ab.

Eltern neigen zu der egozentrischen Überzeugung, sie seien der entscheidende Faktor im Leben ihrer Kinder. Aber in Wirklichkeit kann ein älterer Bruder oder eine ältere Schwester für ein zweijähriges Kind ein wesentlich fesselnderes Beispiel für die menschliche Natur sein. In vielen Kulturen übernehmen ältere Geschwister sogar einen Großteil der Kinderbetreuung, nachdem die Babys entwöhnt sind. Und selbst in unserer Kultur merken Eltern, wie eine Zweijährige hingebungsvoll jede Bewegung ihres vierjährigen Bruders verfolgt und wie der Vierjährige sogar seine Stimmlage verändert, wenn er mit dem Baby spricht.

Wie ältere Geschwister einem Baby etwas über das Bewusstsein beibringen, wissen wir noch nicht genau. Aber grob gesprochen gibt es zwei miteinander verwandte Möglichkeiten. Wie wir gehört haben, hat vieles von dem, was Kinder lernen, mit den Unterschieden zwischen ihrem eigenen Bewusstsein und dem Bewusstsein anderer Menschen zu tun – die Ähnlichkeiten setzen sie großenteils voraus. Die Annahme, dass wir wie andere Menschen sind, scheint sogar zu den ersten Dingen zu gehören, die wir vom menschlichen Bewusstsein verstehen. Eltern neigen nun dazu, den Abstand zwischen ihrem Bewusstsein und dem des Babys so weit wie möglich zu verringern. Sie suchen nach Gemeinsamkeiten und Verständnis, und wenn sie dem Kind etwas beibringen, geht es dabei vor allem um Annäherung. (Das schreckliche zweite Jahr ist genau deshalb so schrecklich, weil es uns dazu zwingt, uns mit den Unterschieden auseinander zu setzen, die zwischen uns bestehen). Zum Teil liegt das natürlich an den selbstlosen Tugenden, die wir Eltern besitzen. Es kann aber, wenngleich sich das weniger rechtschaffen anhört, auch daran liegen, dass wir auf die Welt des Babys einen so allgegenwärtigen, unentrinnbaren Einfluss haben. Geschwister können da ein Gegengewicht bilden. Sie werden viel eher die Unterschiede zwischen dem betonen, was sie wollen und was das Baby will, oder in vernichtendem Ton den Gegensatz zwischen ihrem hoch überlegenen Vierjährigen-Wissen und der Mitleid erregenden Zweijährigen-Ignoranz herausstellen.

Die andere Möglichkeit wäre, dass Kinder besonders motiviert sind, ihre älteren Geschwister zu verstehen und genaue Voraussagen über sie zu treffen. Napoleon hat einmal gesagt, der Diener wisse immer mehr über seinen Herrn als der Herr über seinen Diener, und das mag auch für kleine Brüder und Schwestern gelten. Eltern behandeln Babys und Kleinkinder praktisch immer gut, egal, was passiert. Um aber große Brüder und Schwestern dazu zu bringen, dass sie tun, was man will, ist viel mehr List, Schlauheit und Expertenwissen nötig. Vielleicht wenden jüngere Geschwister eine besondere Version unserer allgemein menschlichen Überlebensstrategie an: Sie tricksen die Großen aus. Und in der Tat gibt es noch andere Hinweise darauf, dass jüngere Geschwister tendenziell charmanter und im sozialen Umgang geschickter sind als ältere, wenngleich auch weniger ehrgeizig und dominierend.

Wissenschaftliche Erklärungen führen nie dazu, dass wir weniger Staunen und Ehrfurcht empfinden, sondern steigern dieses Gefühl immer noch zusätzlich. Auch wenn wir allmählich verstehen, wie Babys so schnell so viel lernen, bleiben diese Fähigkeiten immer noch wunderbar und Ehrfurcht einflößend. Und wenn wir die Natur auch vielleicht gelegentlich wegen ihrer sinnlosen Grausamkeit verdammen, haben wir doch viel, wofür wir dankbar sein sollten. Die Evolution scheint den meisten Kindern automatisch eine grundlegende Fähigkeit zum vertrauten Umgang zu schenken, eine tief verwurzelte psychologische Neugier und eine Menge von Artgenossen, mit denen sie vertraut umgehen und auf die sie neugierig sein können. Was will man mehr?

KAPITEL DREI
Was Kinder über Dinge lernen

Wir leben anscheinend in einer Welt voller dreidimensionaler Dinge, die sich auf regulären Bahnen durch den Weltraum bewegen, sich außerhalb von uns befinden und auch dann noch da sind, wenn wir sie nicht mehr anblicken. Einige dieser Dinge sind Menschen, einige sind Tiere, einige Pflanzen und einige nur Gegenstände. Manche Dinge ähneln einander, andere sind unterschiedlich. Und doch rühren all diese banalen, alltäglichen Erfahrungen irgendwie nur von winzigen Ereignissen her, die sich an der Oberfläche unseres Körpers abspielen: Photonen bombardieren unsere Netzhaut, Luftmoleküle vibrieren auf unserem Trommelfell, Druck wird auf unsere Fingerspitzen ausgeübt. Wie überbrücken wir diese scheinbar unüberwindbare Kluft zwischen unseren reichhaltigen Alltagserfahrungen von der Welt und den spärlichen Informationen, die unsere Sinne erhalten?

Während uns das Problem des fremden Ich in seinen diversen Varianten tagtäglich beschäftigt, ist das Problem der Außenwelt merkwürdig unsichtbar. Wir halten es einfach für selbstverständlich, dass wir Dinge sehen und verstehen können. Alles, was wir tun, baut darauf auf. Das Problem ist eine philosophische Version von Poes »Entwendetem Brief« – so simpel und so offensichtlich, dass wir es nur schwer erkennen.

Wir können uns die damit zusammenhängenden, tief verwurzelten Annahmen zum Beispiel bewusst machen, wenn wir uns vorstellen, was in einer Zaubervorführung geschieht. Alle Magier – vom schwarzarbeitenden Studenten im Smoking beim Kinderfest bis hin zu David Copperfield – erzeugen ähnliche Effekte (die Hauptunterschiede liegen in ihrer Ausdrucksweise und in der Bühnendekoration). Die Kunst des Magiers besteht darin, dass er Ereignisse hervorruft (oder hervorzurufen scheint), die unseren normalerweise fest gefügten Überzeugungen von der Funktionsweise der Dinge zuwiderlaufen. Unser fast körperlich spürbares Erschrecken und Staunen zeigt, wie stark diese Überzeugungen sind. Magier bewegen Gegenstände von einem Ort zum anderen, ohne dass diese den dazwischen liegenden Raum durchqueren: Gerade noch war das weiße Kaninchen in der Schachtel und nun sitzt es im Zylinder. Sie können scheinbar aus einem Gegenstand zwei machen: Aus dem einzelnen Silberring werden vor unseren Augen zwei Ringe. Sie bringen es anscheinend fertig, dass ein Gegenstand einen anderen aus der Ferne beeinflusst: Der Magier schwenkt seinen Zauberstab und der Karton auf der anderen Seite der Bühne bewegt sich hin und her. Sie verwandeln Gegenstände aus einem Zustand in einen anderen: Das Wasser wird zu Orangensaft. Und sie können sogar leblose Gegenstände zum Leben erwecken: Aus dem Seidenschal wird eine Taube.

Warum wirken Magier so verblüffend und so interessant auf uns? Und warum sind wir so sicher, dass das Kaninchen in Wirklichkeit gar nicht aus der Schachtel verschwunden ist und im Zylinder wieder auftaucht? Wohl deswegen, weil wir fest davon überzeugt sind, dass Dinge nicht wirklich verschwinden oder sich verdoppeln können, dass sie nicht von einem Zauberstab beeinflusst werden oder sich verwandeln können. Wir sind uns dessen sogar so sicher, dass wir, wie man so schön sagt, »unseren Augen nicht trauen«. Zaubervorführungen machen uns die komplizierten abstrakten Prinzipien der alltäglichen physikalischen Vorgänge bewusst, die wir normalerweise für selbstverständlich erachten. Diese Überzeugungen sind so tief in uns verwurzelt und so wichtig für uns, dass sie sogar über das siegen, was wir tatsächlich sehen. Wir wissen eben, dass das Kaninchen nicht einfach so im Zylinder auftauchen kann. Sogar kleine Kinder »kapieren« Magie bereits – der Student im Smoking erhält genauso begeisterten Applaus wie David Copperfield in Las Vegas.

Niemand lehrt uns jemals ausdrücklich, dass die Zaubertricks unmöglich sind: Keiner sagt uns, dass das Kaninchen nicht im Hut sein kann. Andererseits erscheint es aber auch schwer vorstellbar, dass wir diese Prinzipien direkt durch unsere sensorische Wahrnehmung lernen können, durch das Bombardement der Photonen und Schallwellen. Je mehr wir über die Funktionsweise unserer Sinne lernen, desto mehr wird uns sogar klar, wie kompliziert und mühsam die Strecke ist, die zwischen der Welt und unserem Gehirn zurückgelegt werden muss. Aristoteles konnte noch glauben, dass die wahre Essenz der Dinge durch unsere Augen in unseren Geist eindringt und wir auf diese Weise die Welt sehen. Demnach würden Sie jedes Mal, wenn Sie auf eine Seite dieses Buchs blicken, ein winziges, vollkommenes Stück »Buchheit« inhalieren. Doch bis zum 17. Jahrhundert hatten wir zu verstehen begonnen, dass wir deswegen sehen können, weil Gegenstände Licht reflektieren, das auf unsere Augen trifft. Wissenschaftler (wie etwa Bischof Berkeley und René Descartes) erzielten Fortschritte in der Optik, der Wissenschaft vom Licht und vom Sehen. Gleichzeitig rätselten Philosophen (wie Bischof Berkeley und René Descartes) darüber, auf welche Weise wir optischen Phänomenen entnehmen können, wie die Dinge wirklich sind. Wie können tanzende Lichtmuster auf unserer Netzhaut uns sagen, dass Gegenstände sich nicht in Luft auflösen können oder dass der Raum dreidimensional ist?

Die moderne Antwort auf diese Frage lautet, dass wir über ein spezielles Wissen verfügen, das es uns ermöglicht, die Informationen, die unsere Sinne erreichen, in Repräsentationen der Gegenstände zu übersetzen. Unser Gehirn nimmt sensorische Informationen auf – jene Stimulationsmuster, die unsere Netzhaut und unser Trommelfell erreichen – und wandelt diese Informationen systematisch um. Es ordnet sie neu an und verändert sie, ähnlich wie Ihre Textverarbeitung die Zeichenfolge umarrangieren und verändern kann, die Sie eintippen (wobei das Gehirn natürlich viel kompliziertere neue Arrangements vornimmt als die Textverarbeitung). Resultat dieses Prozesses ist das zusammenhängende, komplexe Netz von Überzeugungen, das die Magier auf so bestürzende Weise in Frage stellen.

Der Trick, den die Evolution anwendet, besteht darin, dass diese Überzeugungen – das heißt die Repräsentationen, über die wir schließlich verfügen, wenn all die Transformationen und Veränderungen der Arrangements durchgeführt sind – uns wirklich etwas über die Welt da draußen verraten. Das Gehirn hat am Ende ein Bild, das der wirklichen Struktur der Welt tatsächlich ähnlicher ist als die unverarbeiteten Informationen, die es zunächst erhalten hat. Die Welt ist wirklich von Dingen bevölkert, die sich in regelmäßigen Bahnen im Raum bewegen, und die Evolution sorgt dafür, dass wir das schließlich begreifen.

So wie es überlebensnotwendig ist, das Bewusstsein anderer Menschen zu erkunden, ist es auch wichtig, das Wesen der physischen Welt zu erkunden. Wenn Sie feststellen, dass Ihre Nachbarin sexuelles Interesse an Ihnen hat, mag das Ihre Fortpflanzungschancen erhöhen, aber nur dann, wenn sie auch herausfinden können, wie Sie durch den Wald zu ihrer Hütte gelangen. Sich zu überlegen, ob der Gefährte Ihrer Nachbarin mit Steinen nach Ihnen werfen wird, ist überlebensnotwendig für Sie; aber nicht minder wichtig ist es, dass Sie den Steinen ausweichen können.

Sie als Erwachsener können also die chaotischen, sich ständig verändernden Muster von Licht, Berührungen, Geräuschen und Gerüchen dechiffrieren und sie in ein Buch, eine Couch, eine Mozart-CD und eine wohlschmeckende Tasse Kaffee verwandeln. Aber woher haben Sie dieses Wissen?

Allgemein formuliert, ähnelt die Antwort auf diese Frage der Antwort auf das Problem des fremden Ich: Wir wissen von Anfang an viel, lernen noch viel mehr dazu und andere Menschen geben uns unbewusst Unterricht. Manche Kenntnisse haben wir schon von Geburt an. Bereits Neugeborene wissen offenbar, dass wir in einer dreidimensionalen Welt leben und dass etwas, das rund aussieht, sich auch rund anfühlen wird. Aber andere Wissensformen entwickeln sich erst allmählich. Beispielsweise scheinen Babys zunächst nicht zu verstehen, wie Dinge hinter anderen Dingen versteckt sein können. Genauso, wie sie vieles über Menschen lernen müssen, das wir als gegeben hinnehmen, müssen sie erstaunlich viel über ganz simple physische Objekte lernen. Und schließlich werden ihnen offenbar bestimmte Informationen über die Dinge unbewusst durch die Erwachsenen vermittelt. Sogar durch die Sprache, in der wir mit Babys sprechen, »lehren« wir sie unbewusst etwas über die Dinge.

Was Neugeborene wissen

Die unwiderstehliche Anziehungskraft von Streifen

Kehren wir zu dem kleinen, warmen Wesen im Entbindungsraum zurück. Das gerade geborene Baby hat schon enge Verbindungen zu anderen Menschen, aber das ist nicht alles, was in seiner Welt passiert. Babys lieben menschliche Stimmen und Gesichter mehr als alles andere, aber sie mögen auch Streifen und Ränder. Babys, die erst wenige Tage alt sind, starren mit konzentrierter, schielender Aufmerksamkeit zur Ecke der Zimmerdecke oder auf eine gestreifte Einkaufstasche, während sie all die teuren Spielsachen mit ihren hellen Farben und weich gezeichneten Mustern, die Oma mitgebracht hat, links liegen lassen. Wir können das systematisch mit Hilfe von Experimenten der Art zeigen, wie wir sie im letzten Kapitel schon beschrieben haben. Man kann Babys etwa verschiedene Arten von Bildern zeigen und beobachten, wo sie hinschauen. Die Babys werden sich komplexen, kontrastreichen Mustern zuwenden und von einfachen, kontrastarmen Mustern abwenden. Schachbretter und das schwarze Zentrum von Schießscheiben scheinen für das ästhetische Empfinden von Neugeborenen das Allergrößte zu sein. Tatsächlich haben sich Hersteller von Babyspielzeug diese Erkenntnisse der Forschung schon zunutze gemacht: Die Muster auf Mobiles für sehr kleine Babys sind oft den Anregungen entwicklungspsychologischer Fachzeitschriften entnommen.

Warum mögen Babys Streifen? Wie sich herausstellt, ist die Frage für Kognitionswissenschaftler ebenso wichtig wie für Spielzeughersteller. Denn sie trägt dazu bei, eine weitere Frage zu beantworten: Wie teilen wir das ununterbrochene visuelle Bild, das wir vor uns sehen, in einzelne Dinge auf? Wenn Sie in das Buch vor sich blicken, woher wissen Sie dann, wo die Grenze zwischen dem Buch und dem Sofabezug verläuft, der sich dahinter befindet, oder zwischen dem Buch und der Hand, die es hält? Obwohl die Fähigkeit, dies zu erkennen, sehr simpel wirkt, stellt sie auch die raffiniertesten visuellen Computersysteme vor eine äußerst schwierige Aufgabe.

Streifenmuster und ähnliche optische Erscheinungen, bei denen die Helligkeit und Beschaffenheit zweier Oberflächen in starkem Kontrast zueinander stehen, sind deswegen wichtig, weil sie normalerweise zeigen, wo Dinge beginnen und enden. Wenn Sie dieses Buch vor einen Hintergrund halten, werden Sie feststellen, dass die kontrastreichsten Stellen in dem Bild, das Sie vor sich sehen, nämlich die Ränder, den wirklichen Begrenzungen des Buchs entsprechen. Wenn man einen Gegenstand tarnen will, lässt man überall auf seiner Oberfläche Ränder erscheinen und die Ränder zwischen dem Gegenstand und seinem Hintergrund verschwimmen.

Wenn man kleinen Babys ein kompliziertes Bild gibt und ihre Augenbewegungen aufzeichnet, während sie es ansehen, dann stellt man fest, dass sie die äußeren Ränder der Gegenstände verfolgen. Neugeborene bringen schon Ordnung in das, was William James die »blühende, summende Verwirrung« ihrer Sinne nannte. Sie beginnen bereits, die Welt in viele verschiedene Dinge einzuteilen. Ein statisches Bild lässt sich am besten dadurch in einzelne Objekte unterteilen, dass man auf die Ränder achtet.

Die Bedeutung der Bewegung

Doch die Welt des Babys ist natürlich nicht statisch. Sogar im Krankenhauszimmer bewegt sich dauernd etwas. Und schon Neugeborene verfolgen einen Gegenstand, der sich bewegt, mit den Augen. (Alisons ältere Söhne machten sich immer einen Riesenspaß daraus, ihren kleinen Bruder zu »hypnotisieren«, indem sie

ein Spielzeug langsam vor seinen Augen hin- und herbewegten.)
Aus Bewegungen kann man noch besser schließen, wo Gegenstände beginnen und enden, als aus Rändern allein. Stellen Sie sich vor,
ein Baby schaut auf einen großen Stoffvogel, der auf einer Decke
mit einem Hasenmuster liegt. Das Stofftier besteht wahrscheinlich
aus einer Reihe verschiedener Teile, von denen jeder seine eigenen
Ränder hat – der Kopf unterscheidet sich sichtlich vom Rumpf und
der wiederum von den Füßen. Von den Hasen auf der Decke hat
ebenfalls jeder seine eigenen Ränder. Aber wenn man die Decke
unter dem Vogel wegzieht, bewegen sich sämtliche Ränder der
Decke gemeinsam, und zwar auf einer anderen Bahn als sämtliche
Teile des Vogels. Poetischer, als es sonst ihre Art ist, bezeichnen
Psychologen dies als das »Prinzip des gemeinsamen Schicksals«.
Wenn sich Dinge zusammen auf derselben Bahn bewegen, müssen
sie zum selben Gegenstand gehören.

Man kann systematisch nachweisen, dass Babys auf Informationen dieser Art wirklich achten. Zeigt man sehr kleinen Babys ein
Video einer bewegungslosen Vogelpuppe, die dann plötzlich explodiert und sich in ihre Einzelteile auflöst, stört das die Babys
nicht weiter. Da die Einzelteile des Vogels ohnehin alle separate
Ränder hatten, können sie, soweit ein Baby das beurteilen kann,
von Anfang an getrennte Dinge gewesen sein. Aber wenn man ihnen zuerst zeigt, wie sich die Vogelpuppe bewegt – sodass sie sehen können, dass sich alle ihre Teile gemeinsam bewegen –, und
die Puppe dann explodieren lässt, schauen die Babys wesentlich
länger und aufmerksamer hin. Anscheinend erkennen sie nun, dass
etwas nicht stimmt. Wenn die Babys gesehen haben, wie sich die
Teile zusammen bewegen, wenn sie ihr »gemeinsames Schicksal«
verfolgt haben, dann schließen sie daraus offenbar, dass es sich um
einen einzigen Gegenstand handelt, dessen Teile auf ewig miteinander verbunden sind. Babys verfügen also bereits über einige
Prinzipien, die sie anwenden können, um eine chaotische Welt zu
ordnen.

Bewegung scheint für Babys auch noch in anderer Hinsicht
wichtig zu sein. Sehr kleine Babys wissen schon überraschend viel

über die charakteristischen Bewegungen von Dingen. Nicht nur können kleine Babys die Bewegungen eines Gegenstands verfolgen, den sie vor sich haben – sie können anscheinend auch voraussagen, wie sich ein Gegenstand künftig bewegen wird. Nehmen wir an, Sie zeigen Babys einen Gegenstand, der sich auf einer bestimmten Laufbahn bewegt, also auf einem bestimmten Weg und mit einer bestimmten Geschwindigkeit – zum Beispiel einen Ball, der einen Tisch entlangrollt. Dann rollt der Ball hinter eine Trennwand. Die Babys werden zum anderen Ende der Trennwand blicken, dahin, wo der Gegenstand auftauchen müsste, wenn er sich mit derselben Geschwindigkeit auf demselben Weg weiterbewegt. Taucht der Gegenstand tatsächlich dort auf, verfolgen ihn die Babys mit den Augen ungerührt weiter. Wenn er dagegen nicht oder an einem falschen Platz auftaucht oder wenn er zu früh oder zu spät erscheint, dann blicken die Babys sehr viel länger gespannt auf das Ende der Trennwand. Manchmal blicken sie sogar zum anderen Ende der Trennwand zurück oder auf der Bahn, die der Gegenstand hätte nehmen sollen, weiter nach vorne. Offenbar können sie voraussagen, wo der Gegenstand eigentlich sein und wann er dort hinkommen sollte.

Die Welt durch die 3-D-Brille sehen

Gegenstände haben Ränder und bewegen sich, aber darüber hinaus ist es auch wichtig zu wissen, dass sie dreidimensional sind. Zu den klassischen philosophischen Diskussionen des 18. und 19. Jahrhunderts gehörte die Frage, wie wir das zweidimensionale, flache Bild, das auf unsere Netzhaut projiziert wird, in eine dreidimensionale Welt verwandeln. Mit ein wenig Mühe (es hilft, wenn man ein Auge schließt und um das andere mit der Hand einen Rahmen bildet) gelingt es einem fast, die Welt ringsum als flaches Bild zu sehen, wenn auch als eines, das sehr gut gemalt ist. Das ist nicht ganz so verstörend, wie wenn man geliebte Menschen als Hautsäcke sieht, aber es ist schon ziemlich seltsam und unterscheidet sich stark von der alltäglichen Wahrnehmung. Aber das, was unser Auge erreicht, ist tatsächlich nur dieses flache Bild.

Der große britische Philosoph Bischof Berkeley vertrat die Ansicht, wir müssten erst allmählich lernen, dass der Raum dreidimensional ist, indem wir unsere visuellen und unsere taktilen Erfahrungen von der Welt koordinieren. Berkeley glaubte, der Tastsinn sei der einzige unserer Sinne, der uns direkte Informationen über die Entfernung und Dichtigkeit der Dinge liefere. Auf irgendeine Weise müssten wir diese Informationen dann mit den zweidimensionalen Informationen assoziieren, die wir durch das Sehen erhalten. Babys demonstrieren jedoch, dass Berkeley Unrecht hatte.

Erstens verhalten sich sogar kleine Babys, die noch nicht laufen oder krabbeln können, auf eine Weise, die zeigt, dass sie Entfernungen verstehen. Wenn man Babys einen Ball zeigt, der sie »bedroht« – einen Ball, der aussieht, als ob er schnell auf sie zukäme –, dann schrecken sie zurück und halten sogar schützend die Hände vor den Körper. Ähnlich sind die Reaktionen, wenn man Babys ein verführerisch interessantes Spielzeug zeigt, das in Reichweite liegt. Sie werden ihre Arme ungeschickt danach ausstrecken, auch wenn sie noch viel zu klein sind, um das Spielzeug wirklich zu packen. Wenn sie ein bisschen älter sind, greifen sie zwar nach einem Spielzeug, das sich in Reichweite befindet, aber nicht nach einem, das zu weit weg ist.

Sogar ganz kleine Babys verfügen schon über so genannte Größenkonstanz. Angenommen, wir zeigen Ihnen einen Ball und anschließend denselben Ball in doppelter Entfernung: Das neue Bild auf Ihrer Netzhaut wird nur halb so groß sein, aber sie werden ohne Schwierigkeiten feststellen, dass es sich um denselben Ball handelt. Wenn wir Ihnen dagegen einen Ball zeigen, der doppelt so weit entfernt und auch doppelt so groß ist, werden sie denken, dass es ein anderer Ball ist, obwohl das Bild auf Ihrer Netzhaut dieselbe Größe hat wie zuvor. Sie berechnen quasi automatisch mit, dass weiter entfernte Gegenstände kleiner aussehen.

Kleine Babys tun dies offenbar auch schon. Wie bereits erwähnt, blicken Babys auf und schauen länger hin, sobald sie etwas Neues sehen, und hören auf zu schauen, wenn sie etwas schon gut kennen. Angenommen, man führt ihnen die oben beschriebene erste Folge von Ereignissen vor: Zuerst ist der Ball in der Nähe, dann weiter weg. Obwohl sich das Bild auf der Netzhaut der Babys verändert hat, zeigen sie kein besonderes Interesse. Sie verhalten sich, als sei der weiter entfernte Ball praktisch derselbe. Doch wenn sie aus der Ferne den großen Ball sehen, werden sie aufmerksam, obwohl sich diesmal die Größe des Bildes auf ihrer Netzhaut nicht verändert hat. Genau wie wir können Babys offenbar über das Bild auf der Netzhaut hinausdenken und etwas von der Beschaffenheit des echten Balls erkennen.

Ein anderer großer englischer Philosoph, John Locke, formulierte ein weiteres klassisches Problem der Erkenntnistheorie. Was würde passieren, wenn jemand, der von Geburt an blind war, plötzlich auf wundersame Weise sehen könnte? Würde er all die Gegenstände erkennen, die ihm durch Berührung schon so gut bekannt sind? Oder würde er erst mühsam lernen müssen, dass die glatte, feste, gebogene Oberfläche wie eine Teetasse aus Porzellan aussieht oder dass aus den vertrauten, weichen, nachgiebigen Kurven und den seidigen Haaren eine sichtbare Ehefrau wird? Locke glaubte, der Blinde würde erst lernen müssen, Verbindungen zwischen den beiden unterschiedlichen Arten der Erfahrung herzustellen.

Babys sind ein alltäglicheres Wunder als plötzlich geheilte Blinde, und wie sich zeigt, kann man auch ihnen Lockes Frage stellen. Die Babys werden antworten, dass sich Locke, genau wie Berkeley, geirrt hat. Andy ließ einmonatige Babys an einem von zwei verschiedenen Schnullern nuckeln: Die Oberfläche des einen Schnullers war glatt, die des zweiten uneben. Die Babys bekamen die Schnuller nie zu sehen, sondern nur zu fühlen. Dann zeigte er den Babys glatte und unebene Gegenstände, ohne sie sie anfassen zu lassen. Die Babys blickten länger auf den Gegenstand, der die gleiche Form hatte wie das Ding, an dem sie gerade genuckelt hatten.

Irgendwie konnten sie das Gefühl des Schnullers in ihrem Mund zu dem visuellen Bild in Beziehung setzen.

Dieselbe Frage kann man über die Beziehung zwischen Ton und Bild stellen. Schon Neugeborene drehen den Kopf und schauen sich um, wenn ein interessantes Geräusch ertönt. Sie erwarten also offenbar bereits, dass da, wo das Geräusch herkommt, auch etwas zu sehen sein wird. Man kann das auch systematischer mit Hilfe eines Experiments überprüfen. Zum Beispiel kann man Babys zwei Gegenstände zeigen, die zu unterschiedlichen Zeiten auf- und niederhüpfen. Dabei spielt man ein Audioband ab, auf dem ein *boing, boing, boing* ertönt, das nur mit einer der beiden Hüpfbewegungen synchron ist. Babys können feststellen, welche visuelle Darbietung zu dem passt, was sie gerade hören: Sie blicken länger auf den Gegenstand, der sich synchron zu den Geräuschen vom Band bewegt.

Noch Erstaunlicheres zeigte sich, als Andy und Pat Babys ein stummes Video vorführten, in dem ein Gesicht zu sehen war, das entweder *ahhh* oder *iiii* sagte, und dann den Babys Audiokassetten mit dem Klang der beiden Vokale vorspielten. Fünf Monate alte Babys konnten feststellen, welches Gesicht zu welchem Geräusch gehörte. Wenn sie *ahhh* hörten, blickten sie auf das Gesicht mit dem weit geöffneten Mund. Hörten sie *iiii*, blickten sie auf das Gesicht mit den zurückgezogenen Lippen. Babys verfügen offenbar über rudimentäre Fähigkeiten, von den Lippen zu lesen, zumindest, wenn es um einfache Vokale geht. (Das war ein provokatives Experiment – all diese weit offenen Münder und *ahhhs*. Bald nachdem sie diese gemeinsame Studie abgeschlossen hatten, heirateten Andy und Pat.)

Schon in den ersten Lebensmonaten haben Babys also offenbar eine Reihe tiefgründiger philosophischer Rätsel gelöst. Sie wissen, wie man die Welt mit Hilfe von Rändern und Bewegungsmustern in separate Dinge unterteilt. Sie wissen etwas über die typischen Bewegungen dieser Dinge. Sie wissen, dass diese Dinge Teil eines dreidimensionalen Raums sind. Und sie kennen die Beziehungen zwischen den Informationen, die sie von ihren verschiedenen Sinnen erhalten: Sie können das Gefühl einer Brustwarze und die rosa Wölbung miteinander in Verbindung bringen, den Klang einer Stimme und die Lippenbewegungen, die sie sehen, das fröhliche Hüpfen eines Balls und das *boing*, das dabei ertönt.

Der Baum im Hof und die Schlüssel unterm Waschlappen

Wenn Babys all das schon wissen, was müssen sie dann überhaupt noch lernen? Eine ganze Menge, wie sich zeigt. Ein klassisches erkenntnistheoretisches Dilemma ist die Frage, woher wir wissen, dass Dinge auch dann noch da sind, wenn wir sie nicht sehen. Während Sie dies lesen, sehen Sie nur einen kleinen Teil des Zimmers. Das Buch selbst nimmt vermutlich den größten Teil Ihres Blickfelds ein. Trotzdem zweifeln Sie nicht daran, dass Sie sich in einem Zimmer befinden, in dem noch eine Menge anderer Dinge sind, obwohl Sie sie im Augenblick nicht sehen können. Zwei englische philosophische Limericks umreißen dieses Problem:

> There was a young man who said, God
> Must find it exceedingly odd
> To think that this tree
> Continues to Be
> When there's no one about in the quad.

> Dear Sir, Your astonishment's odd
> I am always about in the quad,
> And that's why the tree
> Continues to be,
> Since observed by, yours faithfully, God.

> (Ein junger Mann sagte, Gott,
> Ich finde es schon äußerst seltsam,
> Wenn ich mir vorstelle,
> Dass ein Baum auch noch da steht
> Wenn gar niemand im Hof ist.

Mein Lieber, seltsam ist nur Euer Staunen.
Ich bin ja immer im Hof,
Und das ist der Grund,
Warum der Baum immer da steht
Weil ich, Gott, ihn beobachte.)

Moderne Kognitionswissenschaftler können sich mit dieser Antwort nicht zufrieden geben, aber die Frage können wir immer noch stellen. Wieso sind wir so sicher, dass der Baum auch noch da ist, wenn wir ihn gar nicht ansehen?

Wir haben festgestellt, dass Babys schon einige Voraussagen darüber treffen können, wo ein Gegenstand wieder auftauchen wird, wenn er aus dem Blickfeld verschwindet. Wenn man Babys zum Beispiel einen rollenden Ball zeigt, der hinter einem Ende einer Trennwand verschwindet, werden sie vorhersagen, dass er zu gegebener Zeit am anderen Ende der Trennwand wieder auftauchen wird. Um dazu fähig zu sein, müssen Babys auch dann an den Gegenstand denken können, wenn sie ihn gar nicht sehen. Testen kann man diese Fähigkeit auch, indem man ihnen eine Art Zaubertrick vorführt. Angenommen, man zeigt kleinen Babys, wie der Gegenstand hinter der Trennwand verschwindet, und dann taucht er nicht wieder auf oder erscheint an einem ungewöhnlichen Ort. Babys in den ersten sechs Lebensmonaten beobachten so eine Szene viel länger als eine, in der der Gegenstand erwartungsgemäß auftaucht.

Unter anderen Umständen jedoch verhalten sich Babys, als wüssten sie nicht sehr viel über das, was mit verschwundenen Gegenständen passiert. Angenommen, Sie zeigen einem sechs Monate alten Baby etwas ganz Faszinierendes, zum Beispiel eine Uhr oder einen Schlüsselbund. Es lacht, fuchtelt aufgeregt herum und fängt an, danach zu greifen. Nun bedecken Sie die Schlüssel mit einem Waschlappen. Das Baby hält augenblicklich inne. An Stelle der aufgeregten Fröhlichkeit tritt komplette Verwirrung. Ziehen Sie den Waschlappen wieder weg und die Ausgelassenheit kehrt zurück.

Piaget führte dieses Experiment als Erster durch und brachte zum Ausdruck, was daran rätselhaft ist: Wenn das Baby die Schlüssel so gerne haben will, warum zieht es dann den Waschlappen nicht einfach weg und holt sich den ersehnten Gegenstand? Vielleicht nur deswegen, weil es nicht über die nötige Koordination verfügt. Aber das kann man überprüfen, indem man die Schlüssel mit etwas Durchsichtigem bedeckt. Dann fällt es dem Baby nicht schwer, die Abdeckung wegzufegen. Vielleicht erinnert sich das Baby auch nicht mehr daran, dass die Schlüssel da sind. Aber es lässt sich zeigen, dass sich Babys in diesem Alter andere Ereignisse tage- oder wochenlang merken können. Offenbar glaubt das Baby wirklich nicht, dass die Schlüssel unter dem Waschlappen immer noch da sind. Wenn sie unter dem Waschlappen wieder auftauchen, kommt ihm das so vor wie uns das Kaninchen des Zauberers im Zylinder – wie ein geheimnisvoller Taschenspielertrick.

Tatsächlich lernen Babys erst allmählich etwas über versteckte Gegenstände. Wenn sie ungefähr neun Monate alt sind, können sie die Schlüssel unter dem Waschlappen leicht finden, aber andere, kompliziertere Versteckspiele werden sie immer noch nicht begreifen. Zeigen Sie etwa einem fünfzehn Monate alten Kind folgenden Vorgang: Sie nehmen die Schlüssel und umschließen sie sorgfältig mit der Hand. Dann legen Sie die Hand unter ein Tuch und lassen die Schlüssel dort liegen. Nun ziehen Sie die Hand wieder unter dem Tuch hervor und zeigen dem Baby, dass sie jetzt leer ist. Uns scheint die Schlussfolgerung offensichtlich – die Schlüssel müssen unter dem Tuch liegen. Doch erstaunlicherweise ist dasselbe Baby, das die Schlüssel zuverlässig findet, wenn Sie sie nur mit einem Waschlappen bedecken, jetzt wieder komplett verwirrt. Babys haben keine richtige Kinnlade, sondern eher verbreiterte Wangen, aber wenn sie eine hätten, würde sie jetzt herunterfallen. Das Baby sucht immer wieder in Ihrer leeren Hand und dreht sie hin und her, als müssten die verflixten Schlüssel doch irgendwo dort sein. Dann schaut es auf dem Boden nach. Es zuckt die Achseln, macht eine Geste mit der leeren Hand und sagt sogar: »Wo?«

oder »Ganz weg«. Es hat keine Ahnung, wo die Schlüssel sein könnten, wenn sie nicht in Ihrer Hand sind, wo es sie zuletzt gesehen hat.

Nun kann man nicht einfach sagen, dass für jüngere Babys »Aus den Augen, aus dem Sinn« gilt. Schon die allerkleinsten Babys können sich manche Aspekte von Dingen auch dann merken, wenn die Dinge nicht sichtbar sind. Aber offenbar haben Babys eine ganz andere Vorstellung von dem, was beim Verschwinden eines Gegenstands passiert, als wir Erwachsenen. Und das bedeutet, dass ein Baby in einem Universum lebt, das sich grundlegend von unserem unterscheidet. Uns erscheint es völlig offensichtlich, dass die Schlüssel unter dem Tuch sein müssen, ganz gleich, wie sie dort hingekommen sind – denn wo sollten sie sonst sein? Aber für das Baby ist das nicht nur keineswegs offensichtlich, sondern es muss es mühsam lernen. Am Anfang lebt das Baby in einer endlosen Zaubervorführung, in der die Gegenstände oft sinn- und ziellos von einem Ort zum anderen zu wirbeln scheinen. Verstehen, wie das wirklich funktioniert, ist eine der wichtigsten und schwierigsten intellektuellen Herausforderungen des Kleinkindalters.

Wie eins zum anderen führt

Ein weiterer großer Philosoph des 18. Jahrhunderts, David Hume, gab uns ein anderes klassisches philosophisches Rätsel auf. Wenn wir feststellen, dass ein Ereignis immer auf das andere folgt, werden wir wahrscheinlich zu dem Schluss kommen, dass das erste Ereignis das zweite ausgelöst hat. Wenn Sie jedes Mal, nachdem Sie zum Abendessen Cappuccino getrunken haben, um drei Uhr morgens senkrecht im Bett stehen, werden Sie irgendwann wahrscheinlich auf die Idee kommen, dass Ihre Unruhe nicht durch die absolute Sinnlosigkeit des Kosmos verursacht wird, sondern durch den Kaffee. Die Folge davon wird vielleicht sein, dass sie in Zukunft lieber Grünen Tee zum Abendessen trinken. Wir ziehen ständig kausale Schlüsse dieser Art und sie spielen für unser Tun eine absolut unerlässliche Rolle. Aber Hume zeigte auf, dass wir eigentlich gar keinen Grund haben zu glauben, dass Ereignisse einander auslösen – genauso wenig, wie wir eigentlich Grund haben zu glauben, dass andere Menschen ein Bewusstsein haben, dass der Raum dreidimensional ist oder dass Geräusche und optische Erscheinungen etwas miteinander zu tun haben. Wir sehen nie wirklich, dass ein Ereignis zum anderen führt. Wir sehen lediglich, dass auf ein Ereignis jedes Mal ein bestimmtes anderes folgt. Warum ziehen wir daraus den Schluss, dass das eine Ereignis das andere auslöst?

Wie sich zeigt, haben schon ganz kleine Babys bestimmte Vermutungen über die kausalen Zusammenhänge zwischen Ereignissen. Drei Monate alte Babys kennen bereits eine sehr wichtige Art von Kausalzusammenhang: Sie wissen, dass ihre eigenen Handlungen Ereignisse in der Welt beeinflussen können. Tatsächlich ist die kausale Kraft unserer eigenen Handlungen in gewisser Hinsicht die Urform des Kausalprinzips. Vielleicht sind wir deswegen alle davon überzeugt, dass wir Willensfreiheit haben. Es ist, als würden wir unseren eigenen Entschluss zu handeln als die grundlegendste Form der Ursächlichkeit betrachten und uns selbst als die ursprünglichste Triebfeder.

Man kann schon einem kleinen, hilflosen Baby künstlich verstärkte Kausalkraft verleihen. Man bindet dazu einfach ein Band an seinen Fuß und das andere Ende des Bands an ein Mobile. Wenn das Baby strampelt, bewegt sich das Mobile. Schon sehr kleine Babys lernen schnell, zu strampeln und damit das Mobile in Bewegung zu versetzen. Wenn man ihnen dasselbe Mobile eine Woche später zeigt, werden sie sofort anfangen, mit dem richtigen Fuß zu strampeln. Zeigt man ihnen ein neues Mobile, strampeln sie nicht. So stellen Babys also gewisse Vermutungen darüber an, wie ihre Handlungen die Welt beeinflussen werden. Genauso wichtig ist, dass diese Vermutungen es ihnen erlauben, wirklich neue Dinge über die Funktionsweise der Welt zu lernen.

Manches, was sehr kleine Babys über Kausalität denken, wirkt jedoch recht seltsam. Angenommen, man löst das Band von dem

Mobile, und zwar direkt vor den Augen des Babys. Drei Monate alte Babys werden einfach weiterstrampeln, so, als würden sie erwarten, dass das schon reicht. Mehr noch: Solange die Babys mit dem Band an das Mobile gebunden sind, strampeln sie nicht nur, sondern glucksen auch und lachen dem Mobile zu, als ob sie glauben würden, dass einnehmender Charme genauso effektiv sein könnte wie primitives, direktes Handeln. Die Babys scheinen zu verstehen, dass man dadurch, dass man etwas tut, etwas anderes auslösen kann. Aber sie verstehen noch nicht, dass dazu vermittelnde physische Vorgänge nötig sind. Zum Beispiel scheinen sie nicht zu merken, dass sie in direktem Kontakt mit dem Gegenstand stehen müssen, um ihn bewegen zu können.

Piaget bezeichnete Verhaltensweisen wie das Strampeln bei losgelöstem Band als unverbundene magische Prozeduren, und es scheint dabei auch eine Art Aberglaube mitzuspielen. Aber ebenso könnte man argumentieren, dass das Verhalten angesichts der Erfahrungen, die die Babys bisher gemacht haben, absolut vernünftig ist. Sehr kleine Babys verwechseln vielleicht einfach zwei verschiedene Arten kausaler Prozesse: den Prozess, der Dinge beeinflusst (wie das Strampeln), und den, der andere Menschen beeinflusst (wie Lächeln und Glucksen).

Als Wissenschaftler glauben wir, dass letztlich alles mit Hilfe physischer Kausalzusammenhänge irgendwelcher Art zustande kommt, auch unsere Interaktionen mit anderen Menschen. Tatsächlich gehen ja auch Licht- und Schallwellen zwischen den Menschen hin und her, selbst wenn wir diese mit bloßem Auge nicht sehen können. Aber im Alltag kommt es uns so vor, als könnten wir Menschen beeinflussen, ohne den geringsten physischen Kontakt mit ihnen aufzunehmen. (Wahrscheinlich erscheint Telepathie deshalb vielen Leuten so plausibel.) Eine ganz dramatische Kette von Ereignissen kann allein dadurch in Gang gesetzt werden, dass wir jemanden quer durch einen überfüllten Raum anschauen. Wir beeinflussen Menschen psychologisch, indem wir mit ihnen kommunizieren, sprechen, gestikulieren, Gesichter schneiden – und müssen sie dabei überhaupt nicht berühren. Tatsächlich ist es meist ziemlich kontraproduktiv, wenn nicht gar illegal, wenn wir versuchen, Menschen mit physischen Mitteln dazu zu bringen, das zu tun, was wir wollen. Psychologische Kausalität ist oft unsere schärfste Waffe.

Für Babys ist psychologische Kausalität besonders wichtig – nicht nur, weil sie Dinge nicht so herumschieben können wie wir, sondern weil sie andere Menschen dazu bringen müssen, den Großteil ihrer Bedürfnisse zu befriedigen. Wenn sehr kleine Babys zum ersten Mal versuchen, die Außenwelt zu beeinflussen, unterscheiden sie vielleicht nicht zwischen physischer und psychologischer Kausalität, und das führt dann dazu, dass vielen ihrer Handlungen etwas Abergläubisches und Irrationales anzuhaften scheint. Sie begehen den Fehler, die physische Welt mit psychischen Mitteln beeinflussen zu wollen. Lächeln und glucksen kann bei Mama eine Reaktion auslösen, obwohl man nicht physisch mit ihr verbunden ist. Es scheint, als würden Babys denken, dass das bei einem Mobile vielleicht auch funktionieren könnte.

Tatsächlich kann es sein, dass sich in vielem, was wir im Erwachsenenleben für magisches, irrationales Denken halten, dieselbe Verwechslung von physischer und psychologischer Kausalität spiegelt. Schamanen und Magier sprechen besondere Worte, bewegen die Hand auf spezielle Weise und achten darauf, bestimmte Kleider zu tragen, um in ihrer Welt Ereignisse zu beeinflussen. Das mag merkwürdig und irrational erscheinen, aber bei näherer Betrachtung tun wir alle dasselbe, wenn wir versuchen, andere Menschen zu beeinflussen. Wenn man mit Worten jemanden in Rage bringen oder ins Bett bekommen kann – warum soll man dann nicht auch versuchen, jemandem mit Worten, Gesängen und bestimmten Kleidungsstücken eine Krankheit anzuhängen oder jemanden schwanger zu machen? »Magische Prozeduren« dieser Art, ob bei Kindern oder Erwachsenen, sind in Wirklichkeit nutzlos, aber der Glaube daran muss nicht unbedingt irrational sein – nur eine Verwechslung. Er mag einfach dadurch entstehen, dass man nicht weiß, wo die psychologische Kausalität aufhört und die gewöhnliche physische Kausalität anfängt.

Wenn Babys etwa ein Jahr alt sind, scheint sich ihr Verständnis für Ursachen auf bedeutsame Weise zu verändern. Offenbar haben sie nun etwas über die Unterschiede zwischen psychologischer und physischer Kausalität gelernt und verstehen besser, wie physische Ursächlichkeit funktioniert. Auch wissen sie nun etwas darüber, wie Ereignisse oder Dinge einander beeinflussen können. Kleinere Babys können lernen, etwas zu tun, das in der Welt Wirkung zeigt. Sie können zum Beispiel ein Tuch, auf dem ein Spielzeug liegt, zu sich heranziehen. Die Eigenheiten und Grenzen dieses Verständnisses jedoch werden klar, wenn man die Babys mit einem neuen, etwas veränderten Problem konfrontiert, indem man das Spielzeug neben das Tuch legt. Die Babys ziehen wieder zielbewusst am Tuch und sind dann verblüfft, weil nichts passiert – genauso wie sie auch dann noch am Band ziehen, wenn es gelöst wurde. Am Ende des ersten Lebensjahrs jedoch begehen Babys diesen Fehler nicht mehr: Nun scheinen sie sofort zu wissen, dass der Gegenstand auf dem Tuch liegen muss. Liegt er daneben, werden sie nicht an dem Tuch ziehen. (Es kann sogar sein, dass sie dem Erwachsenen einen Blick zuwerfen, der eindeutig besagt: »Du willst mich wohl veräppeln?«) Dieses bessere Verständnis für physische Kausalität bedeutet, dass die Handlungen der Kinder nicht mehr so magisch wirken und viel effektiver sind. Dadurch können sie nun physische Gegenstände wirklich als Werkzeuge einplanen, formen und nutzen.

Wenn Kinder 18 Monate alt sind, verstehen sie bereits recht komplizierte Fakten über die Art und Weise, wie Gegenstände einander beeinflussen. Alison und Andy zeigten Babys ein Spielzeug, das diese nicht erreichen konnten, und boten ihnen dann einen Kinderrechen an. Kleinere Babys versuchten, direkt nach dem Gegenstand zu greifen, oder fuchtelten ziemlich wahllos mit ihm herum. Aber wenn die Kinder ungefähr 18 Monate alt geworden waren, verhielten sie sich ganz anders. Sie griffen ein paar Mal vergeblich nach dem zu weit entfernten Gegenstand, starrten dann halb bittend, halb indigniert ihre Mütter an (die strikt angewiesen worden waren, ihnen nicht zu helfen), schauten auf den Rechen und fingen plötzlich breit zu lächeln an. Dann drehten sie den Rechen sofort um, grabschten damit nach dem Spielzeug und zogen es zu sich her. Man konnte quasi die Glühbirne über ihrem Kopf aufleuchten sehen. (Natürlich sind das dieselben Kinder, die gerade im schrecklichen zweiten Jahr sind – weshalb sie ihr neues Wissen über Werkzeuge wahrscheinlich als Erstes dazu einsetzen werden, sämtliche verbotenen Gegenstände herunterzuwerfen, die Sie an einem sicheren Ort untergebracht zu haben glauben. Irgendwie ist es schon gemein von der Natur, dass sie Kindern genau dann neue Beweggründe gibt, Unheil anzurichten, wenn sie sie gerade eben mit den entsprechenden Fähigkeiten ausgestattet hat.)

Es gibt noch andere Gründe für die Annahme, dass Babys mit ungefähr einem Jahr verstehen, wie Gegenstände einander beeinflussen. Man kann ihnen eine klassische, billardkugelartige Ursachenkette vorführen: Ein Spielzeugauto rollt den Boden entlang und stößt an ein anderes Auto, das nun seinerseits wegrollt. Oder man zeigt ihnen einen nahezu identischen Vorgang mit nur einem kleinen Unterschied: Das erste Auto nähert sich dem zweiten und dieses rollt weg, ohne dass sich beide jedoch wirklich berührt hätten. Obwohl die zweite Sequenz der ersten stark ähnelt, verletzt sie ein fundamentales Prinzip: Aus der Entfernung können Gegenstände einander nicht beeinflussen, zumindest normalerweise nicht. Zehn Monate alte Babys beobachten die zweite Szene länger als die erste. Das weist darauf hin, dass sie erkennen, wie merkwürdig sie tatsächlich ist. Und dies wiederum lässt darauf schließen, dass sie etwas darüber wissen, wie Gegenstände sich kausal beeinflussen können – ganz unabhängig davon, wie sie sich selbst verhalten.

Während der ganzen Kleinkindzeit lernen Kinder immer mehr über die Kausalbeziehungen zwischen Gegenständen. Noch bevor sie drei sind, können sie schon zutreffend erklären, was wodurch ausgelöst wurde. Sie sagen Dinge wie: »Die Bank wackelt, weil diese Schrauben lose sind« oder »Der Nagel ist abgebrochen, weil er gebogen ist«. Mit drei oder vier Jahren können Kinder ganz klar vorhersagen, wie einfache mechanische Systeme funktionieren werden. Zum Beispiel kann man ihnen eine Art Rube-Goldberg-Apparat zeigen, der aus Leitungen und Röhren besteht, durch die eine Kugel rollt. Dreijährige können vorhersagen, dass die Kugel eine bestimmte Strecke zurücklegen muss, bevor sie an eine andere Kugel stößt und die Maschine in Bewegung setzt.

Genau wie Babys schon von Anfang an einiges über unsichtbare Dinge wissen, dann aber noch viel dazulernen, so wissen sie auch von Geburt an schon einiges darüber, wie Ereignisse andere Ereignisse verursachen, lernen aber später noch viel mehr darüber. Kinder scheinen zunächst einige Vermutungen darüber zu haben, wie sie selbst die Welt beeinflussen können. Aber dann müssen sie allmählich die vielen komplexen Möglichkeiten kennen lernen, wie die Dinge in der Welt einander beeinflussen können.

Alle Dinge dieser Welt

Versuchen Sie einmal, jemandem einfach etwas über die Dinge in Ihrer Nähe zu erzählen. Sie werden feststellen, dass Sie das mit wenigen Ausnahmen (zum Beispiel bei Menschen und Haustieren) stets dadurch tun, dass Sie sagen, welche Arten von Dingen es sind, in welche Kategorien sie gehören. Auf dem Tisch hier sehen wir ein paar Wicken in einem Glas, vier Dollarscheine und eine Tasse Kaffee. Mit dieser Aussage haben wir auch schon gesagt, dass diese speziellen Gegenstände einem anderen Blumenstrauß, einer anderen Währung oder anderen Getränken ähneln. Wir haben gesagt, dass sie einer bestimmten Kategorie angehören.

Aber hier haben wir ein Paradox – eines, das Platon zum ersten Mal formuliert hat. Alles, was wir je zu sehen bekommen, sind individuelle Gegenstände: diese spezielle Wicke, dieser eine Dollarschein. Es gibt auf der Welt kein »Wickesein« und keine »Dollarheit«. Wie kann es also aufschlussreich sein, wenn man sagt, dass dieses individuelle Ding in diese nicht existente, mythische Kategorie gehört, wenn wir immer nur das einzelne Ding erleben? Platon selbst dachte, die einzig mögliche Antwort bestehe darin, dass

101

es ein anderes Universum gäbe, in dem die idealen Formen der Dinge existierten, also die Essenz des Wickeseins und die ultimative Dollarheit. Die individuellen Dinge in unserem Universum seien sozusagen ein schwacher Abglanz dieser Formen. (Platonische Liebe zum Beispiel galt als die ideale Form, zu der die irdische Liebe hinstrebte. Was das betraf, waren allerdings sogar Platons Anhänger skeptisch.) Diese Antwort reicht der modernen kognitiven Wissenschaft nicht: Kategorien leben genauso wenig im Himmel wie Gegenstände dauerhaft sind, weil Gott sie immer anblickt.

Es könnte auch sein, dass etwas in dieselbe Kategorie wie etwas anderes gehört, weil die beiden Dinge einander ähnlich sind. Aber dann kommt man darauf, dass es unmöglich ist, diese Ähnlichkeit halbwegs genau zu definieren. Schließlich unterscheidet sich jede einzelne Wicke von jeder anderen (eine ist lavendelfarben, die andere dagegen eher magentafarben, auf diesem Stängel sitzen zwei Blüten, auf einem anderen drei) und jede Wicke ähnelt in mancher Hinsicht jedem einzelnen Dollarschein (beide fühlen sich papierartig an, sind teilweise grün, rollen sich an den Enden auf und werden von allen mit gierigen Blicken bedacht, die glauben, dass man nie genug davon haben kann).

Je mehr man über Kategorien nachdenkt, desto eigenartiger und komplizierter erscheinen sie einem sogar. Wissenschaftler erzählen uns andauernd, dass Dinge, die unserer Meinung nach in eine Kategorie gehörten, in Wirklichkeit in eine andere gehören. Wale sind keine Fische. Pandas werden mal als richtige Bären, mal als Waschbären gehandelt (momentan scheinen sie wieder zu den Bären zu zählen, zur Erleichterung aller Gärtner, denen der Gedanke nicht gefällt, irgendeine Art von Waschbär niedlich zu finden.) Wir sind bereit, den Wissenschaftlern zu glauben, auch wenn wir nicht sagen können, was einen Panda zum Bären macht (oder nicht). Den meisten von uns kommt es wohl so vor, als hätten die Dinge irgendein tief verwurzeltes, aber vages, unterschwelliges Wesen, eine Essenz, die sie einer bestimmten Kategorie zugehörig macht.

Wie lernen wir all das? Wie das Verschwinden und die Kausalität, so scheint auch die Kategorisierung für Kinder in den ersten drei Jahren ein besonders wichtiges Problem darzustellen. Schon sehr kleine Kinder können Unterscheidungen zwischen verschiedenen Gegenständen treffen und sie in mancher Hinsicht verallgemeinern. Wir haben gesehen, dass Babys sich langweilen, wenn man ihnen eine Reihe ähnlicher Dinge zeigt, und dass sie aufmerken, wenn sie etwas Andersartiges gezeigt bekommen. Allein das besagt schon, dass Babys bereits kategorisieren.

In anderer Hinsicht jedoch scheinen Babys die Kategorien nicht so zu begreifen wie wir. Wir haben schon festgestellt, dass Babys die Laufbahn eines sich bewegenden Gegenstands verfolgen und dass sie auf das Prinzip des gemeinsamen Schicksals achten. Anfangs scheinen sie Gegenstände sogar hauptsächlich mit Hilfe dieses Prinzips zu identifizieren. Wir haben gezeigt, wie Babys voraussehen, dass Gegenstände auf derselben Bahn bleiben und sich mit gleich bleibender Geschwindigkeit bewegen. Wenn ein Spielzeugauto hinter eine Trennwand fährt und mit falscher Geschwindigkeit oder auf einer falschen Bahn wieder auftaucht, blicken die Babys noch einmal auf die Trennwand zurück, als glaubten sie, dass dieses Auto ein anderes sei und das ursprüngliche Auto noch irgendwo hinter der Wand sein müsse. Sie nehmen an, dass ein Gegenstand, der sich auf eine bestimmte Weise fortbewegt, derselbe Gegenstand sein muss.

Jedoch gibt es überraschende Hinweise darauf, dass es kleine Babys nicht sonderlich kümmert, wenn ein blaues Spielzeugauto hinter die Trennwand fährt und dann am anderen Ende auf derselben Bahn eine gelbe Spielzeugente herauskommt! Ein Erwachsener würde annehmen, dass die Ente ein neuer Gegenstand sei und sich das andere Spielzeug noch hinter der Trennwand befände. Aber kleine Babys scheinen sich ohne weiteres mit dem Gedanken zufrieden zu geben, dass sich das Spielzeug hinter der Trennwand auf wundersame Weise in ein anderes Ding verwandelt hat. Zaubertricks von der Art, in der ein Schal zu einer Taube wird und damit die Kategorie wechselt, würden ein Baby nicht überraschen. Obwohl kleine Babys durchaus zwischen gelb und blau unterscheiden können und ebenso zwischen der Entenform und der Autoform, scheinen sie sich nicht auf diese Kategorien zu stützen, wenn sie entscheiden sollen, welcher Gegenstand dies nun ist. Wenn Babys jedoch das erste Lebensjahr vollendet haben, lässt sich in den unterschiedlichsten Situationen leicht zeigen, dass sie erstaunt sind, wenn sich ein Auto in eine Ente verwandelt. Das deutet darauf hin, dass sie die Kategorisierung jetzt in einem anderen Licht betrachten.

Babys tun aber auch noch andere Dinge, die zeigen, dass sie Kategorien neu betrachten. Alison und Andy gaben Babys einen zusammengewürfelten Haufen von Gegenständen: vier verschiedene Spielzeugpferde und vier verschiedene Bleistifte. Alison legte dann ihre Hände mit den Handflächen nach oben auf den Tisch und beobachtete, was die Babys mit den Gegenständen anfingen. Neun und zehn Monate alte Babys hoben die Pferde und die Bleistifte auf, spielten mit ihnen und legten sie oft in Alisons Hände, aber nur so aufs Geratewohl. Zwölf Monate alte Kinder dagegen hoben manchmal alle Gegenstände einer Gruppe auf, also alle Pferde oder alle Bleistifte, und legten sie in eine Hand oder in einem Haufen auf den Tisch. Mit 18 Monaten sortierten sie die Gegenstände ganz systematisch und ordentlich in zwei verschiedene Gruppen: Sorgsam legten sie jeweils ein Pferd in die eine Hand und einen Stift in die andere. Bei einem Experiment bemerkte ein besonders pedantisches und korrektes kleines Mädchen (es gibt tatsächlich pedantische Kinder von 18 Monaten), dass bei einem Bleistift die Spitze abgebrochen war. Sie schaute sich aufmerksam die beiden Hände an und griff schließlich nach der Hand ihrer Mutter, um so einen eigenen Platz für diesen speziellen, fehlerhaften Gegenstand zu schaffen.

Wenn Kinder zwei oder drei Jahre alt sind, haben sie offenbar schon eine tiefer gehende Vorstellung davon, was es bedeutet, wenn ein Gegenstand in eine Kategorie gehört. Sie können über den ersten Anschein hinausdenken und etwas vom essenziellen Wesen eines Gegenstands erfassen. Und sie begreifen allmählich, dass man bestimmte neue Dinge über einen Gegenstand voraussagen kann, wenn man weiß, in welche Kategorie er gehört. Zum Beispiel kann man Dreijährigen irgendeine neue Tatsache über ein bestimmtes Objekt verraten, etwa auf ein Rhinozeros zeigen und sagen: »Dieses Rhinozeros hat warmes Blut.« Wenn man ihnen dann erzählt, ein anderes Tier sei ein Rhinozeros, werden sie sagen, es hätte auch warmes Blut. Aber sie werden ihre neue Entdeckung nicht auf ein Triceratops anwenden, das ähnlich wie ein Rhinozeros aussieht, wenn man ihnen sagt, dass es ein Dinosaurier ist.

Für eine ähnliche Studie erfand Alison eine Maschine, die aufleuchtete, wenn man bestimmte Bauklötzchen darauf legte, nicht aber, wenn man andere, scheinbar identische Klötzchen darauf legte. Dann zeigte sie Zweijährigen, wie diese Gegenstände die Maschine beeinflussten. Schließlich hob sie eines der beiden Klötzchen auf, bei denen die Maschine nicht aufleuchtete, und sagte: »Das ist ein Klötzling. Kannst du mir den anderen Klötzling zeigen?« Die Zweijährigen hoben das zweite Klötzchen auf, bei dem die Maschine nicht aufgeleuchtet hatte, nicht jedoch die restlichen Klötzchen, obwohl sie genau wie der »Klötzling« aussahen.

Diese beiden Studien lassen darauf schließen, dass schon diese Zweijährigen sich in gewisser Weise wie die Wissenschaftler verhalten, die Pandas und Walfische in neue Kategorien stecken. Sie blicken über die oberflächlichen Merkmale eines Objekts hinaus und versuchen, die tieferen Gesetze zu definieren, die bestimmen, was dieses Objekt tut.

Bei Kindern, die drei oder vier sind, gibt es ganz überzeugende Belege dafür, dass sie im wahrsten Sinn des Wortes unter die Oberfläche der Dinge blicken. Angenommen, man zeigt drei- oder vierjährigen Kindern natürlich aussehende Objekte, etwa Pflanzen oder Steine. Dann fertigt man eine Art Querschnitt an, indem man die Objekte zerteilt und den Kindern zeigt, wie sie innen aussehen. Die Kinder werden sagen, dass die Objekte, die innen gleich aussehen, dasselbe sind, auch wenn ihre Oberflächen ganz verschieden sind. Objekte, die außen ähnlich, aber innen verschieden aussehen, sind dagegen nicht dasselbe.

Überraschenderweise scheinen diese kleinen Kinder sogar einiges darüber zu wissen, inwiefern sich Tiere und Pflanzen von Steinen unterscheiden. Sie glauben, dass lebendige Dinge innen wahrscheinlich eine kompliziertere Struktur aufweisen werden, während Steine innen vermutlich eher einförmig aussehen. Sie wissen, dass Tierbabys zur selben Art gehören wie die Tiereltern, auch wenn sie ganz anders aussehen. Sie wissen, dass Tigerbabys, so sehr sie auch wie Kätzchen wirken mögen, die gleiche Art von Tier sind wie ihre großen, wilden Mütter und dass sie gar nichts mit den scheinbar ähnlicheren, niedlichen und knuddligen jungen Hunden zu tun haben. Sie scheinen sogar eine primitive Vorstellung von Vererbung zu haben: Sie wissen, dass ein Schwein, das von Kühen aufgezogen wurde, einen Kringelschwanz wie seine biologischen Eltern haben wird und keinen geraden Schwanz wie die Kühe, seine Adoptiveltern. Obwohl diese Kinder noch kaum das Vorschulalter erreicht haben, scheinen sie schon über ein rudimentäres biologisches Verständnis zu verfügen.

Wie machen sie das nur?

Wie immer lautet die Frage: Wie machen sie das nur? Wie im letzten Kapitel, so lautet auch hier die Antwort, dass Kinder mit einer Menge Wissen auf die Welt kommen, dass sie noch mehr dazulernen und dass wir darauf angelegt sind, ihnen neue Dinge beizubringen.

Welt-Blindheit

Im letzten Kapitel haben wir darüber gesprochen, dass autistische Kinder offenbar blind für das Bewusstsein anderer Menschen sind. Es fällt ihnen sehr schwer, Menschen zu verstehen, und oft haben sie auch Schwierigkeiten zu lernen, wie man die Sprache einsetzt. Eine andere, noch seltenere genetisch bedingte Störung, das Williams-Syndrom, weist in gewisser Weise das gegenteilige Erscheinungsbild auf. Kinder mit Williams-Syndrom reagieren übermäßig sensibel auf andere Menschen. Sie sind charmant und zärtlich, sogar zu Fremden. Und obwohl sie zunächst langsamer sprechen lernen, bringen sie es dann zu einer überraschend komplizierten und fließenden Sprechweise mit äußerst ausgefeilter Syntax. Die physische Welt zu begreifen fällt ihnen jedoch unendlich schwer. Bevor sie drei oder vier Jahre alt sind, verstehen sie nicht einmal ansatzweise, was es mit verborgenen Gegenständen auf sich hat, verwenden keine Werkzeuge und ordnen keine Gegenstände in Gruppen ein – alles Dinge, die normal entwickelte Kinder bereits im frühen Babyalter fertig bringen. Als Erwachsene schaffen sie es häufig nicht, Straßen sicher zu überqueren oder herauszufinden, wie sie nach Hause kommen. Und obwohl sie lang und breit und auch recht detailliert über biologische und physikalische Phänomene sprechen, ist das, was sie sagen, auffallend oberflächlich. Ein Teenager mit Williams-Syndrom kann zwar die Namen von Hunderten von verschiedenen Tieren herunterrattern, einschließlich Flugsauriern und Jaguaren. Aber trotzdem kann es sein, dass er einfache biologische Vorgänge wie Wachstum, Vererbung und Tod nicht versteht. (Alisons achtjähriger Sohn, der sich gerade mühsam eine Vorstellung vom Tod zurechtgelegt hatte und nun versuchte, mit den psychischen Konsequenzen fertig zu werden, hörte, wie ein Besucher über das Williams-Syndrom sprach und bemerkte wehmütig, dass es auch von Vorteil sein könne, wenn man nur ein begrenztes Verständnis für biologische Zusammenhänge habe.)

Menschen, die Kinder mit Williams-Syndrom untersuchen, vergleichen ihre wendige, fließende Redeweise oft mit Party-Smalltalk – der Art von Sprache, die wir eher einsetzen, um soziale Kontakte zu anderen Menschen herzustellen, als dazu, ein tieferes Verständnis für die Welt zu entwickeln. Während autistische Kinder sich im sozialen Umgang nicht zu helfen wissen und Angst haben, sind Kinder mit Williams-Syndrom selbstsicher, aber oberflächlich.

Über das Williams-Syndrom wissen wir noch weniger als über den Autismus und es ist in vieler Hinsicht noch ungeklärt, welche Fähigkeiten bei diesen Kindern genau fehlen oder geschädigt sind. Doch ist das Williams-Syndrom ein Hinweis darauf, dass unsere Fähigkeit, den Dingen auf den Grund zu gehen und ein tieferes Verständnis für die physische Welt zu entwickeln, eine genetische Grundlage haben muss. Möglicherweise ist diese Fähigkeit zumindest teilweise unabhängig von unserer Fähigkeit zu sprechen und uns gesellschaftlich zurechtzufinden.

Der Erklärungstrieb

Im letzten Kapitel konnten wir sehen, dass Babys, genau wie Wissenschaftler, auf Gegenbeweise achten, wenn sie versuchen, Theorien über die Funktionsweise der Menschen aufzustellen. Aber es gibt noch andere Ähnlichkeiten zwischen Babys und Wissenschaftlern, die besonders plastisch werden, wenn wir uns ansehen, wie Babys etwas über Dinge lernen. In der Wissenschaft und sogar im Alltagsleben blicken wir unter die Oberfläche und versuchen, die tiefer liegenden Muster zu erschließen, die die Welt prägen. Wir suchen die unterschwelligen, verborgenen Ursachen der Ereignisse. Wir versuchen, das Wesen der Dinge zu erkennen.

Wir Menschen *können* das nicht nur tun – wir müssen es tun. Wir scheinen eine Art Erklärungstrieb zu haben, genauso wie wir einen Nahrungs- oder Sexualtrieb haben. Wenn wir vor einem Rätsel, einem Geheimnis stehen, wenn wir ein andeutungsweises Muster sehen oder etwas, das nicht recht verständlich ist, dann bemühen wir uns so lange um eine Lösung, bis wir sie gefunden haben. Wir schaffen uns sogar selbst solche Probleme, und seien es nur die ganz trivialen, die uns von den Schrecknissen einer Flugreise ablenken, wie etwa Kreuzworträtsel, Videospiele oder Krimis. Wenn wir Wissenschaftler sind, kann es vorkommen, dass wir nächtelang aufbleiben und sogar das Essen vergessen, wenn uns ein Problem besonders beschäftigt. Und es dürfte eher unwahrscheinlich sein, dass unsere kargen Gehälter dabei die einzige Motivation sind. Den gleichen Trieb, die Welt in ihrer reinsten Form zu verstehen, sehen wir auch bei Kindern. Kinder in den ersten drei Lebensjahren sind von dem Wunsch besessen, Dinge zu erforschen und mit ihnen zu experimentieren. Tatsächlich nehmen wir das als gegeben hin und betrachten es als einen manchmal strapaziösen Teil des Elterndaseins. Wir machen unsere Wohnungen kindersicher und beklagen uns seufzend, dass das Kind »dauernd irgendwas anstellt«. Kluge Mütter haben schon vor langem entdeckt, dass sie die größten Chancen haben, endlich das Abendessen zuzubereiten, wenn sie das Baby ungehindert im Schrank mit den Töpfen und Pfannen wirtschaften lassen.

Sobald Kinder krabbeln und laufen können, sind sie hin- und hergerissen zwischen der Sicherheit, die die Umarmung eines Erwachsenen bietet, und ihrem unwiderstehlichen Forscherdrang. Ein Kleinkind im Park scheint durch ein unsichtbares Bungee-Seil mit seiner Mutter verbunden zu sein: Es wagt sich von ihr weg, um die Welt zu erforschen, und läuft dann in plötzlicher Panik in den sicheren Hafen zurück, nur um ein paar Minuten später erneut loszuziehen. Tatsächlich entkommen wir dem Bungee-Seil wahrscheinlich sogar als Erwachsene niemals ganz. Es scheint zum Schicksal des Menschen zu gehören, dass er ständig zwischen Heimat und Fremde hin- und hergerissen ist, zwischen dem Verlangen nach Trost und der Angst vor der Langeweile, dem häuslichen Frieden und dem Reiz des Abenteuers.

Vom evolutionären Standpunkt aus betrachtet, ist das Forscherverhalten der Kinder recht eigenartig. Nicht nur, dass sie enorme Energien auf die Erforschung der Welt verwenden – sie gefährden damit oft regelrecht ihren Fortpflanzungserfolg (schließlich müssen sie es in einem Stück bis in die Pubertät schaffen). Die Erklärung scheint darin zu liegen, dass für unsere Spezies die Gefahren, die das Forschen mit sich bringt, durch die Vorteile ausgeglichen werden, die uns das Lernen verschafft. Die schnellen und tief greifenden Veränderungen im kindlichen Weltverständnis hängen offenbar mit den Forschungs- und Versuchsmethoden der

Kinder zusammen. Kinder unternehmen aktiv etwas, um besser verstehen zu lernen, was es mit verschwundenen Dingen oder mit Ursachen und Kategorien auf sich hat.

Zum Glück sind diese Aspekte der physischen Welt so allgegenwärtig, dass Kinder ihre Experimente ganz leicht und meistens doch gefahrlos durchführen können. Das Kinderbett, das Haus oder der Hinterhof sind ausgezeichnete Laborräume. Zum Beispiel können wir feststellen, wie sich Babys mit etwa einem Jahr für Versteckspiele zu interessieren beginnen, ja geradezu eine Besessenheit dafür entwickeln. Das unwiderstehlich lustige Guck-Guck-Spiel mit Papa scheint nie seinen Reiz zu verlieren. Babys führen auch spontane Einzeluntersuchungen im rätselhaften »Fall des verschwundenen Gegenstands« durch. Alison zeichnete einmal auf, wie ein Baby denselben Ring siebzehnmal hintereinander unter ein Tuch legte, ihn wieder fand und dabei jedes Mal »ganz weg« sagte. Bei unseren Experimenten protestieren viele Babys zunächst, wenn wir ein Spielzeug verstecken. Aber nach zwei oder drei Runden fangen sie selbst an, es zu verstecken, oder sie geben uns das Tuch und das Spielzeug mit der Anweisung, es erneut zu verstecken. 18-monatige Kinder, die eigentlich gar nicht den Ruf haben, lange bei einer Sache zu bleiben, spielen dieses Spiel sage und schreibe eine halbe Stunde lang.

Die Kausalbeziehungen zwischen den Dingen üben eine ähnliche Faszination auf Babys aus. Beim Band-und-Mobile-Experiment finden Babys zwar die Bewegungen des Mobiles allmählich langweilig, nicht aber das Gefühl ihrer eigenen Kraft. Nach einer Weile schauen sie das Mobile nur noch gelegentlich an, aber sie strampeln weiter. Auch die beliebten »Baby-Bastelkästen« sind ein Spielzeug, das auf die Faszination setzt, die Babys für alles empfinden, was in der Welt vor sich geht. Wenn Babys ein oder zwei Jahre alt sind, erforschen sie auf ganz systematische Weise, wie ein Objekt das andere beeinflussen kann. Die Babys in unseren Experimenten mit dem Rechen interessierten sich nach ein oder zwei Runden gar nicht mehr für das Spielzeug selbst. Sie legten es oft sogar bewusst wieder ganz weit weg und experimentierten damit herum, wie man es mit

Hilfe des Rechens herziehen kann. Das Spielzeug selbst ist nicht halb so interessant wie die Tatsache, dass der Rechen es näher bringt.

In ähnlicher Weise erforschen Babys beharrlich die Eigenschaften von Dingen. Sechs- oder siebenmonatige Babys werden einen neuen Gegenstand systematisch mit allen ihnen zur Verfügung stehenden Sinnen untersuchen (natürlich einschließlich des Geschmackssinns). Wenn sie ungefähr ein Jahr alt sind, variieren sie systematisch, was sie mit einem bestimmten Gegenstand machen. Mit einem neuen Spielzeugauto etwa klopfen sie zunächst vielleicht ganz leicht gegen den Boden, um zu hören, wie das klingt. Dann versuchen sie, das Auto heftig auf den Boden zu knallen, und schließlich, es gegen das weiche Sofa zu stoßen. Wenn sie 18 Monate alt sind und man ihnen einen Gegenstand mit einer unerwarteten Eigenschaft zeigt – zum Beispiel eine Dose, die ein muhendes Geräusch von sich gibt –, werden sie systematisch testen, ob das Ding noch andere ungewöhnliche Dinge tut. Und wie wir bereits gesehen haben, sortieren sie ganz spontan verschiedene Arten von Gegenständen in verschiedene Haufen.

Wir glauben, dass dieses Herumspielen mit der Welt wirklich dazu beiträgt, dass Babys die großen und schwierigen Probleme der verschwundenen Dinge, der Kausalität und der Kategorisierung lösen können. Bevor die Wissenschaft ein eigenständiges, gesellschaftlich definiertes Gebiet wurde, nannte man sie Experimentalphilosophie. Die Erwachsenen, die sich über Grundstückspreise unterhalten, während das Baby, Gott sei Dank, mit seinen Spielsachen beschäftigt ist, erkennen nicht, dass sie gerade Zeuge von wahren Wundern der Experimentalphilosophie werden.

Erwachsene als Lehrer

Jedoch tragen die Erwachsenen vielleicht wie die biblischen Hirten zu dem Wunder bei, selbst wenn sie sich dessen nicht ganz bewusst sind. Wenn ein Baby ungefähr ein Jahr alt ist, fangen die Erwachsenen an, auf ganz bestimmte Weise mit ihm zu sprechen.

Fast wie ein Sportreporter berichten sie fortlaufend über alles, was das Baby tut. »Da, jetzt hast du den Becher aufgehoben, so, jetzt stellst du ihn wieder hin. Hoppla, jetzt ist er weg. Oje.« Und so weiter. Das hört sich vielleicht nicht ganz so dümmlich an wie das Gerede vom »süßen Spätzchen«, aber, wenn man es genau betrachtet, doch immer noch ziemlich dümmlich. Schließlich erzählt man dem Baby da nichts, was es nicht ohnehin schon weiß.

Doch mag das Ganze vielleicht nur aus vordergründiger Sicht dümmlich sein. Wir haben Grund anzunehmen, dass diese Art, mit kleinen Babys zu sprechen, ihnen dabei hilft, die Welt zu strukturieren. Im letzten Kapitel haben wir eine Art natürliches Experiment beschrieben, um zu überprüfen, wie andere Menschen dazu beitragen, dass Kinder das Bewusstsein verstehen lernen: Wir haben Kinder mit älteren Geschwistern mit solchen Kindern verglichen, die keine älteren Geschwister haben. Ein ähnliches natürliches Experiment können wir mit Kindern durchführen, die von ihren Eltern ganz unterschiedliche Beschreibungen der Welt hören.

Dabei zeigte sich, dass Koreanisch und Englisch sprechende Eltern sich schon deswegen ganz unterschiedlich über die Welt äußern, weil die Grammatik der beiden Sprachen so verschieden ist. Im Koreanischen gibt es (ähnlich wie im Lateinischen oder Französischen) ein ausgefeiltes System verschiedener Verb-Endungen, durch die sich verschiedene Bedeutungen ausdrücken lassen. Das hat zur Folge, dass Koreanisch sprechende Eltern oft die Substantive ganz weglassen, wenn sie mit ihren Kindern sprechen. Wenn eine koreanische Mutter sieht, dass ihr Baby ein Klötzchen in einen Becher legt, könnte sie zum Beispiel die koreanische Entsprechung von »hineintun« sagen, ohne zu erwähnen, wer etwas hineintut oder wo etwas hineingetan wird. Im Englischen dagegen müssen wir fast immer mindestens ein Substantiv verwenden, um einen verständlichen Satz zu bilden. Außerdem zeigen Englisch sprechende Eltern viel auf Dinge und geben ihnen Namen: »Da ist ein Hund! Schau, ein Vogel! Auto! Flugzeug!«

Alison und ihre koreanische Kollegin Soonja Choi untersuchten, wie Englisch sprechende und Koreanisch sprechende Mütter mit ihren 18 Monate alten Kindern reden. Dabei fanden sie heraus, dass die Englisch sprechenden Mütter tatsächlich mehr Substantive und weniger Verben verwendeten als koreanische Mütter. Die Englisch sprechenden Mütter neigten dazu, den Dingen ständig Namen zu geben, während die koreanischen Mütter eher über Handlungen sprachen.

Als Alison und Soonja dann untersuchten, was 18-monatige Kinder von der Welt verstehen, fanden sie heraus, dass zwischen den koreanischen und den englischen Kindern konstante Unterschiede bestanden. Genau wie ihre Eltern verwendeten die koreanischen Kinder mehr Verben als die Englisch sprechenden Kinder, während diese mehr Substantive benutzten. Hinzu kam jedoch, dass die koreanischen Kinder bestimmte Probleme wesentlich früher als die Englisch sprechenden lösen konnten – zum Beispiel das Problem, wie man mit einem Rechen ein weit entferntes Spielzeug heranholen kann. Die Englisch sprechenden Kinder dagegen fingen früher als die koreanischen an, Dinge zu kategorisieren. Zum Beispiel sortierten sie die Spielzeugpferde und die Bleistifte häufiger in zwei getrennte Haufen. Wie es schien, achteten die koreanischen Kinder mehr darauf, wie ihre Handlungen die Welt beeinflussen, während die amerikanischen mehr darauf achteten, in welche Kategorien die Dinge gehören. Die wahrscheinlichste Erklärung dafür ist, dass die Kinder durch die Äußerungen der Erwachsenen in ihrer Umgebung beeinflusst wurden, welche wiederum durch die Erwachsenen-Sprache geprägt wurden.

Das mag ein bisschen radikaler klingen, als es tatsächlich ist. Vor vielen Jahren stellte der Linguist Benjamin Lee Whorf die These auf, dass die Grammatik unserer Sprache unsere Denkweise beeinflusst. Die so genannte Whorfsche Hypothese wurde recht schnell von der Wissenschaft verworfen. (Im Volksdenken allerdings erfreut sie sich anhaltender Beliebtheit. In den späten 1980ern behauptete ein ranghoher amerikanischer Beamter, die Russen würden sich niemals auf richtige Friedensverhandlungen einlassen, weil es in ihrer Sprache nicht einmal ein Wort für »détente« – Abrüstung – gäbe. Dass *détente* ein französisches Wort ist, schien ihm nicht in den Sinn zu kommen.) Zunächst einmal ist die Vorstellung unlogisch. Wie könnten wir überhaupt wissen, dass es in einer Sprache Konzepte gibt, die in unserer eigenen nicht existieren, wenn wir diese Konzepte nicht doch auch in unserer Sprache irgendwie ausdrücken können?

Was wir (und in jüngster Zeit auch andere Wissenschaftler) herausgefunden haben, unterscheidet sich ziemlich stark von Whorfs Idee. Sowohl die koreanischen als auch die amerikanischen Kinder hatten bis zum zweiten Lebensjahr Handlungen und Objektkategorien verstehen gelernt. Dennoch scheinen die unterschiedlichen Schwerpunkte, die die beiden Sprachen setzen, dazu geführt zu haben, dass die eine Gruppe das eine Problem leichter lösen konnte, die andere dagegen das andere Problem. Es ist wie der Unterschied zwischen Kindern, die in einem Elternhaus aufwachsen, in dem die ganze Zeit über Musik gesprochen wird (wie bei Andy und Pat), und Kindern, die mit Eltern aufwachsen, bei denen es ständig um Politik geht (Alisons Mann ist Rundfunkjournalist). Die Kinder in beiden Elternhäusern können die notwendigen Anlagen haben, um Musik oder Politik zu verstehen, aber natürlich wissen sie mehr über das Thema, über das sie viel hören.

Interessant ist, dass offenbar schon ganz kleine Kinder, die gerade erst die ersten Wörter sprechen, von dem beeinflusst werden, was um sie herum gesprochen wird. Und natürlich üben die Eltern diesen Einfluss ganz unbewusst aus – einfach dadurch, dass sie mit ihren Babys sprechen. Tatsächlich wäre es für Englisch sprechende Eltern wohl unmöglich, plötzlich bewusst wie ein Koreaner zu reden oder umgekehrt. Die Natur verlässt sich klugerweise nicht nur auf die bewussten Entschlüsse und guten Absichten von Eltern. Die stärksten Einflüsse auf Babys – die Substantive, die sie in einem Satz hören oder die Lektionen, die ihnen ihre Geschwister unwissentlich erteilen – werden von niemandem absichtlich ausgeübt. Babys scheinen auf ziemlich ähnliche Weise etwas über die Außenwelt zu lernen, wie sie etwas über das fremde Ich lernen. Sie gehen von einigen entscheidenden Annahmen aus, die offenbar sogar angeboren sind. Genauso wichtig ist aber, dass sie große Lernfähigkeit besitzen und sogar noch größere Motivationen. Es drängt sie genauso, die fremde physische Welt um sie herum zu erforschen, wie es sie drängt, mit den Wesen in dieser Welt Kontakt aufzunehmen. Eine Einjährige, die man in einem ihr unbekannten Wohnzimmer herumkrabbeln lässt, wird das unverkennbare Funkeln eines Menschen im Auge haben, der Orte aufsucht, die nie zuvor jemand betreten hat. Zum Glück sind die Erwachsenen, die das Kind dort antreffen wird, meist gutartig und – wenn auch unbewusst – ehrlich darum bemüht, der unerschrockenen kleinen Reisenden die Früchte ihrer Weisheit und Zivilisation nahe zu bringen.

KAPITEL VIER

Was Kinder über Sprache lernen

Genau wie das Problem der Außenwelt bleibt auch das Problem der Sprache im Alltagsleben großenteils unsichtbar. Auf abstrakte Weise wissen wir zwar, dass wir eine Folge willkürlicher Laute hören, doch wir haben das Gefühl, dass die Gedanken einfach in unser Bewusstsein fließen. Angenommen, Ihr Mann käme jetzt ins Zimmer und würde sagen: »Weißt du, an die Dachbalken müsste man mal mit Sandpapier ran.« Sie würden höchstens ein oder zwei Sekunden brauchen, um den Satz zu verstehen. Aber während dieser einen Sekunde müssten Sie eine bemerkenswert komplexe Reihe von Überlegungen anstellen.

Zuerst müssen Sie den kontinuierlichen Strom von Lauten in einzelne Teile zerlegen und jeden Laut exakt identifizieren. Sehr kleine Lautunterschiede können zu großen Bedeutungsunterschieden führen: *Weißt du* bedeutet etwas ganz anderes als *heißt du* oder *beißt du*. Dann müssen Sie die Laute zu Wörtern verknüpfen. Ein durchschnittlicher Englisch sprechender Mensch zum Beispiel kennt mehr als 75.000 Wörter – es gibt also Unmengen von Möglichkeiten. Nehmen wir an, Sie kennen die Wörter. Dann müssen Sie sie jetzt so kombinieren, dass ein Satz daraus wird. Genau wie kleine Lautunterschiede können auch sehr kleine Unterschiede in der Reihenfolge der Wörter zu erheblichen Bedeutungsunterschieden führen. Der Satz »Weißt du, müsste man mal mit Dachbalken an das Sandpapier ran?« würde etwas ganz anderes bedeuten als das, was Ihr Mann gesagt hat. (Es gehört zu den Tragödien des Lebens, dass »John liebt Mary« nicht dasselbe bedeutet wie »Mary liebt John«.) Außerdem müssen Sie all die Bedeutungsnuancen verstehen, die jedes Wort haben kann. Sie müssen wissen, dass das Wort Sand hier nichts mit dem Zeug zu tun hat, das am Strand herumliegt, und dass *weißt du* sich eigentlich gar nicht auf Ihr Wissen bezieht.

Und schließlich müssen Sie auch herausfinden, welche weiteren Intentionen mit dem Satz verbunden sind. Macht Ihr Mann Ihnen Vorwürfe, weil Sie lesen, anstatt sich um die Haushaltspflichten zu kümmern? Oder kündigt er nur an, dass er in der nächsten Stunde die Balken abschmirgeln wird, damit Sie sich gegebenenfalls einen ruhigeren Ort zum Lesen aussuchen können? All das begreifen Sie augenblicklich und ohne jede bewusste Anstrengung.

Genau wie eine Zaubervorführung uns zeigt, wie viel wir an den Dingen um uns herum einfach voraussetzen, so zeigt uns ein Aufenthalt in einem fremden Land, wie viel wir an den Wörtern einfach voraussetzen. Den Kommentar Ihres Mannes begreifen sie mühelos, aber wenn er eine fremde Sprache sprechen würde, würden Sie verblüfft und verständnislos reagieren. Zu den genialen Aspekten des Films *Der dritte Mann* gehört es, dass die Schauspieler, die die Wiener der Nachkriegszeit spielen, auch in der englischen Originalfassung Deutsch sprechen – es gibt weder eine Übersetzung noch Untertitel. Wenn englischsprachige Zuschauer sich diesen Film ansehen, erleben sie die gleiche Schwindel erregende Verwirrung wie Joseph Cotten, der unschuldige amerikanische Held. Zu hören, wie unverkennbar wichtige Sätze in einer fremden Sprache gesprochen werden, genügt schon, um unsere ansonsten ruhige Gewissheit zu erschüttern, dass wir halbwegs eine Ahnung von dem haben, was um uns herum vorgeht (dazu müsste noch gar nicht Orson Welles im Hintergrund zwischen barocken Statuen voller Einschusslöcher lauern). Es ist ja nicht nur so, dass man nicht weiß, was die Wörter bedeuten. Man weiß nicht einmal, welches die Wörter oder gar die Laute sind oder wo ein Laut endet und der nächste anfängt. Alle scheinen so schnell zu reden. Genau dies ist aber nun natürlich der Punkt, an dem Babys anfangen müssen. Und tatsächlich sind Babys in gewisser Hinsicht noch schlechter dran als Joseph Cotten, weil sie keine andere Sprache haben, in der sie ihrer Verwirrung Ausdruck verleihen können.

Wenn man eine Sprache lernt, ähnelt das dem Versuch, einen meisterhaft verschlüsselten Code zu knacken. Wir alle knacken diesen Code mühelos, in einem Alter, an das wir uns nicht einmal mehr erinnern, und als Erwachsene benutzen wir ihn mühelos. Aber es zeigt sich, dass der Code weit verwirrender ist als jede verschlüsselte Nachricht eines Meisterspions. Bis jetzt hat es noch kein Computer geschafft, ihn zu begreifen.

Wenn Leute sich über die wissenschaftlich unmöglichen Phänomene in *Star Trek* auslassen – Lichtgeschwindigkeit und Warp-Antrieb und gar Holodecks und Replikatoren –, dann erwähnen sie nur selten einen Aspekt, der wie ein unbedeutendes technisches Detail wirkt. In *Star Trek* sprechen die Leute mit den Raumschiff-Computern und die Computer verstehen sie (tatsächlich sprechen die Leute sogar mit den Raumschifftüren). Eine solche Technologie mag nicht ganz so weit entfernt erscheinen wie der Warp-Antrieb, aber zeitlich absehbar ist sie nicht. Computersoftware-Hersteller in aller Welt versuchen heute, einen Rechner zu entwickeln, der gesprochene Sprache verstehen kann. Unternehmen und Regierungen haben in den letzten 50 Jahren Milliarden von Dollar in Sprachtechnologie investiert, aber trotzdem hat noch kein Computer auf der ganzen Erde das Sprachproblem gelöst. Unsere Badezimmerwaagen und Aufzüge können ein paar verständliche, wenn auch enervierend unnatürlich gesprochene Sätze produzieren. Aber kein Computer kann das, was jeder Dreijährige schon kann: eine Unterhaltung verstehen.

Nichtwissenschaftler – und sogar die Leute, die die Milliarden investieren – begreifen nicht ohne weiteres, was an diesem Problem so schwierig sein soll. Als Pat 1991 von einer Konferenz zurück nach Hause flog und sich erschöpft in ihren Sitz fallen ließ, fand sie sich neben einem jungen Mann mit Rucksack wieder. Wie sich herausstellte, war der junge Mann der ebenfalls aus Seattle stammende Microsoft-Chef Bill Gates. Die nächsten vier Stunden verbrachte Pat damit, Bills Fragen darüber zu beantworten, warum sich seine Computer so schwer damit tun, gesprochene Sprache zu verstehen. Zu jener Zeit mühten sich Microsoft und andere Computerhersteller gerade mit dem Versuch ab, die Computernutzer von den Tastaturen zu befreien. Was die Wissenschaft ihnen jetzt sagen könnte, wäre hauptsächlich, warum das Problem so kompliziert ist, aber nicht, wie man es lösen könnte.

Ähnlich wie beim Problem der Außenwelt oder beim Problem des fremden Ich liegt die zentrale Schwierigkeit in der mysteriösen Kluft zwischen den Schallwellen, die unsere Ohren erreichen, und den Lauten und Wörtern, die unser Bewusstsein daraus formt. Wir können eine Art Fotografie von Lauten herstellen, die man Spektrogramm nennt. Das Spektrogramm zeigt die tatsächlichen physikalischen Eigenschaften der Schallwellen: wie laut sie sind, welche Tonhöhe sie haben und wie sie sich verändern. Genau wie wir die zweidimensionalen Lichtmuster auf unserer Netzhaut in die dreidimensionalen, massiven Objekte übersetzen müssen, die wir wahrnehmen, so müssen wir diese Lautmuster in Sprache übersetzen. Die Entfernung von dort nach hier ist in beiden Fällen gleich groß.

Wenn man das Spektrogramm mit den Wörtern vergleicht, die wir wahrnehmen, wird eine Reihe gewaltiger Probleme offenbar. Erstens sind die Laute der menschlichen Sprache nicht wie Perlen an einer Kette nebeneinander aufgereiht: Zwischen den Lauten im Spektrogramm gibt es keine Lücken oder Pausen. Sie fließen ohne Unterbrechung dahin und wir müssen sie erst in Einheiten aufteilen. Zweitens klingt jede Stimme anders, weil unsere Münder alle verschieden groß und unterschiedlich geformt sind. Daher hören sich sogar einfache Laute (etwa *ah*) unterschiedlich an, je nachdem, wer sie ausspricht. Und wenn wir schneller oder langsamer sprechen, was wir andauernd tun, verändern sich die Schallwellen erneut. Außerdem verändert sich ein konsonantischer Laut wie *b* oder *d* jedes Mal, wenn er vor einen anderen Vokal gesetzt wird. Die *d*'s am Anfang der englischen Wörter *dude* und *deed* sind so unterschiedlich, dass das *d* von *dude* in einem Spektrogramm tatsächlich eher einem *g* ähnelt als dem *d* in *deed*.

Und schließlich – und das ist das Komplizierteste an der ganzen Sache – hören Menschen, die verschiedene Sprachen sprechen, Laute auf völlig unterschiedliche Weise. Ein Laut mit genau demselben Spektrogramm wird von einem Japaner ganz anders gehört als von jemandem, der Englisch spricht. Zwei physikalisch unterschiedliche Laute (wie *r* und *l*) können sich für einen Japaner identisch anhören, für jemand, der Englisch spricht, dagegen völlig verschieden. Anders als wenn man zweidimensionale Bilder auf der Netzhaut in eine dreidimensionale Welt übersetzt, muss man hier also nicht nur herausfinden, auf welche Weise man von den Sinneseindrücken zu den Repräsentationen kommt. Man muss diese Übersetzung auch für jede Sprache neu vornehmen.

Dreijährige haben all diese Probleme bereits gelöst. Sie können den Laut *d* erkennen, ganz gleich, ob ihn Mama oder Papa aussprechen, ob er in dem Wort *deed* oder *dude* vorkommt, ob er schnell geflüstert oder langsam gesungen wird. Und sie unterscheiden die Laute genau so, wie es für ihre Muttersprache nötig ist. Die ersten Computersysteme, die mit Spracherkennungs-Software ausgerüstet waren, konnten einem Dreijährigen nicht das Wasser reichen. Wie bereits erwähnt, kennen die meisten Englisch sprechenden Menschen mehr als 75.000 Wörter. Wenn man die Zahl der Wörter, die man benutzt, auf die zehn Stellen einer Telefonnummer oder sogar auf die Zahl aller Städte in Amerika beschränken würde, würde Computer-Spracherkennung prima funktionieren. Aber für echte Unterhaltungen genügen zehn oder sogar tausend Wörter nun mal nicht.

Eines der größten Probleme für die Computer bestand darin, die Sprache in separate Einheiten aufzuteilen, die sich analysieren ließen. Die älteren Computerprogramme lösten dieses Problem dadurch, dass sie den Sprecher jedes Wort getrennt sprechen ließen. Wer diese Spracherkennungstechnologie nutzen wollte, musste sehr langsam sprechen und dabei JEDES (1 Sek. Pause) WORT (1 Sek. Pause) MIT (1 Sek. Pause) EINER (1 Sek. Pause) SEHR (1 Sek. Pause) LÄSTIGEN (1 Sek. Pause) PAUSE (1 Sek. Pause) VON (1 Sek. Pause) EINER (1 Sek. Pause) SEKUNDE

(1 Sek. Pause) VONEINANDER (1 Sek. Pause) TRENNEN. Um das Problem der verschiedenen Stimmen zu lösen, wurden die Computer so programmiert, dass sie nur die Stimme einer bestimmten Person erkannten. Für jeden neuen Nutzer mussten sie umprogrammiert werden. Auch wurden die Computer so programmiert, dass sie die *d*'s in *deed* und *dude* getrennt behandelten, als ob es sich um völlig eigenständige Laute handelte. Ende 1998 kam die erste Spracherkennungs-Software für durchgängiges Sprechen auf den Markt, die so programmiert war, dass sie auch Sprechern mit verschiedenen Muttersprachen »zuhören« konnte – Englisch, Japanisch, Spanisch oder was auch immer.

So viel zu der Vorstellung von einem *Star Trek*-Computer, der jede Ihrer Fragen mit beruhigender, wenn auch etwas unterkühlter Stimme exakt beantwortet. Bis irgendeiner unserer heutigen Computer »Ausweichmanöver Alpha Theta durchführen und auf mein Kommando Photonentorpedos auf romulanisches Raumschiff abfeuern« verstehen könnte, wäre die *Enterprise* längst nur noch ein gestaltloses Muster aus Energieteilchen.

Vom Wort zur Bedeutung

All diese komplexen Entschlüsselungsprozeduren sind nötig, wenn man aus den Lauten, die man hört, auch nur die Wörter einer Sprache erschließen will. Dieser Teil des Sprachverständnisses geht so schnell und mühelos vor sich, dass es anfangs schwer ist, das Problem überhaupt zu erkennen. Die Wissenschaft hat auch erst in jüngster Zeit begonnen, sich damit auseinander zu setzen. Der nächste Teil des Prozesses, bei dem man den Wörtern eine Bedeutung zuordnen muss, bereitet Schwierigkeiten, die offensichtlicher sind. Seit Jahrtausenden haben sich Philosophen mit der Frage beschäftigt, wie Wörter Dinge bedeuten können.

Fast kommt es einem so vor, als gäbe es eine magische Verbindung zwischen den Wörtern, die wir benutzen, und der Außenwelt. Sagen Sie ein Wort und plötzlich stehen Sie in Verbindung mit dem, was es bezeichnet, ganz gleich, wie fremd oder wie weit entfernt es ist. Viele Kulturen und Religionen glauben ausdrücklich an Wortmagie: Wer den wahren Namen der Dinge kennt, erhält Macht über sie. Aber wenn man es recht bedenkt, besitzt unsere Alltagssprache ebenso geheimnisvolle Kräfte. Überlegen Sie sich einmal, was vor sich geht, während Sie dieses Buch lesen. Indem Sie die Augen über einen Haufen willkürlich geformter, gedruckter Zeichen gleiten lassen, stehen Sie plötzlich in Kontakt mit dem Bewusstsein von drei Menschen, die Tausende von Meilen von Ihnen entfernt sind. Sie besuchen ein Forschungsinstitut, das Sie nie gesehen haben, und treffen Kinder, die schon lange erwachsen sind. Und wie jeder Romanleser, Briefeschreiber oder Internetsurfer weiß, können Wörter einen nicht nur in andere Welten entführen, sondern auch ihre eigenen Welten erschaffen. Sie brauchen kein *Abrakadabra* – *Es war einmal* genügt schon. Wie können Worte den Grenzen von Raum, Zeit und Möglichkeit auf diese Weise trotzen? Wie kann irgendjemand lernen, diese Macht zu beherrschen?

Vor fast 2000 Jahren schlug Augustinus eine Lösung für das Problem vor, vielleicht die nahe liegendste überhaupt. Als Kinder hätten wir gehört, wie unsere Eltern Wörter sagen, und gesehen, wie sie auf Dinge zeigen, und so hätten wir die Wörter mit den Dingen assoziiert. Aber je mehr man darüber nachdenkt, desto unzureichender kommt einem diese Lösung vor. Im Lauf der Jahrhunderte haben andere Philosophen die Schwierigkeiten aufgezeigt. Bertrand Russell wies darauf hin, dass Bedeutungen sich nicht nur auf Dinge beziehen, auf die man zeigen kann. Wie lernen wir Wörter wie *Einhorn*, die Dinge bezeichnen, die es gar nicht gibt? Wie lernen wir all die Wörter – Verben, Adjektive und Präpositionen –, die sich überhaupt nicht auf Dinge beziehen? Ludwig Wittgenstein warf einen weiteren Fragenkomplex auf. Wie lernen wir nicht nur, worauf sich die Wörter beziehen, sondern auch, was wir nach dem Willen des Sprechers mit ihnen anfangen sollen? Schließlich muss man, um auch nur das Hinzeigen zu verstehen, etwas von der Absicht des Zeigenden wissen. Man muss wissen, dass man mit der Geste des ausgestreckten Zeigefingers ein zu benennendes Objekt auswählt und nicht beispielsweise einen Fluch verhängt oder jemanden segnet. Wieder andere Fragen warf der Philosoph Willard Quine auf. Woher wissen wir, dass ein Name sich auf das Ding bezieht, auf das man zeigt, und nicht auf das Ding plus ein wenig von dem Leerraum, der es umgibt, oder vielleicht nur auf einen Teil des Dings? Computer können das Problem der Entschlüsselung von Lauten noch immer nicht lösen, aber von der Lösung derartiger Probleme sind sie noch viel weiter entfernt.

Die Grammatik, die man nicht in der Schule lernt

Neben der Herausforderung, die in der Entschlüsselung von Lauten und Bedeutungen liegt, gibt es noch einen weiteren Komplex von Problemen. In den 60er Jahren warf Noam Chomsky eine ganze Reihe neuer Fragen auf, denen man zuvor nicht viel Aufmerksamkeit gewidmet hatte. Wie kombinieren wir die Wörter, um daraus neue Sätze zu bilden? Fast alle Sätze, die wir hören, sind brandneu, und trotzdem macht es uns keine Mühe, sie zu verstehen. Selbst wenn wir die einzelnen Wörter kennen – sobald wir sie auf unterschiedliche Weise gruppieren, können neue Bedeutungen entstehen. Chomskys Antwort auf diese Frage führte zur Entstehung eines ganz neuen Wissenschaftsbereichs, der modernen Linguistik, und zu einer Neubewertung der alten Vorstellungen von der Grammatik.

Die traditionelle Grammatik, wie wir sie in der Schule gelernt haben, schwankte zwischen Aussagen über das, was die Menschen, die eine Sprache sprechen, tatsächlich tun, und das, was sie tun sollten. Chomsky argumentierte, dass jemand, der eine Sprache beherrscht, eine Reihe unbewusster Regeln kennen müsse, die nichts mit den Regeln der traditionellen Grammatik zu tun hätten. Diese Regeln würden einem nicht von der Gesellschaft auferlegt, wie die Verkehrsregeln oder die Spielregeln beim Monopoly oder die Regeln, die in den alten Grammatikbüchern aus der Volksschule stehen. Vielmehr seien es natürliche, unbewusste Regeln. Sie seien den Regeln ähnlich, nach denen wir uns richten, wenn wir visuelle Informationen in Repräsentationen von Dingen umwandeln. Sie ähnelten eher den Gesetzen der Schwerkraft als den Gesetzen des Landes (oder des Englischlehrers).

Chomskys Lösung für das Sprachproblem ähnelt stark den modernen Lösungen für die Probleme der Außenwelt und des fremden Ichs. Wir nehmen Lautfolgen auf und übersetzen sie in Repräsentationen von Bedeutungen, genau wie wir auch sensorische Informationen aufnehmen und sie in Repräsentationen von Objekten übersetzen oder wie wir Gesichtsausdrücke aufnehmen und sie in Repräsentationen von Gefühlen übersetzen. Wir kennen eine Reihe unausgesprochener Regeln, die es uns erlauben, die Lautsequenzen die wir hören, in Ideensequenzen umzuwandeln.

Über die Funktionsweise von einigen Teilen dieses Systems wissen wir sogar recht viel. Zum Beispiel darüber, wie wir die gehörten Laute in bedeutungsvolle Einheiten wie Wörter übersetzen, auch wenn wir noch nicht genügend Kenntnisse haben, um einen Computer entsprechend programmieren zu können. Wir wissen auch etwas darüber – wenngleich weniger, als Chomsky zunächst gehofft hatte –, wie wir aus Wörtern Sätze bilden. Andere Teile des Problems bleiben jedoch weiterhin völlig rätselhaft. Insbesondere die Frage, wie es kommt, dass sich die Wörter auf die äußere Welt beziehen, wie also Bedeutungen entstehen, ist für moderne Linguisten fast noch genauso unlösbar wie für Augustinus.

Wir nehmen an, dass dieses System von der Evolution entwickelt wurde, und ohne Zweifel ist es ein System, das charakteristisch für den Menschen ist. Der offensichtlichste Vorteil der Sprache dürfte sein, dass sie es uns ermöglicht, unsere Handlungen mit den Handlungen anderer Mitglieder unserer Gruppe zu koordinieren. Aber die Sprache hat auch noch andere Vorteile, die zwar weniger offensichtlich, aber genau so charakteristisch sind. Die Tatsache, dass wir verschiedene Sprachen sprechen, erlaubt es uns auch, zwischen uns selbst und anderen zu unterscheiden. Das ist nicht die schlechteste Methode, um zu erkennen, wer zur eigenen Gruppe gehört und wer ein Außenseiter ist (seinen Feinden Informationen vorzuenthalten kann fast ebenso wichtig sein wie der Informationsaustausch mit seinen Freunden). Und die Entwicklung der Sprache ist vermutlich mit der Entwicklung unserer ebenso charakteristischen Fähigkeit verbunden, etwas über Menschen und Dinge zu lernen. Durch die Sprache können wir uns all das zunutze machen, was die Menschen vor uns über die Welt herausgefunden haben. Wir haben so viel größeren Weitblick als jede andere Spezies, weil wir auf den Schultern unserer Mütter und Väter stehen (die zumindest Babys wie Giganten vorkommen).

Chomskys Antworten werfen eine grundsätzlichere entwicklungspsychologische Frage auf: Woher kommt dieses linguistische System? Wenn Kinder in den Kindergarten kommen, haben sie ihre jeweilige Muttersprache schon fast in ihrer gesamten Differenziertheit gelernt, ohne bewusste Anstrengung oder Unterweisung. Wie haben sie das geschafft? Die Antwort der Entwicklungspsychologie dürfte Ihnen in ihren groben Zügen inzwischen vertraut sein. Babys wissen von Geburt an eine Menge über Sprache. Außerdem verfügen sie über äußerst leistungsfähige Lernmechanismen, die es ihnen erlauben, dieses Wissen zu ergänzen und insbesondere alle Details und Eigenheiten der Sprache ihrer jeweiligen Gemeinschaft zu lernen. Und schließlich spielen die Erwachsenen beim Spracherwerb eine besonders entscheidende Rolle.

Wenn wir erklären wollen, wie Babys die Probleme des fremden Ich und der Außenwelt lösen, passt die Analogie zur Wissenschaft sehr gut. Es gibt dort draußen wirklich eine Welt voller Dinge und voll denkender Menschen. Babys entwickeln Theorien über diese Welt, die jedoch immer wieder revidiert werden können, sobald neue Beweise auftauchen. Wenn es um die Sprache geht, stellt sich das Problem aber ganz anders dar. Hier geht es nicht darum, eine eigenständige Wirklichkeit zu entdecken. Es geht vielmehr darum, das, was man selbst tut, mit dem in Einklang zu bringen, was andere Menschen tun. Es gibt nirgendwo eine abstrakte »Sprache«, die unabhängig von dem ist, was die Leute reden. Wir könnten feststellen (und stellen auch immer wieder fest), dass wir allesamt einen wichtigen Aspekt der Welt oder der anderen Menschen falsch verstanden haben. Aber wir könnten nicht herausfinden, dass wir allesamt falsch Englisch sprechen; Englisch ist einfach unsere Sprache. Das Sprachproblem der Babys ist also nicht so sehr ein wissenschaftliches Problem, bei dem es herauszufinden gilt, wie die Welt wirklich ist. Es handelt sich eher um ein soziologisches oder gar anthropologisches Problem: Man muss herausfinden, was die Leute in unseren Breiten machen, und lernen, wie man es selbst macht. Das Entscheidende sind die anderen Leute.

Das Problem ist schwierig zu lösen, weil unterschiedliche Gemeinschaften unterschiedliche, manchmal extrem unterschiedliche Sprachen sprechen. Babys wissen nicht im Voraus, mit welcher Sprache sie es zu tun bekommen werden. Daher müssen sie potenziell in der Lage sein, jede der Tausende von verschiedenen Sprachen zu erlernen, die es auf der Erde gibt. Und doch haben Kinder im Alter von vier oder fünf Jahren genau herausgefunden, welche Sprache in ihrer Gemeinschaft gesprochen wird.

Dabei sind die Erwachsenen sowohl die Lehrer als auch der Unterrichtsgegenstand. Was die Erwachsenen sagen, sind die einzigen Hinweise darauf, wie die Sprache beschaffen ist. Und das Ziel der Unternehmung besteht für Kinder darin, nicht nur etwas über die Sprache der Erwachsenen zu erfahren, sondern sie auch zu ihrer eigenen Sprache zu machen.

Was Neugeborene wissen

Fragen Sie irgendjemand, wann Kinder anfangen, sprechen zu lernen. Fast jeder wird Ihnen antworten, dass Sprache dann beginnt, wenn Babys ihre ersten Wörter sagen. Aber die neuen Methoden, mit denen sich ermitteln lässt, was Babys wissen, förderten Überraschendes zutage. Babys wissen buchstäblich vom Tag ihrer Geburt an wichtige Dinge über die Sprache, und noch bevor sie ein einziges Wort sprechen, lernen sie eine Menge weiterer Dinge dazu. Der Großteil dessen, was sie im ganz frühen Alter lernen, hat mit dem Lautsystem der Sprache zu tun. Noch bevor wir tatsächlich sprechen können, dechiffrieren wir bereits den Laut-Code und lösen viele der Probleme, die den Computern immer noch Rätsel aufgeben.

Wir haben bereits erwähnt, dass das Erlernen einer Sprache zum Teil deshalb so schwierig ist, weil die Sprachen die Laute zerstückeln und jede Sprache das auf andere Weise tut. Eine breite Palette von Lauten mit sehr unterschiedlichen Spektrogrammen kann uns wie ein und derselbe Laut vorkommen. Und umgekehrt kann uns dieser eine Laut völlig anders vorkommen als bestimmte andere Laute, obwohl diese ihm physikalisch sehr ähnlich sind. Nehmen wir an, Sie verändern mit Hilfe eines Sprach-Synthesizers langsam und kontinuierlich einen bestimmten Aspekt eines Lauts – zum Beispiel des Konsonantenlauts *r*. Diesen sich langsam verändernden Laut spielen sie anderen Menschen vor. Ganz allmählich und kontinuierlich wird das *r* zu einem *l*. Was das Ohr der Zuhörer tatsächlich erreicht, ist eine Folge von Lauten, von denen jeder sich ein ganz klein wenig vom vorhergehenden unterscheidet. Aber was die Zuhörer wahrnehmen, ist, dass jemand denselben Laut *r* ständig wiederholt, dann plötzlich zu dem Laut *l* übergeht und nun diesen ständig wiederholt. Die Zuhörer haben das kontinuierliche Tonsignal in zwei genau definierte Kategorien aufgeteilt: Entweder ist es ein *r* oder ein *l*, aber nicht irgendetwas dazwischen. Sie können nicht zwischen den ganzen verschiedenen *r*'s unterscheiden, obwohl die Laute selbst ganz unterschiedlich sind. Wissenschaftler bezeichnen dies als Wahrnehmung in Kategorien, weil man eine sich kontinuierlich verändernde Lautfolge kategorisch als entweder schwarz oder weiß, *r* oder *l* wahrnimmt und nicht als irgendein Mittelding.

Die Art, wie wir gesprochene Sprache in Kategorien wahrnehmen, ist bei jeder Sprache einzigartig. Im Englischen unterscheidet man genau zwischen *r*- und *l*-Lauten. Japaner tun das nicht. Tatsächlich können Japaner den Unterschied zwischen dem amerikanischen *r* und *l* überhaupt nicht wahrnehmen, sogar dann nicht, wenn sie sehr genau hinhören. (Daher kommen all die zweifelhaften Witze über Japaner, die im Restaurant etwas bestellen, was sich statt »fried rice« [gebratener Reis] wie »flied lice« [etwa: geflogene Läuse] anhört.) Pat reiste nach Japan, um japanische Erwachsene und ihre Babys auf die *r*-*l*-Unterscheidung zu testen. Behutsam hatte sie ihre Computer-Diskette mit den *r*- und *l*-Lauten nach Japan transportiert, und als sie im Institut in Tokio angekommen war, spielte sie sie mit einem teuren Yamaha-Lautsprecher ab. Sie dachte, dass ihre japanischen Kollegen, die recht gut Englisch sprachen und außerdem professionelle Sprachwissenschaftler waren, diese klar artikulierten Laute sicher voneinander würden unterscheiden können. Die Wörter *rake, rake, rake* ertönten aus den Lautsprechern und Pat stellte erleichtert fest, dass die Diskette funktionierte und der Sound perfekt war. Dann veränderte sich die Wortkette zu einem ebenso klaren *lake, lake, lake*. Pat und ihr amerikanischer Assistent lächelten und sahen die japanischen Kollegen erwartungsvoll an. Doch die hörten immer noch angestrengt hin, um festzustellen, wann sich der Laut denn nun ändern würde. Der Wechsel von *rake* zu *lake* war ihnen komplett entgangen. Pat versuchte es wieder und wieder, aber ohne Erfolg.

Natürlich passiert uns das allen, wenn wir versuchen, Unterscheidungen zu hören, die in einer Sprache getroffen werden, die nicht unsere eigene ist. Nehmen wir an, wir holen wieder den Sprach-Synthesizer zu Hilfe und ändern diesmal den Laut *b* langsam und kontinuierlich in ein *p*. Nun testen wir bei Menschen mit vielen verschiedenen Muttersprachen, ob sie diese Laute unterscheiden können. Amerikaner werden zwei scharf getrennte Kategorien hören, *b* und *p*. Spanier und Franzosen, die dieselben Laute hören, nehmen ebenfalls zwei Kategorien wahr, doch teilen sie den kontinuierlichen Strom von Lauten an einer anderen Stelle als die Amerikaner. Was einem Spanier wie ein *b* vorkommt, klingt für den Englisch sprechenden Hörer wie *p*. Zuhörer, deren Muttersprache Thai ist, hören drei Kategorien. In jedem Fall hören die Zuhörer abrupte Wechsel – Quantensprünge – zwischen den Kategorien, niemals Mitteldinge. Aber die Spanier, Franzosen und Thais hören diese Quantensprünge an verschiedenen Stellen. Und wir Englisch sprechenden Hörer merken nicht einmal, wenn für die Spanier, Franzosen oder Thais eine neue Kategorie beginnt – genauso wenig, wie die Japaner den Wechsel von *rake* zu *lake* bemerkten. Anscheinend verwandeln die Sprecher jeder Sprache die Schallwellen, die ihre Ohren erreichen, auf ganz unterschiedliche Weise in sprachliche Laute.

Warum hören und produzieren Menschen mit unterschiedlicher Muttersprache die Laute auf so unterschiedliche Weise? Ohren und Münder sind auf der ganzen Welt gleich. Was unterschiedlich ist, sind unsere Gehirne. Dass wir einer bestimmten Sprache ausgesetzt sind, hat unser Gehirn verändert und unser Bewusstsein geformt, und deswegen nehmen wir Laute jetzt unterschiedlich wahr. Dies wiederum führt dazu, dass Menschen mit unterschiedlicher Muttersprache Laute unterschiedlich aussprechen. Wann und wie fangen Babys aber damit an? Hören sie anfangs wie ein Computer zu, ohne Unterschiede zwischen den Kategorien zu machen? Oder gehen sie von den Kategorien einer bestimmten Sprache aus, zum Beispiel der englischen, japanischen oder russischen?

Wir können Babys nicht direkt fragen, ob sie glauben, dass zwei Laute gleich oder unterschiedlich sind. Aber herausfinden können wir es trotzdem. Sehr kleine Babys können uns mitteilen, was sie hören, indem sie an einem speziell angefertigten Nippel saugen, der mit einem Computer verbunden ist. Durch das Saugen an dieser Spezialvorrichtung wird keine Milch erzeugt, sondern Laute aus einem Lautsprecher – für jedes kräftige Saugen gibt es einen Laut. Babys lieben diese Laute fast so sehr wie Milch: Manchmal saugen sie bis zu 80-mal pro Minute, damit die Laute weiter ertönen. Aber irgendwann werden die Babys langsamer – es langweilt sie, dasselbe immer wieder zu hören. Sobald sich der Laut jedoch ändert, spitzen die Babys sofort die Ohren und saugen wieder ganz schnell, um den neuen Laut zu hören. Dieses veränderte Saugverhalten zeigt, dass sie einen Unterschied zwischen dem neuen Laut und dem zuvor gehörten wahrnehmen. Mit dieser Technik können wir nun dasselbe *r*- und *l*-Experiment durchführen, das wir gerade für Erwachsene beschrieben haben. Mit einem Sprach-Synthesizer können wir den Babys einen konsonantischen Laut vorspielen, der sich langsam und stetig verändert. Dann können wir die Babys testen, um herauszufinden, welche Laute ihrer Meinung nach gleich und welche unterschiedlich sind.

Wissenschaftler hatten erwartet, dass diese Tests zeigen würden, dass sehr kleine Babys die subtilen Unterschiede zwischen sprachlichen Lauten zunächst nicht hören können und erst allmählich lernen, diejenigen Laute zu unterscheiden, die in ihrer jeweiligen Sprache wichtig sind – im Englischen zum Beispiel das *r* und das *l*. Doch tatsächlich verhielt es sich genau umgekehrt. Bei den allerersten Tests, bei denen amerikanische Säuglinge Englisch hörten, unterschieden einmonatige Babys zwischen sämtlichen englischen Lautkontrasten, mit denen wir sie bombardierten. Außerdem demonstrierten die Babys auch das Phänomen der Wahrnehmung in Kategorien. Sie dachten genau wie Erwachsene mit englischer Muttersprache, dass alle *r*'s gleich seien und sich von allen *l*'s unterschieden.

Kurz danach jedoch entdeckten Sprachwissenschaftler etwas noch viel Bemerkenswerteres. Afrikanische Kikuyu-Babys und spanische Babys in Mexiko konnten die Laute des amerikanischen Englisch ebenfalls ausgezeichnet unterscheiden und dazu noch die spanischen und die Kikuyu-Laute. Und amerikanische Babys konnten genauso gut spanische Laute unterscheiden – viel besser als amerikanische Erwachsene. Die gebildeten japanischen Wissenschaftler, die es nicht schafften, den Unterschied zwischen *rake* und *lake* herauszuhören, hätten damit keine Schwierigkeiten gehabt, als sie vierzig oder fünfzig Jahre jünger waren. Sehr kleine Babys konnten nicht nur die Laute ihrer eigenen Sprache unterscheiden, sondern die jeder Sprache – darunter Laute von Sprachen, die sie noch niemals zuvor gehört hatten. Wenn Säuglinge amerikanisches Englisch hörten, schnitten sie genauso gut ab, wie wenn sie afrikanisches Kikuyu, Russisch, Französisch oder Chinesisch hörten – ganz gleich, in welchem Land sie aufwuchsen. Pat entdeckte außerdem, dass Babys diese Unterschiede, im Gegensatz zu Computern, unabhängig davon treffen, wer spricht – ein Mann oder eine Frau, eine Person mit hoher, schriller Stimme oder jemand, der tief und volltönend spricht.

Demnach wissen Babys bei der Geburt weit mehr über Sprache, als wir jemals geglaubt hätten. Neugeborene gehen bereits weit über die eigentlichen physikalischen Töne hinaus, die sie hören, und teilen sie in abstraktere Kategorien ein. Und sie können alle Unterschiede treffen, die in sämtlichen Sprachen der Welt gemacht werden. Babys sind »Weltbürger«. Vielleicht haben wir erwachsenen Wissenschaftler das nicht vorausgesehen, weil unsere eigenen Fertigkeiten so viel eingeschränkter sind. Unsere Weltbürger-Babys überrunden ihre kulturgebundenen Eltern eindeutig.

Auf die Laute achten:
Wie man ein sprachspezifischer Zuhörer wird

Die Antwort auf das eine Rätsel schafft ein neues. Wenn Babys bei der Geburt wie universale Linguisten hören können, wie werden sie dann zu kulturgebundenen Sprachspezialisten? Japanische Babys lernen Englisch, wenn sie in Amerika aufwachsen, und Japanisch, wenn sie in Japan groß werden. Wann lernt ein japanisches Baby, dass es in seiner Sprache egal ist, ob es einen *r*- oder einen *l*-Laut produziert, weil die Erwachsenen in seiner Kultur den Unterschied ohnehin nicht hören können und er im Japanischen zu keinem Bedeutungsunterschied führt? Wann lernt das amerikanische Baby, dass der Unterschied zwischen den beiden spanischen *b*'s im Englischen keine Rolle spielt? Die meisten Wissenschaftler glaubten zunächst, Babys würden diese sprachspezifischen Unterschiede erst zu würdigen wissen, wenn sie schon viele sprachliche Bedeutungen gelernt haben.

Um diese Frage zu beantworten, mussten wir Babys testen, die ihre Muttersprache bereits eine Zeit lang gehört hatten. Nach etwa vier Monaten saugen viele Babys nicht mehr so gern, um Computertöne zu aktivieren. Daher funktioniert diese Technik jetzt weniger gut. Aber ein anderer Test funktioniert bei sechs- bis zwölfmonatigen Babys hervorragend. Die Babys sitzen auf dem Schoß von Vater oder Mutter. Zu ihrer Rechten befindet sich eine Person, die ihr Interesse wach hält, indem sie langsam alles Mögliche mit Spielsachen anstellt – sie lässt eine Plastikspinne baumeln, dreht ein Spielzeugpferd herum oder tut andere interessant anzusehende Dinge. Links von den Babys befindet sich ein Lautsprecher, auf dem oben ein schwarzer Behälter steht. Aus dem Lautsprecher ertönt ständig derselbe Laut, etwa *oo, oo, oo*. Hin und wieder wird der Laut zu *ii ii ii*. Wenn die Babys hören, dass sich der Laut verändert, werden sie meist von der interessanten Person abgelenkt und blicken zu dem Lautsprecher hinüber. Sobald sie das tun, leuchtet der schwarze Behälter auf dem Lautsprecher auf. In dem Behälter tanzt zur Freude der Babys ein Bär oder ein Affe schlägt eine Trommel. Dann ist die Vorführung zu Ende und die Babys wenden sich wieder der interessanten Person zu ihrer Rechten zu. Schnell haben die Babys begriffen, dass sie etwas Interessantes zu sehen bekommen, falls sie sich dem Lautsprecher zuwenden, wenn sich der Laut verändert. Daran, ob sie nun den Kopf drehen oder nicht, können wir ablesen, ob sie die Änderung des Lauts bemerken.

Als Pat nach Japan fuhr, um japanische Erwachsene bezüglich der *r*- und *l*-Laute zu testen, testete sie auch Babys. Japanische und amerikanische Babys von sieben Monaten konnten gleich gut zwischen *r* und *l* unterscheiden. Aber schon drei Monate später waren die beiden Babygruppen so unterschiedlich wie Tag und Nacht. Mit zehn Monaten konnten japanische Babys den Übergang von *r* zu *l* nicht mehr hören. Amerikanische Babys dagegen konnten ihn nicht nur sehr wohl hören, sondern jetzt sogar noch viel besser als zuvor. Eine frühere Untersuchung mit Babys, die bei englischsprachigen Eltern aufwuchsen, hatte ähnliche Resultate erbracht. Sie hatte gezeigt, dass sechs Monate alte kanadische Babys Hindi-Laute unterscheiden konnten, die kanadische Erwachsene nicht unterscheiden können. Mit zwölf Monaten jedoch konnten es kanadische Babys auch nicht mehr.

Wenn Babys uns sprechen hören, sortieren sie die Laute, die sie wahrnehmen, geschäftig in die richtigen Kategorien ein – diejenigen Kategorien, die ihre jeweilige Sprache kennt. Wenn die Babys etwa ein Jahr alt sind, ähneln ihre Sprachkategorien allmählich denen der Erwachsenen in ihrer jeweiligen Kultur. Pat führte einige noch kompliziertere Experimente mit schwedischen Babys durch. Dabei benutzte sie einfache Vokale, um festzustellen, wie früh die Babys anfangen, die Laute ihrer Sprache nach Erwachsenen-Art zu ordnen. Sie zeigte, dass der Prozess im Alter von sechs Monaten bereits begonnen hat. Der Zeitraum zwischen dem sechsten und dem zwölften Monat scheint die kritische Phase für die Kategorisierung der Laute zu sein.

Was geschieht nun zwischen dem sechsten und dem zwölften Monat mit den Babys? Vorstellbar wäre, dass sie etwas entwickeln, was Pat als prototypische Laute bezeichnet. Nachdem Babys beispielsweise viele englische *r*-Laute gehört haben, entwickeln sie eine abstrakte Repräsentation von einem *r* – ein prototypisches *r* – und speichern sie im Gedächtnis. Wenn wir einen neuen Laut identifizieren wollen, tun wir das offenbar, indem wir den neuen Laut mit allen Prototypen vergleichen, die wir für unsere Sprache gespeichert haben, und dann denjenigen Prototyp auswählen, der insgesamt am besten passt. Sobald wir das unbewusst getan haben, verzerren wir den Laut beim Hören, damit er stärker dem gespeicherten Prototyp ähnelt als der Laut, der eigentlich unsere Ohren erreicht hat.

Das ist ein ähnlicher Vorgang, wie wenn man Menschen eine Zeichnung von etwas zeigt, das sie schon sehr häufig gesehen haben – etwa das Bild eines Hauses –, und sie dann bittet, das Bild aus dem Gedächtnis nachzuzeichnen. Wenn das betreffende Haus keinen Kamin hat, werden viele Leute trotzdem einen Kamin zeichnen. Sobald sie das Bild als Haus identifiziert haben, verzerren sie ihre Erinnerung, damit das Bild dem ähnlicher wird, was wir als prototypisches Haus betrachten. Wir können komplizierte Analysen durchführen, um zu zeigen, welches die Prototypen unserer Sprachlaute genau sind und wie wir das, was wir hören, genau verzerren, damit es diesen Prototypen entspricht. Unsere Sprachprototypen »filtern« die Laute so, dass sie genau zu unserer spezifischen Sprache passen. Dadurch sind wir dann nicht mehr fähig, einige der Unterschiede zu hören, die andere Sprachen aufweisen. Pats Tests deuten darauf hin, dass sich die Sprachprototypen bei Babys im Alter zwischen sechs und zwölf Monaten herausbilden.

Dabei haben die kleineren Babys jedoch nicht einfach eine Fähigkeit, die sie später verlieren. Vielmehr ändert sich in den ersten Lebensmonaten die gesamte Struktur des Systems, nach dem Babys Lautveränderungen einordnen. Noch bevor sie ein Jahr alt sind, haben die Babys begonnen, der chaotischen Welt der Laute eine komplizierte, aber logische Struktur zu verleihen, die spezifisch für ihre jeweilige Sprache ist. Früher glaubten wir, dass Babys zuerst Wörter lernen und die Wörter ihnen dann helfen, festzustellen, welche Laute für ihre Sprache wichtig sind. Aber diese Forschungen haben bewiesen, dass es sich genau umgekehrt verhält. Babys beherrschen zuerst die Laute ihrer Sprache und können dadurch die Wörter leichter lernen.

Wenn Babys ungefähr ein Jahr alt sind, wenden sie sich von den Lauten den Wörtern zu. Wörter sind in den fortlaufenden Strom von Lauten eingebettet, den wir hören, und eigentlich sind sie schwierig zu finden. Ein Problem, das die Computer bisher nicht lösen konnten, besteht in der Frage, wie man die einzelnen Lautkombinationen, die Wörter sind, identifiziert, ohne zu wissen, was sie bedeuten. Versuchen Sie, die Worte in der folgenden Buchstabenkette zu finden: *theredonateakettleoftenchips*. Die Kette enthält viele verschiedene Wörter: *The red on a teakettle often chips* oder *There, Don ate a kettle of ten chips* und so weiter. In der geschriebenen Sprache befinden sich normalerweise natürlich Leerräume zwischen den Wörtern. Aber in der gesprochenen Sprache gibt es zwischen den Wörtern eigentlich überhaupt keine Pausen. Das ist der Grund, warum sich eine fremde Sprache so schnell und gleichmäßig anhört und warum das Sprachproblem für Computer so ungeheuer schwer zu lösen ist.

Bestimmte allgemeine Regeln über die Worte in ihrer speziellen Sprache lernen Babys anscheinend, noch bevor sie gelernt haben, die Wörter selbst zu sprechen. Mit neun Monaten haben sie zum Beispiel gelernt, dass es im Englischen Wörter mit einem bestimmten Betonungsmuster gibt: Wörter, bei denen die Betonung auf der ersten Silbe liegt, wie etwa bei BASEball oder POPcorn, kommen häufiger vor als die umgekehrte Betonung (wie etwa in dem Wort surPRISE). Im Holländischen ist es genau umgekehrt: Die erste Silbe wird seltener betont als die letzte. Wenn amerikanische Babys den neunten Lebensmonat erreicht haben, hören sie lieber Wörter, die das amerikanische Muster aufweisen, während holländische Babys Wörter nach holländischem Muster vorziehen – und das, obwohl die Babys in diesem Alter die Bedeutung der Wörter noch gar nicht verstehen.

Nachdem Babys gelernt haben, welche Laute in ihrer Sprache möglich sind, lernen sie, welche Lautkombinationen möglich sind. Zum Beispiel ist die Lautkombination *zb* im Englischen nicht möglich. Kein englisches Wort enthält diese Kombination. Im Polnischen jedoch ist diese Kombination möglich. (Zbigniew Brezinski, Präsident Carters nationaler Sicherheitsberater, hätte schon deswegen nie Präsident werden können, weil kaum ein Amerikaner seinen Namen aussprechen konnte.) Mit neun Monaten lassen Babys erkennen, dass sie lieber Lautkombinationen hören, die in ihrer Sprache möglich sind, selbst wenn diese Kombinationen in ihrer Sprache keine richtigen Wörter bilden, sondern nur potenzielle Wörter. Amerikanische Babys von neun Monaten haben mit Wörtern wie *Zbigniew* bereits Schwierigkeiten, während sie für polnische Babys kein Problem darstellen. Wenn man weiß, welche Laute in der eigenen Sprache möglich sind, hilft einem das, allmählich den kontinuierlichen Redefluss in Wörter zu unterteilen, selbst wenn man nicht weiß, was diese Wörter bedeuten. Ist man Amerikaner, kann man bereits die Lautketten ausschließen, in denen ein *zb* vorkommt oder die ein falsches Betonungsmuster aufweisen.

Babys lernen also lange, bevor sie selbst sprechen, etwas über die gesprochene Sprache. Den Eltern fällt aber natürlich am meisten das auf, was die Babys tatsächlich sagen. Ganz gleich, ob Babys in Paris, Simbabwe, Berlin oder Moskau geboren werden, mit ungefähr drei Monaten fangen sie zu glucksen an. Sie geben entzückende kleine *ooh*- und *aah*-Laute von sich, wenn Vater oder Mutter sie anschauen, mit ihnen sprechen und sie anlächeln. Babys scheinen intuitiv zu verstehen, dass Menschen sich bei dieser Art von Austausch abwechseln. Sie glucksen, wir antworten mit sentimentalem Geplapper und so *unterhalten* wir uns zum ersten Mal mit unseren Kindern. Babys haben schon eine Ahnung, wie Dialoge funktionieren.

Kurze Zeit später, mit ungefähr sieben oder acht Monaten, fangen die Babys zu babbeln an. Sie beginnen, Silbenreihungen von sich zu geben, die aus Konsonanten und Vokalen bestehen, *dadadada* oder *babababa*. Babys aus allen Kulturen babbeln zunächst auf identische Weise: Sie produzieren Kombinationen aus Konsonanten und Vokalen und benutzen dabei Laute wie *b*, *d*, *m* und *g*, jeweils zusammen mit dem Vokal *ah*. Pat und Andy erinnern sich noch lebhaft daran, wie ihre Tochter Katherine zu babbeln anfing. Als Sprachwissenschaftlerin hatte Pat schon seit Monaten auf den Augenblick gewartet, in dem es mit dem Babbeln losging. Sie hatte sogar einen Recorder aufgestellt, in der Hoffnung, den Moment auf Band festhalten zu können. Eines Morgens setzte Pat Kate in den Kinderwagen, um sie spazieren zu fahren. Unterwegs machte sie bei Starbucks eine Pause, um einen Caffé latte zu trinken (schließlich lebt sie in Seattle). Während sie ihre Bestellung aufgab, gluckste und gurgelte Kate fröhlich die wartenden Kunden an. Dann ertönte auf einmal ein lautes *Babababa*. Pat erstarrte, wartete auf eine Wiederholung und bat die Kassiererin und die Stammgäste, zur Bestätigung ebenfalls zuzuhören. Während die Gäste voller Spannung auf den Stuhlkanten saßen, machte Kate fröhlich weiter *Babababa*. Sie babbelte wie aufgezogen, genau wie alle Babys auf der ganzen Welt.

Wenn Babys erst den Meilenstein des Babbelns erreicht haben, ist die universale Phase der Sprachproduktion zu Ende. Irgendwann im Alter von einem bis eineinhalb Jahren beginnen Babys aus verschiedenen Kulturen, die verschiedene Sprachen lernen, diejenigen Geräusche von sich zu geben, die für ihr eigenes Volk charakteristisch sind. Das chinesische Baby fängt auf eine Weise zu babbeln an, die chinesisch klingt. Dabei wechselt es sehr schnell zwischen den Tonhöhen hin und her, genau wie erwachsene Chinesen. Schwedische Babys babbeln auf unverkennbar schwedische Weise, mit der ansteigenden Intonation, die auch für erwachsene Schweden typisch ist. (Sie hören sich ein bisschen an wie der schwedische Koch in der *Muppet Show*.)

Die ersten Wörter

Bis jetzt haben wir darüber gesprochen, wie Kinder das Lautsystem der Sprache verstehen lernen, die sie hören. Dieses scheinbar geringfügige Problem hat sich als äußerst kompliziert herausgestellt. Babys haben während des ganzen Kleinkindalters schwer daran zu arbeiten. Und dabei haben wir noch nicht einmal mit dem angefangen, was die meisten von uns für das zentrale Problem der Sprache halten: Lernen, was die Wörter bedeuten.

Wie wir schon gehört haben, dachte Augustinus, dass es eine einfache Lösung für das Problem gäbe: Kinder sehen Dinge, hören, wie ihre Eltern die Dinge benennen, und assoziieren die Dinge dann mit den Namen. Rein intuitiv hört sich diese Idee für uns sehr gut an. Wenn Sie Durchschnittseltern fragen – oder auch Durchschnittspsychologen –, wann Babys zu sprechen beginnen, dann werden sie Ihnen davon erzählen, wie ein Baby die ersten Namen gesagt hat. Da Eltern nun einmal recht egozentrisch sind, berichten sie meist vom ersten *Mama* und *Papa*. Jedoch stellt sich heraus, dass die »Babynamen« für Mutter und Vater in einer ganzen Reihe sehr unterschiedlicher Sprachen ziemlich ähnlich klingen. Zu »Mama« und »Papa« gesellen sich »Mati« und »Ta-

138

ta«. Natürlich sind das genau die Laute, die Babys wahrscheinlich ganz spontan hervorbringen, wenn sie babbeln. Somit ist nicht ganz klar, ob Babys »Mama« und »Papa« sagen, weil ihre geliebten Eltern sich so nennen, oder ob sich Eltern Mama und Papa nennen, weil die Babys das sowieso sagen.

Während Philosophen, Psychologen und Eltern sich so sicher waren, dass sie wussten, wie Babys zu sprechen anfangen, wurden die Babys selbst erst in den 70er Jahren konsultiert. Mit dem Aufkommen der Videoaufnahmen konnte man nun richtig verfolgen, was Kinder sagen und wann sie es sagen. Die Resultate waren überraschend. Babys sagten wirklich »Mama« und »Papa« (die Eltern waren also nicht völliger Selbsttäuschung erlegen) und auch »Saft«, »Ball« und »Wauwau«. Aber sie sagten noch viele andere Dinge, die die Erwachsenen gar nicht bemerkten. Vielleicht deshalb nicht, weil die Wörter, die die Kinder benutzten, so eigenartig waren. Zu den ersten Wörtern, die die Babys fortwährend sagten, gehörte zum Beispiel »weg«, »da«, »uh-oh«, »mehr« und »Was ist das?«. Warum diese ziemlich merkwürdigen Wörter? Und was bedeuteten sie den Babys?

Alison machte sich daran, das herauszufinden. Sie war nach Oxford gegangen, um Philosophie zu studieren. Aber da sie sich für die Anfänge der Sprache interessierte, verbrachte sie jede Woche viele Stunden damit, in den großen, zugigen Zimmern der Villen in North Oxford Babys zu beobachten. Die grandiosen Gebäude sind in einzelne Wohnungen aufgeteilt worden, haben aber immer noch etwas von der Atmosphäre, die sie zu der Zeit hatten, als Lewis Carroll den Töchtern von Dekan Liddell Geschichten aus dem Wunderland erzählte. Oxford ist immer noch grau, nass und düster und voll vornehmer, kühler Gebäude und Gesichter. Und immer noch ist es nirgends vornehmer und kühler als in der Logic Lane, wo die Philosophie-Vorlesungen gehalten werden. Aber trotzdem gibt es in Oxford auch immer noch helle Zimmer voller Kleinkinder mit leuchtend roten Haaren, die um Tische mit Cremekuchen und Milchtee sitzen. Und es gibt kleine, von Eisengittern umgebene Vorgärten, in denen rotbackige Dreijährige Ball spielen. Die Kinder übten auf die junge amerikanische Philosophin Alison eine ähnliche Wirkung aus wie hundert Jahre zuvor auf den ältlichen, unverheirateten Logiker Lewis Carroll. Verglichen mit den leicht bedrohlich wirkenden, äußerst exzentrischen Wesen in der Logic Lane waren sie ein klarer, warmer Lichtblick. Aber dennoch hatte die kleine Kinderwelt ihre eigenen Geheimnisse und Merkwürdigkeiten, auch wenn diese oft vernünftiger erschienen als die gesellschaftlich akzeptierten Verrücktheiten der Außenwelt.

Denn wenn die Sprache der Kinder oberflächlich betrachtet auch einfacher war als die gewundenen Paragraphen der Logic Lane, so war sie auf ihre ganz eigene Weise doch genauso eigenartig. Riet man, was ein Wort wohl bedeuten könnte, stellte sich fast immer heraus, dass man mit der ersten Vermutung falsch gelegen hatte. Zum Beispiel gehörte das Wort *gone* (»weg«) zu den häufigsten Wörtern, die diese Kinder benutzten. Wenn Eltern von diesem Wort überhaupt Notiz nehmen, denken sie, dass es etwas mit dem Aufessen zu tun hat. Tatsächlich aber benutzten die Kinder dieses Wort selten in diesem Zusammenhang. Einmal zeichnete Alison auf Band auf, wie Henry, ein besonders pausbäckiger Junge von 18 Monaten, immer wieder »gone« sagte. Dabei drehte er zunächst (siebenmal hintereinander) ein kleines Stückchen Wachspapier um, sodass der braune Zucker, der darauf klebte, nicht mehr zu sehen war. Außerdem blätterte er die Seiten eines Bilderbuchs um, sodass das jeweilige Tier auf der Seite nicht mehr sichtbar war, versteckte einen Ring unter dem Saum von Alisons Rock (zwölfmal hintereinander), legte ein Holzklötzchen in einen Kinderbriefkasten (siebenmal hintereinander) und suchte klagend nach Mami, die zu einer Nachbarin gegangen war (»Mummy gone!« – denken Sie an Jackie Coogan in *The Kid*).

Es stellte sich dabei heraus, dass *gone* weder viel mit Essen zu tun hatte noch mit der Art, wie Erwachsene dieses Wort gebrauchen. Stattdessen benutzten Henry und die anderen Babys, die Alison beobachtete, das Wort *gone*, um die vielen verschiedenen Dinge zu beschreiben, die aus der Sicht verschwinden. Sie kommentierten die Tatsache, dass sie etwas nicht mehr sehen konnten, obwohl sie wussten, dass es noch irgendwo war.

140

Alison entdeckte, dass es noch eine Reihe anderer Wörter gab, die ähnlich wie *gone* zu funktionieren schienen. Zum Beispiel verwenden Babys oft ein bestimmtes Wort, um zu zeigen, dass ihnen etwas gelungen oder nicht gelungen ist. Amerikanische Kinder sagen *there!* (»da«), um ihre Erfolge anzuzeigen, und *uh-oh*, um Fehlschläge zu beschreiben. Die Babys in den Villen von Oxford kommentierten Fehlschläge mit dem gewählteren Ausdruck *oh dear* (wobei ein britisches Baby allerdings einmal ein kurzes, aber denkwürdiges *oh bugger* – »au Scheiße« – von sich gab). Die meisten Eltern halten *uh-oh* gar nicht für ein Wort, schon gar nicht für ein wichtiges. Doch es gehört durchwegs zu den allerersten Wörtern, die englische und amerikanische Kinder benutzen. Später fanden wir heraus, dass auch koreanische und französische Babys ihre speziellen Wörter haben, um zu beschreiben, dass sie etwas geschafft oder nicht geschafft haben (französische Einjährige, denen es gelingt, einen ziemlich wackligen Turm aus Bauklötzchen zu errichten, pflegen das mit einem gallisch-großartigen *Voila!* kundzutun).

Sogar mit den ersten Namen, die Kinder verwenden, hat es mehr auf sich, als Augustinus – oder Eltern – wohl vermutet haben. Das Entzücken eines Vaters, wenn das Baby seinen Namen sagt, wird vermutlich etwas abflauen, wenn das Baby auch Papas besten Freund mit einem begeisterten »Dada!« begrüßt. Und den Postboten. Und den Fernsehmechaniker. Ein kleiner Trost mag da sein, dass das Haustier der Familie das gleiche Schicksal erleidet: Jedes Tier, vom Ameisenbär bis zum Zebra, ist ein »Wauwau«. Eine Sprachwissenschaftlerin berichtete, dass ihre Tochter mit dem Wort *Mond* den echten Mond bezeichnete, aber auch Lampen, Orangen und sichelförmig abgeschnittene Fingernägel. Genau wie Babys *uh-oh* oder *gone* auf immer neue Situationen anwenden, verwenden sie auch die ersten Namen in umfassender Weise. Sie versuchen, Sinn in die Sprache zu bringen, die sie hören, indem sie sie auf Begriffe anwenden, die ihnen wichtig erscheinen. Sie verwenden Wörter so, wie es für sie sinnvoll ist, selbst wenn Erwachsene die Wörter nicht so benutzen.

Ganz zu Anfang verwenden Kinder nur wenige Namen, meist für Dinge und Menschen, die ihnen vertraut sind. Aber schon bald, während sie immer noch im sprachlichen Frühstadium sind, fangen viele Kinder plötzlich an, alles und jedes zu benennen und bei allem, was sie sehen, nach dem Namen zu fragen. Tatsächlich gehört die Frage *Was is das?* selbst oft zu den ersten Wörtern. Ein 18 Monate altes Kind wird immer wieder in wildem Triumph anfangen zu zeigen und Namen zu geben: »Was is das! Hund! Was is das! Uhr! Was is das, Saft, Löffel, Orange, hoher Stuhl, Uhr! Uhr! Uhr!« An diesem Punkt können sogar zärtlich-aufmerksame Eltern oft nicht mehr verfolgen, wie viele neue Wörter das Kind gelernt hat. Es ist, als hätte es plötzlich entdeckt, dass alles einen Namen hat, und als würde diese Entdeckung quasi eine Explosion der Namensgebung auslösen.

Wie sich herausstellt, kann man experimentell nachweisen, dass Kinder in diesem Stadium die Wörter nach einer neuen Methode lernen. Sagen Sie einem Baby nur ein Mal ein unsinniges Wort, mit dem Sie einen neuen Gegenstand bezeichnen (»Schau, ein Dux!«, sagen Sie und zeigen auf einen automatischen Apfelschäler), und das Baby wird dieses Wort dauerhaft in sein Vokabular aufnehmen. Noch Wochen oder Monate später wird es den »Dux« korrekt identifizieren. Ein einziges augenfälliges Beispiel genügt und die Babys haben ein Wort dauerhaft verinnerlicht (was manchmal natürlich recht peinliche Folgen hat). Dieser Prozess wird als »Fast Mapping« bezeichnet. Babys scheinen sofort davon auszugehen, dass der neue Name, den sie hören, das neue Ding bezeichnet, das sie gerade gesehen haben. Babys beginnen etwa zur selben Zeit mit dem Fast Mapping, in der sie explosionsartig Namen vergeben.

Sprache ist ebenso erfunden wie erlernt. Babys saugen nicht einfach Assoziationen zwischen Namen und Dingen auf und ahmen auch nicht nur nach, wie die Erwachsenen ein Wort benutzen. Stattdessen bauen sie die Sprache aktiv so um, dass sie ihren Bedürfnissen entspricht. Wenn sie ein Wort benötigen, um Fehlschläge oder das Verschwinden von Dingen zu beschreiben, stellen sie ungeniert ein *alles weg*, ein *uh-oh* oder sogar ein *au Scheiße* in ihren Dienst. Brauchen sie ein Wort für Tiere aller Art, dann wird einfach der *Wuuwau* eingespannt.

Wenn man ein paar Vermutungen darüber anstellen kann, was die Leute zu sagen versuchen, hilft das ebenfalls sehr beim Dechiffrieren ihrer Sprache. Experimente zeigen, dass Kinder etwas über die Absichten anderer Menschen wissen und dieses Wissen einsetzen, um herauszufinden, was Wörter bedeuten. Diese Experimente demonstrieren auch, dass Augustinus noch in anderer Hinsicht Unrecht hatte.

Hätte Augustinus Recht gehabt, was würde dann passieren, wenn ein Kind zufällig einen Apfel ansieht, während Papa fragt: »Wo sind die Birnen?« Es wäre schachmatt und würde jetzt fälschlicherweise glauben, dass *Birnen Apfel* bedeutet. Doch nicht einmal Kleinkinder begehen diesen Fehler. Angenommen, man lässt ein 18 Monate altes Kind einen neuen Gegenstand ansehen, zum Beispiel eine Kartoffelpresse, während die Mutter auf einen anderen Gegenstand blickt, zum Beispiel eine Bratenspritze. Die Mutter sagt: »Oh, schau, ein Dux!« Nun legen Sie dem Kind beide Gegenstände hin und sagen: »Zeig mir den Dux.« Wie sich herausstellt, nimmt das Kind an, dass mit dem *Dux* die Bratenspritze gemeint ist, also das Ding, das seine Mutter angesehen hat, und nicht etwa die Kartoffelpresse, die es selbst angesehen hat, als es das Wort hörte.

Man kann sogar noch kompliziertere Situationen konstruieren, wie etwa die folgende: Das Kleinkind und der Versuchsleiter sitzen an einem Tisch voller Spielsachen und der Versuchsleiter nimmt jedes Spielzeug in die Hand und schaut es an. Dann verlässt er den Raum. Während er fort ist, kommt jemand anderer herein und legt ein neues Spielzeug auf den Tisch. Nun kehrt der Versuchsleiter zurück und ruft aus: »Oh, schau, ein Dux!« Das Kind nimmt an, dass das neue Spielzeug der Dux ist. Genau das würden wir natürlich auch annehmen. Aber genau betrachtet ist eine Menge hoch entwickeltes Wissen über den anderen Menschen und über Kommunikation nötig, um diese Vermutung anstellen zu können. Das

Kind weiß offenbar, dass Menschen eher über Dinge sprechen, die ihnen neu sind, als über solche, die sie schon kennen. Und wieder zeigt sich, dass die Theorie des Augustinus, Kinder würden Sprache durch die Assoziation eines Dings mit einem Namen lernen, falsch ist. Im vorliegenden Fall sieht das Kind viele Dinge, wenn es den Namen hört, aber es verbindet den Namen mit demjenigen Ding, das dem anderen Menschen neu ist.

Aus Wörtern werden Sätze

Wörter zusammenzusetzen, um neue Sätze zu bilden und kompliziertere Bedeutungen zu formulieren, ist ein weiterer zentraler Teil der Sprache. Noch bevor Kinder drei Jahre alt sind, lösen sie auch diesen Teil des Sprachproblems. Viele Englisch sprechende Kinder durchlaufen dabei ein Stadium, in dem sie Wörter zu Zwei-Wort-Verbindungen zusammenbauen, wie das klagende »Mummy gone!« des kleinen Henry. Zwei interessante Beobachtungen lassen darauf schließen, dass sogar diese kleinen Kinder schon eine gewisse Ahnung von Grammatik haben. Erstens scheinen sie zu erkennen, dass in ihrer Sprache nur bestimmte Wortstellungen möglich sind. Sie sagen »Mummy gone«, aber nicht »gone Mummy«; »more cookie«, aber nicht »cookie more«. Zweitens verwenden sie bereits unterschiedliche Wortstellungen, um unterschiedliche Bedeutungen zum Ausdruck zu bringen. »Kiss Teddy« bedeutet, dass Mami den Teddybären küssen soll, während »Teddy kiss« bedeutet, dass der Bär Mami küssen wird (zweifellos mit Hilfe des Sprechers). Diese sehr simplen Zwei-Wort-Sätze folgen bereits bestimmten Regeln, auch wenn ein Zweijähriger diese Sätze vermutlich nie von jemand anderem gehört hat. Genau wie kleine Kinder Bedeutungen erfinden, erfinden sie auch Grammatikregeln.

Wenn Englisch sprechende Babys älter werden, fangen sie meistens an, längere und kompliziertere Sätze zu bilden. Jedoch klingen diese Sätze immer noch ziemlich anders als die der Erwachsenensprache. Jeder von uns bemerkt, dass Zwei- und Dreijährige sich einer charakteristischen, »Krümelmonster«-artigen Sprache bedienen (was natürlich genau der Grund ist, warum das Krümelmonster in der *Sesamstraße* so spricht). Weniger offensichtlich mag sein, dass »Krümelmonsterisch« eine ausgesprochen systematische Sprache ist. Sehr kleine Kinder lassen systematisch Wortendungen weg, wie etwa das Plural-s oder die Endung für die Vergangenheit, und verzichten auf »Grammatik-Wörter« wie Artikel oder Präpositionen. Sogar wenn man ein Kleinkind dazu zu bringen versucht, dass es einen Erwachsenen-Satz wortwörtlich wiederholt, kommt etwas ganz anderes dabei heraus. »Ich will den Brokkoli nicht, ich will die Kekse!« wird zu »Will kein Bokwi, will Kekse!« Kleine Kinder haben in vieler Hinsicht ihre eigene Sprache entwickelt, in der sie selbst die Regeln und die Grammatik bestimmen – genauso, wie sie selbst bestimmen, was die Wörter heißen sollen, die sie verwenden. Aber das Entscheidende ist, dass diese Sprache überhaupt Regeln und eine Grammatik hat.

Manche Kinder jedoch, besonders jüngere Geschwister, gehen die Grammatik ganz anders an. Statt mit einem Haufen einzelner Wörter zu beginnen und diese allmählich zu komplexeren Sätzen zusammenzubauen, machen sie es offenbar genau umgekehrt. Anscheinend schnappen sie vollständige Sätze auf und zerlegen sie dann in einzelne Wörter. Sie erfassen als Erstes die Intonationsmuster ganzer Erwachsenen-Sätze und ahmen diese Muster beim Babbeln nach. Oft klingt das, als würden sie fließend eine Sprache sprechen, die ihre Eltern leider nicht beherrschen, vielleicht Klingonisch oder Vulcanisch. Manchmal werden die überraschten Eltern plötzlich einen vollständigen Satz in ihrer eigenen Sprache hören – »Ich will bitte Kekse haben« – oder ein paar erkennbare Wörter, die in den klingonischen Satz eingebettet sind. Im Lauf der Zeit werden die merkwürdigen Sätze dann allmählich zu verständlicher Sprache.

Babys müssen nicht nur die Endungen von Verben und Substantiven lernen. Sie müssen auch lernen, wie man diese Endungen genau verwendet. Zum Beispiel ist es bei englischen Wörtern noch nicht damit getan, dass man ein *s* anhängt, um den Plural anzuzeigen. Wie steht es etwa mit dem Unterschied zwischen *boxes* (wo die Endung *iz* ausgesprochen wird) und *rods* (wo sie *z* ausgesprochen wird)? Von *women, children* und *sheep* gar nicht zu reden.

Kinder lernen – und entwickeln – ganz systematisch Regeln, um mit diesen Abweichungen umzugehen. Eine unserer allerersten experimentellen Studien zur Sprachentwicklung demonstrierte das. Man kann einem Kleinkind das Bild eines Fantasiewesens zeigen und sagen: »This is a wug« (»Das ist ein Wug«). Dann zeigt man ihm ein Bild, auf dem zwei dieser Fantasiewesen zu sehen sind, und fragt: »Das sind zwei von ihnen, was sind sie?« Mit vier oder fünf Jahren, allerdings nicht früher, wird das Kind fröhlich sagen: »They are wugs« (»Das sind Wugs«).

Paradoxerweise zeigen sogar die Fehler, die die Kinder machen, dass sie auf intelligente Weise lernen. Englisch sprechende Vorschulkinder verwenden oft erfundene Wörter wie *womans* (statt *women*) und *childs* (statt *children*). (Wenn Alisons Schwester von ihrer großen Familie erzählte, pflegte sie zu sagen »All of we's is childs« – »Alle wirs sind Kinders«.) Dabei bekommen die Kinder einige dieser Wörter anfangs oft sogar richtig hin – ein Zweijähriger sagt vielleicht sehr zur Freude der Erwachsenen zunächst »children«, nur um dann später die erfundene Form *childs* zu produzieren. Dieser »Fehler« zeigt jedoch eigentlich, dass das Kind die generelle Regel für die Pluralbildung gelernt hat.

Kinder, die verschiedene Sprachen lernen, gehen beim Lernen der Grammatik noch unterschiedlicher vor. Wir haben gesehen, dass schon sehr kleine Babys ein Gefühl für die speziellen Laute ihrer jeweiligen Sprache haben. In gleicher Weise scheinen selbst die jüngsten Kleinkinder bereits ein Gefühl für die Grammatik ihrer jeweiligen Sprache zu besitzen.

Wir haben erwähnt, dass beim englischen »Krümelmonsterisch« Substantiv- und Verb-Endungen weggelassen werden, etwa die Endungen für Plural und Vergangenheit. Im Englischen werden diese Endungen allerdings gar nicht so häufig verwendet wie in anderen Sprachen. Jeder englische Muttersprachler, der versucht hat, Französisch, Russisch, Spanisch, Latein oder praktisch jede andere Sprache zu lernen, wird sich voller Angst und Abscheu an das endlose Konjugieren und Deklinieren erinnern. (Wer eine andere Muttersprache hat, wird natürlich die englischen Präpositionen und Artikel ebenso abscheulich und verwirrend finden.) Kinder, die andere Sprachen lernen, schnappen Substantiv- und Verb-Endungen viel eher auf als Englisch sprechende Kinder und verwenden sie viel früher. Koreanische Kinder beispielsweise benutzen nicht nur viel früher viel mehr Verben – sie wenden auch die Verb-Endungen korrekt an, sogar dann, wenn sie nur einzelne Wörter sagen. Und französische Kinder scheinen fast mühelos mit den grammatikalischen Geschlechtern zurechtzukommen – eine Tatsache, die jeder absolut erstaunlich finden wird, der einmal versucht hat, Französisch zu lernen.

Wie machen sie das nur?

Wie bringen Kindern das fertig? Fest steht, dass es bestimmte genetische Grundlagen gibt, die den Menschen in die Lage versetzen, sich eine Sprache anzueignen. Mit dieser Tatsache hat sich die Linguistik eingehend beschäftigt. Aber Kinder müssen auch über leistungsfähige Lernmechanismen verfügen, besonders, um die spezifischen Eigenschaften ihrer jeweiligen Sprache lernen zu können. Außerdem sind die Erwachsenen offenbar darauf angelegt, den Babys beim Lernen zu helfen.

Wort-Blindheit: Legasthenie und Dysphasie

So wie es genetische Störungen gibt, die es schwer machen, den menschlichen Geist und die Welt zu verstehen, so gibt es auch genetische Störungen, die den Umgang mit der Sprache erschweren. Und auch hier demonstrieren die tragischen Beispiele wieder, dass wir angeborene Anlagen haben, die uns das Verstehen und das Sprechen ermöglichen.

Normal entwickelte Kinder vollführen zwar mühelos kleine Wunder mit den sprachlichen Lauten, aber nicht alle Kinder sind dazu im Stande. Es gibt Kinder, die perfekt hören und absolut intelligent sind, sich aber mit der Sprache trotzdem schwer tun. Wir wissen nicht genau, was diese Sprachstörungen verursacht. Jedoch wissen wir, dass sie in einer Familie jeweils gehäuft auftreten, was darauf hindeutet, dass genetische Faktoren mitspielen.

Oft treten Sprachprobleme erst zu Tage, wenn die Kinder lesen und schreiben lernen. Wenn ein Kind Schwierigkeiten mit dem Lautsystem der Sprache hat, kann es das oft ausreichend kompensieren, um die gesprochene Alltagssprache zu verstehen. Schließlich hat man bei alltäglichen Unterhaltungen vielerlei Anhaltspunkte für das, was jemand sagen will, zum Beispiel seinen Tonfall, die Gestik, den Gesichtsausdruck und den Zusammenhang. Aber um lesen und schreiben zu können, muss man das Lautsystem der Sprache direkt in ein System geschriebener Buchstaben übersetzen. Wenn man das Lautsystem noch nicht sicher beherrscht, kann das sehr schwierig sein. Bei vielen legasthenischen Kindern – Kindern mit Lese-Rechtschreib-Schwäche – stellt sich auch heraus, dass ihnen sowohl die Laute als auch die geschriebenen Buchstaben Probleme bereiten. Sie können die einfachen Unterschiede zwischen *r* und *l* oder *b* und *p* nicht hören, die die meisten von uns von Geburt an hören können. Solchen Kindern kann es helfen, wenn man ihnen die grundlegenden Laute der Sprache künstlich verdeutlicht. Zum Beispiel kann man mit Hilfe von Computerprogrammen die Sprache so verändern, dass die Lautunterschiede überdeutlich zu hören sind. Verschiedene Untersuchungen aus jüngster Zeit deuten darauf hin, dass legasthenische Kinder besser lesen und schreiben lernen, wenn sie sich gesprochene Sprache anhören, die auf diese Weise verändert wurde.

Manche Kinder scheinen auch mit anderen Aspekten der Sprache genetisch bedingte Schwierigkeiten zu haben. Wir haben gesehen, dass normal entwickelte Kinder lernen müssen, das System der Wort-Endungen zu beherrschen; im Englischen zum Beispiel *ing* und *ed*. Manche Menschen kommen damit nie richtig zurecht.

Wenn sie die Endungen überhaupt je lernen, dann nur mühsam und immer nur eine auf einmal. Stellt man ihnen die Wugs-Frage (»Das ist ein Wug, wie nennt man zwei von ihnen?«), dann versagen sie hoffnungslos. Sie reagieren auf solche linguistischen Probleme ganz ähnlich wie autistische Kinder auf die Frage nach Gefühlen. Wenn man sie bittet, ein Bild mit zwei Katzen zu benennen, werden sie etwa so antworten: »Ich weiß, dass ... n ... n ... mehr als zwei ist n. Katze (Pause) n.« Während wir anderen ohne jedes Zögern »Katzen« antworten würden. Bei manchen von diesen Kindern wissen wir nicht nur, dass die Krankheit in der Familie liegt, sondern können sogar ermitteln, wo das defekte Gen sitzt.

Wie man Laute lernt

Mag die genetische Basis für den Spracherwerb auch noch so reichhaltig sein – Babys müssen sich immer noch durch die vielen Eigentümlichkeiten hindurchfinden, die es im Japanischen, im Englischen und in jeder anderen Sprache gibt. Fest steht, dass Kinder über hoch entwickelte Fähigkeiten verfügen müssen, um die Muster der Sprache, die sie hören, abstrahieren zu können und ihre regelmäßigen Formen zu entdecken. Über diese Lernmechanismen wissen wir weniger als darüber, was Kinder zu welchem Zeitpunkt lernen. Aber wir haben eine Reihe von Vermutungen.

Je nach der Sprachregion, in der sie aufwachsen, bekommen Babys ganz unterschiedliche Laute zu hören. Pat schätzt, dass das amerikanische Durchschnittsbaby im Alter von sechs Monaten bereits Hunderttausende von Beispielen für den Vokal *i* gehört hat (wie etwa in den Worten *baby, daddy, mommy, cookie*). Andererseits wird dasselbe Kind kaum Beispiele für den Nasallaut am Ende des französischen Worts *non* gehört haben. Wir glauben, dass Babys den prototypischen Laut *i* aus all den Beispielen abstrahieren, die sie hören. Unbewusst finden sie heraus, wie das ideale *i* zu klingen hat.

Die Abstraktion dieser geistigen Prototypen hat sowohl enormen Einfluss darauf, wie Babys Sprache hören, als auch darauf, wie sie glucksen und babbeln. Unbewusst vergleichen Babys andere Laute, die sie hören, mit den Prototypen. Klingt der Laut auch nur halbwegs nach dem Prototyp, dann ignorieren sie die Unterschiede einfach und gehen davon aus, dass es der prototypische Laut war. Wenn verschiedene Menschen mit dem Baby sprechen, von denen manche vielleicht gerade einen rauen Hals oder eine Erkältung haben, wird sich das Baby demnach nicht um die verzerrten Laute kümmern, die sie von sich geben, sondern die Laute »glattbügeln« und das hören, was die Menschen sagen wollten. Das Baby hört den Prototyp. Zunächst lernt es die Sprachprototypen von den Erwachsenen, die es reden hört. Aber dann kehrt es die Sache um und verwendet die Prototypen, um zu entschlüsseln, was die Erwachsenen sagen, selbst wenn sie nicht deutlich sprechen.

Die Bildung solcher Prototypen hat große Vorteile. Ein Nachteil ist allerdings, dass eben diese Prototypen nun verhindern, dass ein Baby noch richtig wahrnimmt, was ein ausländischer Sprecher sagt. Denn jetzt hören Babys die Laute durch den Filter ihrer muttersprachlichen Prototypen. Und jetzt klingen auch ihre eigenen Geräusche allmählich so wie die Laute ihrer jeweiligen Sprache. Wenn ein Baby etwa sechs bis zwölf Monate alt geworden ist, ist es kein Weltbürger mehr, sondern ein kulturgebundener Sprachspezialist wie Sie und ich.

Um noch einmal das Beispiel von der Zeichnung mit dem Haus heranzuziehen: Amerikaner denken, dass das prototypische Haus einen Kamin hat, weil das auf die meisten Häuser zutrifft, die sie gesehen haben. Sobald sie diesen Prototyp gebildet haben, beeinflusst er unmittelbar die Art und Weise, wie sie Häuser ohne Kamin in Erinnerung behalten. Menschen, die an einem Ort aufwachsen, wo nur wenige Häuser Kamine haben, zum Beispiel in Äquatorial-Afrika, würden Kamine vermutlich nicht zu einem Teil ihres Prototyps machen. Und einem Amerikaner könnte es auch schwerer fallen als einem einheimischen Afrikaner, afrikanische Häuser voneinander zu unterscheiden und sich an sie zu erinnern.

Beim Erlernen des Lautsystems einer Sprache spielen aber auch noch andere Mechanismen mit. Wir haben schon erwähnt, dass eineinhalb Jahre alte Kinder sich chinesisch anhören, wenn sie in einem chinesischen Elternhaus aufwachsen, und schwedisch, wenn sie in einem schwedischen Elternhaus groß werden. Wie wir sehen konnten, kommt das daher, dass sie nun verstehen, wie die Laute in ihrer Sprache funktionieren. Aber es hat auch mit der Fähigkeit zu tun, diese Laute zu imitieren und selbst zu artikulieren.

Einen Laut zu imitieren ist jedoch wesentlich komplizierter, als es zunächst den Anschein hat. Wenn man einen Laut nur hört, weiß man nicht, was man mit seinem Mund anstellen soll, um ihn selbst zu erzeugen. Wenn wir zum Beispiel einen schwedischen Vokallaut wie *ö* hören und ihn dann nachmachen wollen, wissen wir nicht recht, wie es geht. Soll ich die Zunge nach oben oder nach unten bewegen? Soll ich den Mund spitzen oder nicht? Man muss die Zunge anheben wie für das englische *i*, aber gleichzeitig den Mund spitzen wie für das englische *oo*, und schon hat man das schwedische *ö*. Aber wenn wir Ihnen nicht verraten hätten, wie es geht, und Sie nicht Schwedisch, Französisch oder eine andere der Sprachen sprechen, die diesen Laut verwenden, wären sie ratlos. Wie verbinden Babys die Laute, die sie von anderen hören, mit den Bewegungen, die man machen muss, um sie selbst zu erzeugen?

Möglich wäre, dass Babys beim Glucksen und Babbeln nicht nur ihre Stimmbänder trainieren und wahllos den Mund bewegen. Wir glauben vielmehr, dass sie eine Art Mund-zu-Laut-Abbildung herstellen, also die Bewegungen ihrer Artikulationswerkzeuge (Lippen, Zunge, Mund und Kiefer) zu den Lauten in Beziehung setzen, die sie erzeugen. Wir wissen, dass Säuglinge mit ihren Armen und Beinen spielen, sie hin- und herbewegen und sie fasziniert beobachten. Auf ganz ähnliche Weise scheinen sie auch mit dem Mund zu spielen und dabei auf die Laute zu achten, die sie erzeugen können. Ein Baby wird in seinem Bettchen liegen, ganz für sich allein mit Lauten spielen, entzückt quieken, *i*'s, *aa*'s, *ba*'s und *ga*'s von sich geben und über weite Strecken auch nur Gekrächze. Bei diesem Spiel lernt es, wie es die Laute erzeugen kann, die es von uns hört. Es lernt, dass es die Zunge für einen Laut wie *i* anheben, für ein *ah* dagegen senken muss.

Außerdem *können* Babys uns nicht nur imitieren – es drängt sie regelrecht dazu. Babys kopieren ungemein gern die Laute, die die Erwachsenen von sich geben. Pat und Andy fanden heraus, dass fünf Monate alte Kinder, die im Versuchsraum 15 Minuten lang einen einfachen Vokal wie *i* gehört hatten, mit einem Vokal zurückglucksen, der dem gehörten Vokal ähnelt. Sie können noch kein perfektes *i* erzeugen, aber sie haben schon eine Vorstellung davon, was sie mit dem Mund anstellen müssen, um einen *i*-ähnlichen Laut hervorzubringen. Sie haben gelernt, dass ein *i* entsteht, wenn Menschen die Zunge anheben und die Lippen zurückziehen. Zu hören, dass ein Erwachsener diesen Laut erzeugt, genügt schon, um Babys zu motivieren, es selbst zu versuchen.

Sie werden sich auch erinnern, dass wir im letzten Kapitel gehört haben, dass Babys im selben Alter eine Art Lippenlesen beherrschen. Sie sehen lieber das Gesicht einer Person, die mit dem Mund einen Vokal formt, der dem Vokal entspricht, den sie gerade hören, als ein Gesicht, bei dem der Mund einen Vokal formt, der nicht passt. Das ist ein weiterer Hinweis darauf, dass sie die gehörten Laute mit den Mundbewegungen in Verbindung bringen, die diese Laute erzeugen. Diese Kombination aus dem Abstrahieren von Prototypen, dem Spielen mit Lauten und dem Imitieren von Lauten hilft Kindern, den Sprachcode zu knacken.

Lernen, wie etwas gemeint ist

Warum verwenden Babys merkwürdige Worte wie *weg* und *uh-oh* und warum fangen sie an, durch Fast Mapping Namen zu lernen? Im letzten Kapitel hatten wir gesehen, dass Kinder im Alter von 18 Monaten, wenn sie gerade zu sprechen beginnen, auch viel darüber lernen, wie Gegenstände auftauchen und verschwinden, wie man Werkzeuge einsetzt und wie Dinge in bestimmte Kategorien gehören. All diese Probleme faszinieren sie. Alison und Andy vermuteten, dass es einen Zusammenhang zwischen diesen veränderten Strategien zur Problemlösung und den ersten Wörtern der Kinder geben könnte. Vielleicht erklärte sich das andernfalls rätselhafte Überhandnehmen des Wortes *weg* ja dadurch, dass das Verschwinden von Dingen die Kinder fasziniert und nicht die Rituale des Brei-Essens.

Wie konnte man die Vermutung überprüfen, dass diese seltsamen ersten Wörter sich aus den Problemen ergeben, die die Kinder zu lösen versuchen? Man kann ein Baby alle paar Wochen besuchen und ihm verschiedene Probleme zu lösen geben. Gleichzeitig verfolgt man, welche neuen Wörter es lernt. Alison fand heraus, dass Babys ein bis zwei Wochen um den Zeitpunkt herum, an dem sie erstmals das besonders schwierige Problem der Unterdem-Waschlappen-versteckten-Schlüssel gelöst haben, auch anfangen, weg zu sagen. Manchmal benutzen sie das Wort kurz vorher zum ersten Mal, manchmal kurz danach. Das Wort für das Verschwinden und die Vorstellung vom Verschwinden scheinen gleichzeitig aufzukommen.

So wie *weg* mit dem Verschwinden von Gegenständen in Zusammenhang steht, hängt *uh-oh* mit der Fähigkeit von Kindern zusammen, Werkzeuge einzusetzen. Wie Sie sich erinnern werden, haben wir im letzten Kapitel beschrieben, wie Babys lernten, mit Hilfe eines Rechens ein weit entferntes Spielzeug heranzuholen. Wie man solche Aktionen durchführt, begriffen die Babys in eben den Wochen, in denen sie Wörter wie *uh-oh* zu benutzen begannen – genau wie sie Probleme mit dem Verschwinden etwa zu dem Zeitpunkt lösten, an dem sie erstmals *weg* sagten.

Es zeigt sich, dass Fast Mapping und Namensgebung etwas damit zu tun haben, dass Babys einen ganz anderen Aspekt der Welt verstehen. Im letzten Kapitel haben wir gesehen, dass Kinder ungefähr in diesem Alter lernen, wie Dinge bestimmten Kategorien zuzuordnen sind. Sie beginnen, zusammengewürfelte Gruppen von Gegenständen in verschiedene Häufchen zu sortieren, sodass sich in jedem Häufchen eine andere Art von Gegenstand befindet. Mit diesem Sortieren fangen Kinder ungefähr dann an, wenn sie auch beginnen, durch Fast Mapping Wörter zu lernen und jede Menge neuer Namen zu benutzen. Als wir eine Reihe von Babys alle paar Wochen besuchten, fanden wir heraus, dass sie genau dann plötzlich viele neue Namen verwendeten, wenn sie auch begannen, zusammengewürfelte Gegenstände auf neue Weise zu sortieren. Babys »kapieren« gleichzeitig die Vorstellung, dass alles einen Namen hat und dass alles in eine bestimmte Kategorie gehört. Die ersten Wörter tauchen also oft zur gleichen Zeit auf, zu der Kinder einschlägige neue Probleme lösen.

Was geht hier vor sich? Wir meinen, dass es sich geradezu ein bisschen wie auf dem College verhält. Denken Sie an die Zeit zurück, als Sie in einem Kurs wie »Einführung in die Physik« zum ersten Mal etwas über ein neues Konzept lernten. Wenn Sie sich wirklich für den Kurs interessierten und ihn nicht nur belegt hatten, um Medizin studieren zu können, gingen Sie in die Vorlesungen, lasen das Lehrbuch und versuchten, die Gesetze der Physik zu verstehen. Dabei stießen Sie auf seltsame neue Wörter wie zum Beispiel *Entropie*, die sie zunächst nur ansatzweise verstanden. Immerhin konnten Sie aber erkennen, dass diese Begriffe irgendetwas mit den physikalischen Problemen zu tun hatten, die Sie zu verstehen versuchten. Entropie hatte etwas mit Wärmeverlust und etwas mit Unordnung zu tun, obwohl Sie nicht recht sagen konnten, worin der Zusammenhang zwischen Kälte und Unordentlichkeit bestand (mal abgesehen davon, dass beide Eigenschaften auf das Zimmer in Ihrem Wohnheim zutrafen, von Ihrem Freund gar nicht zu reden). Eines Tages kam dann der magische Moment: Es machte Klick und Sie hatten die Entropie »kapiert«. Das bedeutete zum einen, dass Sie das Wort wirklich verstanden hatten und es auch in der Prüfung überzeugend anwenden konnten. Aber zum anderen bedeutete es auch, dass Sie die Vorstellung, das Konzept, das Wärme und Chaos verbindet wirklich begriffen hatten, und dass Sie Probleme lösen konnten, die damit zu tun hatten. (»Definieren Sie kurz …« und »Lösen Sie die Aufgabe unter Anwendung des Gelernten« sind Aufgabenstellungen, die meist in ein und derselben Prüfung vorkommen). Hundertprozentig hatten Sie das

Ganze aber wahrscheinlich immer noch nicht begriffen und zweifellos verwendeten Sie das Wort manchmal auf eigenartige Weise, sodass den gottähnlichen, allwissenden wissenschaftlichen Assistenten Ihre fortdauernde Unwissenheit nicht verborgen blieb.

Mit Baby Henrys *weg* scheint es ähnlich zu sein wie mit der *Entropie* des Erstsemesters, nur dass Henry keine Prüfungsangst überwinden musste. Henry arbeitete an den verwirrenden Problemen der auftauchenden und verschwindenden Dinge und hörte immer wieder, wie die Leute um ihn herum genau dann *weg* sagten, wenn etwas auf eigenartige Weise verschwunden war. Eines schönen Tages »kapierte« er sowohl das Wort als auch das Konzept des Verschwindens.

Wenn Babys die Bedeutungen ihrer ersten Wörter erraten, tun sie dies also vor dem Hintergrund der anderen kognitiven Fortschritte, die sie bereits gemacht haben. Ihre Fähigkeit, das Sprachproblem zu lösen, hängt eng mit den Vorstellungen zusammen, die sie schon bei der Lösung des Problems der Außenwelt entwickelt haben. Die Mechanismen, die Kinder dazu antreiben, die Welt in ihren Zusammenhängen verstehen zu wollen, veranlassen sie auch, auf die Wörter zu achten, die sie hören, und die Verwendung dieser Wörter selbst zu lernen.

»Mutterisch«

Die Erwachsenen sind der dritte Faktor bei der Lösung des Sprachproblems. Wir haben schon erwähnt, dass es ausgesprochen dümmlich klingt, wenn wir mit Babys sprechen. Wenn Sie Müttern zuhören, die zunächst mit anderen Erwachsenen und dann mit ihren Babys sprechen, werden Sie bemerken, wie sich ihre Stimmen auf eigenartige Weise verändern. Eine Mutter sagt zu einer Freundin: »Es war ein fürchterlicher Verkehr und ich musste parken, das hat ewig gedauert, und dann hatte ich kein Kleingeld für die Parkuhr...« So leiert sie weiter die Ereignisse des Tages herunter. Dann wendet sie sich, fast ohne Unterbrechung, dem

Baby in ihren Armen zu und gurrt: »Hallooo, meine Süüüße. Wie geeeht's denn meiner Kleinen?« Stimme und Gesicht stoßen geradezu auf das Baby herab. »Ooooh [dabei kitzelt sie das Baby an der Wange], mach doch mal die Äuuuglein auf. Aaach, was bist du niedlich. Bekommt Mami ein gaaanz, gaaanz großes Lächeln? Mhmm, und nun mach auch mal gaaanz große Äuglein!«

Jeder, der Eltern zuhört, die mit ihrem Baby sprechen, weiß, dass es definitiv unangebracht wäre, bei einem Vorstellungsgespräch so zu reden. Zu hören ist die Stimme einer verspielten, munteren, warmherzigen und so gut wie schwachsinnigen Person, die ganz in dem kleinen Bündel aufgeht, das sie vor sich hat. In einer anderen Situation wäre diese Stimme lächerlich. Aber man braucht nur irgendwem von uns ein Baby vorzuhalten und wir machen es alle: Mütter, Väter, Großeltern, Freunde – sogar Vierjährige sprechen mit ihren kleinen Brüdern und Schwestern »Mutterisch«. (Es ist schon vorgekommen, dass wir einen Macho-Vater mit tiefer Stimme behaupten hörten: »Ich benutze nie Babysprache, davon halte ich nichts«, und er sich dann im nächsten Atemzug dem Baby zuwandte und mit einer mehrere Oktaven höheren Stimme sagte: »Stimmt's, meine Süüüße? Neeiiin, ich spreche doch keine Babysprache mit DIIIR.«)

Und Babys finden es herrlich. Wenn man Babys wählen lässt, was sie hören wollen, also sozusagen die Baby-Einschaltquote ermittelt, dann zeigt sich, dass sie lieber Müttern zuhören, die mit Säuglingen reden, als Müttern, die mit anderen Erwachsenen reden. Bei solchen Tests sitzen die Babys auf Kinderstühlchen, und sobald sie den Kopf leicht drehen, wird ihnen eine achtsekündige Sprachaufnahme vorgespielt: entweder die einer Mutter, die mit einem Baby spricht, oder die derselben Mutter, wenn sie sich mit einem anderen Erwachsenen unterhält. Um zu entscheiden, welches Band sie hören wollen, brauchen die Babys den Kopf nur in die eine oder andere Richtung zu drehen.

Die Tests zeigen, dass die Vorliebe der Babys nichts mit den Wörtern selbst zu tun hat, die die Mütter verwenden. Babys entscheiden sich sogar dann für Mutterisch (oder »Vaterisch« oder

»Babysitterisch«), wenn die Sprecherin eine fremde Sprache verwendet, sodass die Babys die Wörter nicht verstehen, oder wenn die Wörter mittels Computertechnik herausgefiltert wurden und nur die Stimmlage bleibt. Offenbar wählen die Babys Mutterisch nicht nur, weil ihre eigene Mutter eben so spricht, sondern weil ihnen der Klang an sich gefällt. Mutterisch ist eine Art Trostsprache, sozusagen Makkaroni mit Käse für die Ohren. Sogar Erwachsenen gefällt das. Pats graduierte Studenten entdeckten, dass es ihnen wunderbar über den Stress am Semesterende hinweghalf, wenn sie sich die Versuchstapes mit Mutterisch in einer Fremdsprache anhörten. Die Stimme der Mutter ist für die Babys ein akustischer Haken. Sie erregt bei ihnen Aufmerksamkeit und führt dazu, dass sie sich auf die Person konzentrieren, die gerade mit ihnen spricht.

Die ausgefeilten Techniken der Computer-Stimmanalyse zeigen genau, was wir tun, wenn wir mit einem Kleinkind sprechen. Unsere Stimmlage steigt dramatisch an, manchmal um mehr als eine Oktave. Unsere Intonation wird sehr melodisch und singsangartig. Und wir sprechen langsamer und mit übertrieben gedehnten Vokalen.

Mutterisch ist eine Universalsprache. Menschen in allen Kulturen benutzen sie, wenn sie mit ihren Babys sprechen, obwohl sie sich dessen meist gar nicht bewusst sind. Wenn Mütter Aufnahmen hören, auf denen sie selbst Mutterisch sprechen, reagieren sie so: Das kann doch nicht ich sein. Ich höre mich ja total dämlich an. Kann es wirklich sein, dass ich so spreche? Doch intuitiv, völlig unbewusst tun sie es.

Und warum? Sprechen wir Mutterisch einfach nur, um die Aufmerksamkeit des Babys zu gewinnen? (Das gelingt uns damit garantiert.) Sprechen wir nur so, um ihm Zärtlichkeit und Trost zu vermitteln? Oder hat Mutterisch noch einen spezifischeren Zweck? Wie sich zeigt, ist Mutterisch mehr als nur ein süßer Sirenengesang, mit dem wir unsere Babys anlocken. Mutterisch hilft Babys offenbar tatsächlich, das Sprachproblem zu lösen.

Mutterisch-Sätze sind kürzer und einfacher als Sätze, die sich an Erwachsene richten. Außerdem wiederholen Erwachsene, die mit Babys sprechen, immer wieder die gleichen Dinge, mit nur geringfügigen Variationen. (»Du bist ein hübsches Mädchen, nicht wahr? Bist du nicht ein hübsches Mädchen? Hübsches, hübsches Mädchen.«) Diese Merkmale des Mutterisch helfen Kindern möglicherweise, die Wörter und Grammatik ihrer Sprache verstehen zu lernen.

Die eindeutigsten Beweise dafür, dass Mutterisch Babys beim Lernen hilft, haben jedoch Untersuchungen der Laute erbracht, die bei dieser Sprechweise verwendet werden. Dabei konnte in jüngster Zeit gezeigt werden, dass die wohlgeformten, gedehnten Konsonanten und Vokale beim Mutterisch besonders deutliche Beispiele für die Laute einer Sprache darstellen. Mütter und andere Bezugspersonen sind ebenso sehr Lehrer wie Liebhaber. Wenn sie mit Babys sprechen, geben sie ganz unbewusst deutlichere Laute von sich und sprechen die Laute präziser aus, als wenn sie mit anderen Erwachsenen sprechen. Wenn Mütter zu einem Erwachsenen das Wort *Biene* sagen, dauert es nur Sekundenbruchteile und kommt ein bisschen schlampig heraus. Aber wenn sie dasselbe Wort zu ihren Babys sagen, wird es zu *Biiiene*, einem gut ausgesprochenen, klar artikulierten Wort. Auf diese Weise können Babys die Laute, die wir in einer Sprache benutzen, leichter erfassen.

Tatsächlich passen die Erwachsenen Mutterisch möglicherweise sogar an die speziellen Merkmale ihrer jeweiligen Sprache an. Pat entdeckte kürzlich bei schwedischen, russischen und englischen Müttern jeweils subtile, unbewusst vorgenommene Abweichungen in der Sprechweise, die genau auf die Erfordernisse der jeweiligen Sprache zugeschnitten sind. Beim schwedischen Mutterisch werden die typisch schwedischen Vokale viel mehr gedehnt als beim gewöhnlichen Schwedisch, das man mit Erwachsenen spricht. In ähnlicher Weise ist englisches Mutterisch offenbar besonders gut geeignet, um die englischen Vokale klar herauszustellen. Die schwedischen und englischen Mütter versorgen ihre Babys genau mit der Bandbreite und Vielfalt von Lauten, die sie brauchen, um die richtigen Prototypen für die jeweilige Sprache abstrahieren zu können. Das ist ein besonders wichtiges Untersuchungsergebnis, weil es stark dafür spricht, dass Babys Mutterisch nutzen, um die Laute ihrer Sprache zu erlernen. Wenn Mutterisch nur aus einer Gruppe von Lauten bestünde, die auf Kinder auf der ganzen Welt ansprechend und tröstlich wirken, würde es vielleicht keine große Rolle für das spielen, was Babys im Einzelnen lernen. Aber Mutterisch ist auch hervorragend dazu geeignet, den Babys zu helfen, die speziellen Probleme ihrer jeweiligen Sprache zu lösen. Daher glauben wir, dass Mutterisch echten Einfluss hat.

Wenn wir Babys untersuchen, erkennen wir, dass unsere Sprechfertigkeit, mag sie uns als Erwachsene noch so selbstverständlich und instinktiv erscheinen, das Ergebnis eines aufwendigen Lernprozesses ist. Wenn wir gleichzeitig feststellen, dass zur Sprache auch eine bedeutsame angeborene Komponente gehört, so liegt darin kein Widerspruch. Dabei geht es nicht einmal darum, dass die Sprache sowohl ein Produkt der Natur als auch der Erziehung, sowohl angeborenen Wissens als auch erlernter Kenntnisse ist. Der Punkt ist vielmehr, dass Natur und Erziehung in untrennbarer Weise zusammenwirken. Die angeborenen Anlagen ermöglichen es Babys, ihre hoch leistungsfähigen Lernmechanismen so einzusetzen, dass sie die Informationen nützen können, die die Erwachsenen ihnen vermitteln. Die Tatsache, dass Babys von Geburt an Laute richtig zu unterscheiden vermögen, versetzt sie in die Lage, diese Unterscheidungen im Einklang mit dem, was sie ihre Eltern sagen hören, neu zu strukturieren und umzuformen. Dass Babys ihre Welt schon strukturieren und den Wunsch haben, sie auf neue Weise zu verstehen, motiviert sie auch dazu, neue Wörter zu lernen, und prägt die Bedeutungen, die sie diesen Wörtern geben.

Linguisten bezeichnen diesen Prozess manchmal als »bootstrapping« (abgeleitet vom englischen Wort *bootstrap* – Stiefelstrippe). Babys gehen von dem aus, was sie schon wissen, und lernen auf dieser Basis noch mehr: Sie ziehen sich an ihren eigenen Stiefelstrippen hoch. Obwohl sich das Erlernen einer Sprache in vieler Hinsicht von der Bildung wissenschaftlicher Theorien unterscheidet, muss man sich bei beiden Arten des Lernens in dieser Weise aus eigener Kraft hocharbeiten. Auch Wissenschaftler benutzen ihre gegenwärtigen Theorien als Grundlage, um darauf neue Theorien aufzubauen. Und wie jeder weiß, der einem kleinen Kind schon einmal geholfen hat, einen echten Stiefel zu schnüren, kommt es auch ganz gelegen, wenn die Erwachsenen ein bisschen mitziehen und -zerren.

KAPITEL FÜNF

Was Wissenschaftler über den kindlichen Geist gelernt haben

Bisher haben wir ausführlich darüber gesprochen, was Kinder wann über eine Vielzahl verschiedenster Themen wissen – von der Vorliebe für Brokkoli über die Bahn, auf der sich Spielzeugautos fortbewegen, bis hin zum Unterschied zwischen *p* und *b*. Dabei haben wir gesehen, dass sich in nur drei kurzen Jahren enorm viel verändert. Was ein Neugeborenes weiß, unterscheidet sich immens vom Wissen eines Einjährigen und das wiederum vom Wissen des Dreijährigen. Wir haben auch gesehen, dass Kinder inhaltsschwere und bedeutungsvolle Probleme anpacken. Sie lernen, dass andere Menschen ein Bewusstsein besitzen, dass die Welt unabhängig von ihrer subjektiven Erfahrung existiert und dass Wörter eine Bedeutung haben. Das sind schwer zu lösende Probleme. In jedem Fall besteht eine Kluft – sogar ein gähnender Abgrund – zwischen den Daten, die die Kinder mit ihren Augen und Ohren empfangen, also den Licht- und Schallwellen, und den Schlüssen, die sie schließlich über die Menschen, die Welt und die Sprache ziehen.

Wir wissen mehr über das, was die Kinder lernen, als darüber, wie sie es lernen. Bei unterschiedlichen Problemen können auch die Lernmechanismen ganz unterschiedlich sein. Wir haben schon gesehen, dass es einen großen Unterschied macht, ob man verstehen soll, wie Wörter klingen oder wie sich Dinge bewegen. Wir müssen detaillierte, spezifische Theorien entwickeln, die definieren, was Kinder in jedem einzelnen Stadium wissen und auf welche Weise sie noch mehr lernen. Dazu bedarf es harter wissenschaftlicher Arbeit. Und kein einzelner Wissenschaftler kann mehr als einen winzigen Teil des Problems bewältigen. Ganze Karrieren können möglicherweise dem Bemühen gewidmet sein, zu verstehen, was sechsmonatige Kinder nun genau über Laute oder was Einjährige über Dinge wissen.

Dennoch: Jenseits all der verschiedenen Themen, Altersstufen und spezifischen Theorien lassen sich einige gemeinsame Grundideen festhalten. Über die Einzelheiten kann man sicherlich streiten. Und es mag sein, dass andere Theoretiker die eine oder andere von unseren Thesen über das Lernverhalten von Kindern verwerfen. Aber aus all den wissenschaftlichen Einzelheiten scheint sich doch ein umfassendes Bild herauszuschälen.

Die Programme der Evolution

Wir gehen von der Grundidee aus, dass Babys die uralten Probleme lösen können, weil das menschliche Gehirn einem biologischen Computer gleicht, den die Evolution entwickelt hat. Diese Vorstellung ist im Augenblick die beste, die uns zur Verfügung steht, wenn wir zwei scheinbar völlig verschiedene Dinge zusammenbringen wollen: unser Wissen über die Welt und die drei Pfund graue Masse in unseren Schädeln. Wie kann ein physisches Objekt, ein Gehirn, gleichzeitig etwas sein, das denkt, folgert oder Dinge weiß?

Die alte Antwort, wie sie zum Beispiel Descartes formuliert hat, sah folgendermaßen aus. Es gibt auf der Welt zwei fundamental verschiedene Arten von Dingen: physische Dinge wie Felsen, Bäume und Körper und geistige Dinge wie die Seele, das Gemüt und das Bewusstsein. Menschliche Wesen sind eine Kombination aus einem physischen Körper und einer immateriellen Seele. Der Philosoph Gilbert Ryle beschrieb dies als das »Gespenst in der Maschine«.

Diese Antwort ist unvereinbar mit allem, was wir aus 500 Jahren wissenschaftlicher Arbeit gelernt haben. Aus wissenschaftlicher Sicht muss der Geist, der diese Worte formt, genauso ein Teil der physischen Welt sein wie der Holztisch, an dem man sitzt. Was also befähigt manche physische Objekte, zum Beispiel Entwicklungspsychologen, zu denken, zu folgern und zu wissen, während andere physische Objekte, zum Beispiel Holztische, all das nicht können?

Der Computer, mit dem dieses Buch geschrieben wird, ist irgendwo zwischen dem menschlichen Geist und dem Holztisch angesiedelt, im wörtlichen wie auch im übertragenen Sinn. Wie der Tisch, so ist auch der Computer ein physischer Gegenstand, doch verfügt er über eine Reihe von Fähigkeiten, die eher geistigen Fähigkeiten gleichen. Er kann eine Liste alphabetisch ordnen, ein Inhaltsverzeichnis erstellen, Schach spielen oder eine komplexe statistische Gleichung lösen. Wenn er an die Hochleistungs-Rechensysteme in der Universität angeschlossen wäre, könnte er sogar eine Krankheit diagnostizieren oder das Gestein auf dem Mars analysieren.

Wie schafft der Computer das? Der Rechner auf dem Tisch besteht nur aus ein paar Pfund Silikon, was nicht viel beeindruckender ist als das Pfund Kohlenstoff in unserem Schädel. Vor vierzig Jahren wären es wesentlich mehr Pfund Vakuumröhren gewesen und in vierzig Jahren wird es vielleicht eine Reihe von Quantenfluktuationen in subatomischen Teilchen sein. Was zählt, ist nicht das Material, aus dem der Computer besteht, sondern wie dieses Material organisiert ist – die Funktionsweise.

Der Computer kann Verzeichnisse erstellen, Schach spielen und Gleichungen lösen, weil auf ihm ein bestimmtes Programm läuft. Das Programm bestimmt, was der Computer tut. Wenn ich beispielsweise weiß, dass auf diesem Computer Microsoft Word läuft, weiß ich etwas darüber, was dieser Computer kann. Ich weiß dann sogar viel mehr, als wenn ich einfach nur wüsste, welche Schaltkreise und Chips dieser Computer verwendet. Sogar auf einem Rechner mit einer ganz anderen physischen Struktur könnte Microsoft Word laufen und dann könnte er dasselbe, was auch dieser Computer kann.

Im Endeffekt tun Programme zwei Dinge. Ein Computerprogramm nimmt Informationen auf und übersetzt sie in Symbolketten. Dann verfügt es über bestimmte Regeln, nach denen es diese Symbole handhabt und neu arrangiert. Kognitionswissenschaftler bezeichnen diese inneren Symbole oft als »Repräsentationen«. Das Textverarbeitungsprogramm handhabt die Symbole, die die Wörter und Sätze dieses Buchs repräsentieren.

Das Programm findet auf ganz einfache Weise heraus, wie diese Sätze beschaffen sind: Sie tippen auf der Tastatur eine Buchstabenfolge ein. Das ist der Input, den der Computer erhält. Das Computerprogramm übersetzt diese Informationen dann in eine Reihe abstrakterer Symbole – die Symbole, die die »Wörter« der Programmiersprache bilden. Das Programm könnte zum Beispiel einige der Buchstabenfolgen, die Sie eintippen, als das Äquivalent von »Wörter, die mit A anfangen« bezeichnen und andere Buchstabenfolgen als »Wörter, die mit B anfangen«. Diese Symbole werden in den Regeln verwendet, die diesem Programm zum Beispiel vorschreiben, Wörter in alphabetischer Reihenfolge aufzuführen. Diese Regeln der Programmiersprache könnten das Äquivalent von »Setze Wörter, die mit A beginnen, vor Wörter, die mit B beginnen« besagen. Das Programm handhabt diese abstrakteren Symbole dann systematisch, arrangiert sie um und schreibt sie neu. Mit Hilfe dieser Regeln kann das Programm Ihre Wörter alphabetisieren, sie in ein Verzeichnis aufnehmen, sie korrigieren, wenn sie falsch geschrieben sind, und sogar Ihr ganzes Dokument formatieren. Die neuen Symbolketten – die Repräsentationen –, die das Programm am Ende dieses Prozesses gebildet hat, sind für den Output auf dem Computer verantwortlich. Der Computer übersetzt diese abstrakten Symbole nun systematisch in Buchstabenmuster, die auf dem Monitor erscheinen. Der Output des Programms kann völlig anders aussehen als der Input, den es zu Anfang erhalten hat. Nachdem das Programm mit dem Alphabetisieren, dem Erstellen des Verzeichnisses, der Rechtschreibprüfung und dem Formatieren fertig ist, werden sich die Wörter und Sätze, die schließlich auf Ihrem Bildschirm erscheinen, von dem unterscheiden, was Sie ursprünglich eingetippt hatten.

Natürlich arbeitet das Textverarbeitungsprogramm mit sehr einfachen Repräsentationen und Regeln. Letztlich jedoch führen selbst die Supercomputer auf dem Campus nur abgewandelte Versionen derselben Vorgänge durch. Die bemerkenswerte Entdeckung, die zur Erfindung des Computers führte, bestand darin, dass dieser Prozess des Übersetzens und Umarrangierens von

Symbolen automatisch durchgeführt werden kann, von einem physischen System. In einem weiteren Prozess werden die abstrakten Symbole der Programmiersprache in eine Reihe ganz spezifischer Instruktionen übersetzt, nach denen die Schaltkreise im Computer bedient werden. Die Programmiersprache wird schließlich in das übersetzt, was Informatiker als Maschinensprache bezeichnen, und durch sie werden im Computer physische Ereignisse ausgelöst, die nach bestimmten Mustern verlaufen. Daraus ergab sich die bemerkenswerte Entdeckung, dass solch ein physisches System viele Dinge tun konnte, von denen wir einst geglaubt hatten, dass sie nur Menschen tun können.

Die Kognitionswissenschaft geht von der grundlegenden Annahme aus, dass wir denken, folgern und wissen können, weil auf unserem Gehirn hoch leistungsfähige Programme laufen – Programme, die noch viel leistungsstärker sind als selbst diejenigen, die heute auf unseren Supercomputern laufen. Unser Gehirn nimmt den Input der Licht- und Schallwellen auf, die auf unsere Augen und Ohren treffen, wandelt diesen Input auf systematische Weise um und arrangiert ihn neu. Es verwandelt die Informationen in abstraktere Repräsentationen und wendet bestimmte Regeln an, um diese Repräsentationen wiederum umzuwandeln. Die umgewandelten Repräsentationen sind dann für den Output verantwortlich – das, was wir erleben, sagen und tun.

Der Entwicklungspsychologe unterscheidet sich also vom Holztisch nicht so sehr dadurch, dass der Psychologe aus Zellen besteht und der Tisch aus Holz. Der Unterschied liegt vielmehr darin, dass die Zellen, aus denen unser Gehirn besteht, genau wie die elektronischen Schaltkreise im Computer so angeordnet sind, dass sie auf diese spezielle Weise funktionieren. Es ist so ähnlich wie beim grundlegenden Plot von *Scooby-Doo*: Die Gespenster in der Maschine erweisen sich unter ihrer Verkleidung als ganz gewöhnliche physische Materie.

Eine spezielle Art von Programm ist besonders für die alten Probleme des Wissens von Bedeutung. Im Prinzip können Programme alle Arten von Input aufnehmen und in alle Arten von

Output verwandeln. Sie können eine wahllos zusammengestellte Liste von Wörtern aufnehmen und daraus eine alphabetische Liste machen. Oder sie können den Schachzug eines Gegners als Input nehmen und mit einem Gegenzug als Output antworten. Doch manche Programme haben eine spezielle, ganz besondere Beziehung zwischen Input und Output. Es gibt Programme, die Videobilder aufnehmen und sie in eine Beschreibung von Objekten umwandeln können. Ebenso gibt es Programme, die eine Liste von Symptomen aufnehmen und damit eine Krankheit diagnostizieren. Wieder andere Programme nehmen die elektromagnetischen Spektren auf, die ein Marsrover gesammelt hat, und stellen fest, aus welchen Mineralien das Marsgestein besteht. All diese Programme fangen mit einem Input an, der von einem Objekt oder Phänomen herrührt, das in der Welt wirklich existiert: die Pixel im Videobild eines Objekts, eine Liste mit Symptomen oder die Spektren des Lichts, das die Felsen reflektieren. Daraus können die Programme dann Repräsentationen erzeugen, die ein Bild von den Objekten vermitteln, das genauer ist als der Input selbst. Die Repräsentationen bestimmen Objekte oder Krankheiten oder die mineralische Zusammensetzung des Gesteins.

Wenn das System diese Repräsentationen richtig hinbekommt, kann es einen Output erzeugen, zu dem genaue Vorhersagen gehören. Hat beispielsweise ein optisches Computersystem die richtigen Repräsentationen von Objekten, dann kann es voraussagen, was geschehen wird, wenn sich die Objekte bewegen. Wenn ein Diagnoseprogramm die Krankheit richtig erfasst, kann es vorhersagen, was geschehen wird, wenn man eine bestimmte Behandlungsmethode anwendet. Wenn das geologische Programm die Mineralienkombination des Gesteins richtig erfasst, kann es vorhersagen, was passieren wird, wenn man an diesem Gestein einen bestimmten chemischen Test durchführt.

Solche Programme finden heraus, wie die Welt beschaffen ist. Sie versuchen, das Problem des Wissens zu lösen. Ein Informatiker, der zum Philosophen wurde, bezeichnet die Entwicklung dieser Programme als Androiden-Epistemologie. Programme dieser Art sind sehr komplex und sehr schwierig zu entwickeln. Und doch reicht das Sehvermögen eines Computers nach wie vor nicht einmal annähernd an das menschliche Sehvermögen heran, und die Programme, die Krankheiten diagnostizieren und Gestein analysieren, sind noch immer nicht so sachkundig wie Ärzte und Geologen. Aber immerhin, es gibt solche Programme, und sie sind sehr leistungsfähig und nützlich.

Kognitionswissenschaftler sind der Ansicht, dass auch Menschen über solche Programme verfügen – und zwar Programme, die noch leistungsstärker sind als die heute existierenden Computerprogramme. Unser Gehirn wurde von der Evolution so angelegt, dass es einen Input in Repräsentationen umwandeln kann, die sich den realen Dingen in der Welt auf sehr exakte Weise nähern. Diese Programme verschaffen uns denselben Vorteil wie den Computern: Mit ihrer Hilfe können wir voraussagen, wie die Welt sein wird, und dadurch effektiv mit ihr umgehen. Mit diesen Programmen löst die Natur das Problem des Wissens.

Die Star-Trek-*Archäologen*

Aufgabe der Informatiker ist es natürlich, Programme zu entwickeln, die elektronische Computer in die Lage versetzen, solch beeindruckende Meisterstücke des Denkens und Wissens zu vollbringen. Die Informatiker müssen herausfinden, wie ein Programm beschaffen sein muss, damit es vom richtigen Input zum richtigen Output gelangt. Wir Entwicklungspsychologen dagegen stehen vor einer ganz anderen und noch schwierigeren Aufgabe. Wir gleichen eher Archäologen als Ingenieuren.

Eigentlich ist das eine Geschichte, wie wir sie gut aus *Star Trek* kennen. Wir sind auf einem Planeten gelandet, auf dem es bereits ganz unglaubliche biologische Computer gibt. Sie wurden vor Äonen von einer Macht gebaut, die uns weit überlegen ist, und dann über Jahrmillionen hinweg weiterentwickelt. Das Einzige, was wir über diese Macht sicher wissen, ist, dass sie sich einer unerhört fortschrittlichen Technologie bedient. Wir haben keine Betriebshandbücher, keine Schaltdiagramme, kein *Homo Sapiens für Anfänger*. Wir können nicht einmal darauf hoffen, dass sich die allmächtige Intelligenz, die all das entwickelt hat, in den letzten Minuten vor dem Ende der Folge einen aus unserer Crew schnappen wird, um ihm mit angemessen volltönender und gruseliger Stimme (dem Stilmittel, auf das *Star Trek* in solchen Situationen zurückgreift) ihre Absichten zu verraten. Wir sind auf uns allein gestellt.

Wie können wir herausfinden, wie diese Computer funktionieren? Nun, wir könnten zum Beispiel versuchen, sie zu öffnen und hineinzusehen, besonders, wenn das möglich wäre, ohne dass sie kaputtgehen. Und im nächsten Kapitel werden wir hören, dass die Neurowissenschaftler inzwischen genau das tun. Aber wir könnten auch versuchen herauszufinden, welches Programm auf diesen Computern läuft. Wir könnten ihnen Input geben und abwarten, welche Art von Output herauskommt – auf der Tastatur etwas eintippen und schauen, was auf dem Bildschirm erscheint. Wenn wir das schlau genug anstellen, könnten wir zumindest in groben Zügen bestimmen, welche Art von Programmen auf diesen Geräten laufen und welche Art von Repräsentationen und Regeln sie verwenden.

Dies ist nicht nur ein utopisches Science-Fiction-Projekt. Mit dieser Vorgehensweise ist es uns bereits gelungen, einige Aspekte der Biocomputer auf diesem Planeten fast zu verstehen, sogar in Einzelheiten. Zum Beispiel sind wir nahe daran, Teile der Programme zu verstehen, mit denen wir Schallwellen in Wörter und Lichtwellen in Bilder von Objekten verwandeln können. Über andere Aspekte dieser Bio-Geräte wissen wir aber noch weit weniger. Wir haben gewisse generelle Vermutungen darüber, wie die biologischen Computerprogramme das Wesen von Menschen und Dingen verstehen und wie sie Wörter verwenden, die eine Bedeutung haben. Aber von den Details sind wir hier noch weit entfernt. Und von wieder anderen Aspekten der Geräte haben wir noch nicht mal einen Schimmer. Zum Beispiel wissen wir so gut wie nichts darüber, warum oder auf welche Weise die Biocomputer auf unserem Planeten ein Bewusstsein haben. Wir wissen, dass sie etwas erzeugen, das die Philosophen als Phänomenologie bezeichnen – das besondere, subjektive »Gefühl«, mit dem wir unsere bewussten Erfahrungen empfinden, die spezielle Weise, in der eine Farbe oder ein Geräusch auf uns wirken. Aber wir haben keine Ahnung, wie die Biocomputer das machen.

Was hat all dies nun mit Babys und kleinen Kindern zu tun? Jahrtausendelang dachten die Menschen, dass Babys und kleine Kinder nicht denken, folgern oder wissen können. Das liegt teilweise an der Vorstellung, die wir uns im Alltag vom menschlichen Geist machen. Normalerweise sind wir ganz sicher, dass wir ein Bewusstsein haben, und auch ziemlich sicher, dass andere Menschen, die so sind wie wir und insbesondere so sprechen wie wir, ebenfalls einen Geist haben. Wenn wir herausfinden wollen, was (oder ob) jemand denkt, geht das ganz leicht: Wir unterhalten uns mit ihm.

Wir wissen nicht mehr viel darüber, wie wir vor unserem dritten Lebensjahr waren. Und an unsere Babyzeit erinnern wir uns überhaupt nicht mehr. Wenn man sich mit sehr kleinen Kindern unterhalten will, kann das ziemlich schwierig sein und Babys können natürlich überhaupt noch nicht sprechen. Es mag daher nicht unvernünftig erscheinen, wenn man den Schluss zieht, dass Babys und kleine Kinder nicht denken und dass wir selbst tatsächlich auch nicht gedacht haben, als wir so klein waren. (Sogar einige moderne Philosophen haben dies ganz ernsthaft behauptet und sich dabei auf Beweise dieser Art gestützt.)

Wenn wir das Denken jedoch als eine Art Rechnerleistung betrachten, gelangen wir zu ganz anderen Kriterien, um zwischen denkenden und nicht denkenden Wesen zu unterscheiden. Wenn ein Computer denken kann oder zumindest Schach spielen, Gleichungen lösen, Krankheiten diagnostizieren und Gesteine analysieren, dann könnte es ja sein, dass ein Baby, dessen Gehirn ungemein komplexer ist als das des raffiniertesten Computers, ebenfalls denken kann. Wenn auf einem Rechner ein hoch entwickeltes Programm laufen kann, dann ist das bei Babys vielleicht auch möglich. Um uns Klarheit darüber zu verschaffen, müssen wir feststellen, ob es systematische Beziehungen zwischen dem Input und dem Output des Babys gibt – zwischen dem, was über die Tastatur eingegeben wird, und dem, was auf dem Bildschirm erscheint.

Aus der Perspektive des *Star-Trek*-Archäologen gibt es keinen Grund zu der Annahme, dass die erwachsenen Computer, die uns ähnlicher sehen und benutzerfreundlichere Schnittstellen haben, sich grundlegend von den kleinen Computern unterscheiden. Wenn wir kognitiven Psychologen es geschickt genug anstellen, Babys den richtigen Input zu geben und ihren Output richtig zu deuten, dann sollten wir auch in der Lage sein festzustellen, wie ihre Programme arbeiten. Genau damit haben sich nicht nur die vorhergehenden Kapitel dieses Buches beschäftigt, sondern die gesamte Entwicklungspsychologie der letzten dreißig Jahre. Wir haben raffinierte Methoden entwickelt, um Babys und Kleinkindern genau den richtigen Input zu geben und ihren Output zu interpretieren. Wir zeigen ihnen ein Gesicht, das sich bewegt, und beobachten, ob sie die gleiche Miene machen. Wir spielen ihnen *p*- und *b*-Laute vom Band vor und warten ab, ob sie den Kopf drehen. Wir stellen ihnen eine einfache Frage – »Was, wird Nicky denken, ist in der Dose?« – und hören, ob sie »Bleistifte« oder »Bonbons« sagen.

Für den *Star-Trek*-Archäologen ist es vielleicht sogar leichter, sich mit den kleinen Computern zu beschäftigen als mit den großen. Eine merkwürdige und interessante Tatsache, die wir über diese Systeme wissen, ist ja die, dass alle großen Geräte klein anfangen. Aus den kleinen Computern werden tatsächlich die großen. Wenn wir die grundlegenden Mechanismen verstehen wollen, nach denen diese Systeme funktionieren, sollten wir demnach vielleicht ebenfalls klein anfangen.

Was also können wir über die Programme sagen, die auf Babys laufen? Welche Repräsentationen und Regeln verwenden sie? Wir sind noch weit davon entfernt, in allen Einzelheiten zu wissen, wie diese Systeme funktionieren. Ein Hauptgrund dafür ist, dass Babys offenbar auf ganz andere Weise arbeiten als die von Menschenhand gefertigten Computer, die wir heute haben. Doch immerhin haben wir schon genug herausgefunden, um in groben Zügen sagen zu können, wie die Baby-Programme beschaffen sein müssen.

Wir werden nun einen Überblick über dieses Gesamtbild geben, indem wir die drei Annahmen näher ausführen, die in den vorigen Kapiteln vorgestellt wurden.

Grundlagen. Babys übersetzen zunächst Informationen, die sie aus der Welt erhalten, in reichhaltige, komplexe, abstrakte, zusammenhängende Repräsentationen. Mit Hilfe dieser Repräsentationen können Babys ihre Erfahrungen auf bestimmte Weise interpretieren und Vorhersagen über neue Ereignisse treffen. Babys kommen mit leistungsfähigen Programmen auf die Welt, die bereits hochgefahren und betriebsbereit sind.

Lernen. Auf der Basis ihrer Erfahrungen bereichern Babys und kleine Kinder ihre anfänglichen Repräsentationen, modifizieren und revidieren sie, formen und strukturieren sie um und ersetzen sie manchmal auch ganz. So gelangen sie zu neuen und ganz anderen reichhaltigen, komplexen, abstrakten, zusammenhängenden Repräsentationen. Wenn die Kinder immer mehr Input aus der Welt aufnehmen, ändern sich auch die Regeln, nach denen sie diesen Input übersetzen, handhaben und neu arrangieren. Sie haben also nicht nur ein einziges Programm, sondern entwickeln eine ganz Folge von immer leistungsstärkeren und exakter arbeitenden Programmen. Die Kinder spielen bei diesem Prozess selbst eine aktive Rolle, indem sie forschen und experimentieren. Kinder programmieren sich selbst um.

Andere Menschen. Andere Menschen, besonders diejenigen, die sich um Kinder kümmern, verhalten sich automatisch so, dass sie die Veränderungen der kindlichen Repräsentationen und Regeln fördern und beeinflussen. Zumeist tun sie das ganz unbewusst. Andere Menschen sind so programmiert, dass sie Kindern helfen, sich selbst neu zu programmieren.

Das Aufsehen erregendste neue Resultat, das dreißig Jahre Entwicklungsforschung erbracht haben, ist die Erkenntnis, wie ungemein viel schon ganz kleine Babys wissen. Als wir vor 25 Jahren auf dem College waren, hörten wir noch anerkannte Psychologen verkünden, Neugeborene hätten keine Großhirnrinde, verfügten nur über die simpelsten automatischen Reaktionen und seien praktisch nicht mehr als ansatzweise lebendiges Gemüse – Karotten, die schreien können. Sogar Piaget glaubte, dass Neugeborene nur Reflexe besäßen.

Da überrascht es nicht, dass man es im Allgemeinen kaum für lohnenswert hielt, solch simple Kreaturen wissenschaftlich zu untersuchen: Erst in den 70er Jahren wurde die Kleinkinder-Forschung überhaupt so etwas wie eine richtige akademische Disziplin. Bei der ersten Tagung der *International Conference on Infant Studies* im Jahr 1978 passten die Wissenschaftler in den kleinen Konferenzraum eines Hotels. Anfangs wurde jede neue Entdeckung, ganz gleich, auf welch streng methodischen Verfahren sie beruhte, mit einer Art tiefem Unglauben aufgenommen, hinter dem offensichtlich mehr steckte als das übliche Zögern der Wissenschaft, neue Erkenntnisse zu akzeptieren. Die Vorstellung an sich, Säuglinge könnten denken und glauben, lernen und wissen, schien absolut inakzeptabel zu sein.

Natürlich treffen sämtliche Faktoren, die die Philosophen im Lauf der Geschichte am kindlichen Geist zweifeln ließen, auf kleine Babys gehäuft zu. Sehr kleine Babys scheinen nicht eben viel zu tun, und um ihr Bewusstsein erforschen zu können, bedurfte es ausgeklügelter neuer Methoden und der Videotechnik. Hinzu kam, dass ganz kleine Babys zwar ein vertrauter, sogar allgegenwärtiger Anblick, gleichzeitig aber seltsam unsichtbar waren. Sie gehörten zum häuslichen Alltagsleben, das Akademiker aller Couleur, von Naturwissenschaftlern bis hin zu Soziologen und Historikern, für nicht beachtenswert hielten.

Als immer mehr Frauen in die Wissenschaft gingen, mehr männliche Wissenschaftler sich um kleine Babys kümmerten und die Videotechnik aufkam, begannen wir, Babys mehr echte Aufmerksamkeit zu widmen. Schon dadurch verlor die Vorstellung von der schreienden Karotte einiges an Wahrscheinlichkeit. Menschen, die sich um kleine Babys kümmern, glauben für gewöhnlich, dass Babys denken können, doch den Wissenschaftlern war es früher leicht gefallen, diese intuitiven Überzeugungen von der Hand zu weisen (schließlich waren es im wahrsten Sinne des Wortes »Ammenmärchen«). Wesentlich schwieriger wird dies jedoch, wenn der Wissenschaftler gleichzeitig die Bezugsperson des Babys ist und wenn man seine Intuitionen mit Videoaufzeichnungen beweisen kann. Immerhin haben ja auch Ammen (darunter eine männliche) dieses Buch verfasst.

Welche Wirkung die globaleren historischen Einflüsse auch immer gehabt haben mögen – die wissenschaftliche Schlacht wurde mit aller Heftigkeit ausgetragen. Aber mittlerweile ist sie im Wesentlichen gewonnen. Der soziologische Zeitgeist mag zu diesem Sieg beigetragen haben, aber die eigentlichen Waffen waren diejenigen, derer sich die Wissenschaft seit jeher bedient: sorgfältig ausgeklügelte, gewissenhaft durchgeführte Experimente, Reproduktionen der Versuche in verschiedenen Forschungsinstituten, gute Argumente und durch all dies schließlich die Bekehrung der nächsten Generation. Heute bucht die *International Conference on Infant Studies* für ihre Tagungen große Kongresszentren und zahlreiche wissenschaftliche Zeitschriften und Vereinigungen widmen sich dem Kleinkindalter (auch wenn das vielleicht nicht nur Vorteile hat). Gedankenvoll dreinblickende Babys haben es sogar auf die Titelblätter von *Time* und *Newsweek* und in den Wissenschaftsteil der *New York Times* geschafft. Heute würde kaum noch ein Wissenschaftler behaupten, dass Babys bei der Geburt nur über ein paar Reflexe und automatische Reaktionen auf bestimmte Stimuli verfügen.

Schon die allerkleinsten Babys haben offenbar Repräsentationen von der Welt. Ihr Bewusstsein verfügt über Symbole, die, ganz ähnlich wie die Symbole von Computerprogrammen, die Außenwelt repräsentieren. Babys nehmen Input aus der Welt auf – die

173

Licht- und Schallwellen – und verwandeln diesen Input nach bestimmten Regeln in ganz unterschiedliche Arten von Repräsentationen. Diese Repräsentationen sind dann für den Output verantwortlich: die Mimik, Gesten und Handlungen der Babys.

Sogar Computerprogramme verfügen jedoch über viele verschiedene Arten von Repräsentationen und Regeln. Die Palette reicht von den ganz simplen Repräsentationen und Regeln in einem Taschenrechner bis hin zu den äußerst komplexen und abstrakten in den Programmen, die Krankheiten diagnostizieren oder Marsgestein analysieren. Wie sind die Repräsentationen und Regeln der Babys beschaffen?

Erstens sind die Repräsentationen der Babys reichhaltig und komplex. Wie wir gesehen haben, gehören dazu zum Beispiel Vorstellungen davon, wie das eigene Gesicht anderen Gesichtern ähnelt, wie sich Objekte bewegen und wie die Laute einer Sprache unterteilt sind. Die Welt der kleinen Babys ist nicht simpel. Babys übersetzen den Input, den ihre Augen und Ohren empfangen, in eine Welt voller Menschen mit angeregten, ausdrucksvollen Gesichtern und fesselnden, vielseitigen, rhythmischen Stimmen. Außerdem ist ihre Welt voll von Dingen mit komplexen, mehrdimensionalen Strukturen, die sich auf Schwindel erregend mannigfaltige Weise bewegen.

Zweitens sind die Repräsentationen der Babys auch abstrakt. Sie gehen über das hinaus, was die Sinneswahrnehmungen unmittelbar an Daten liefern. Ganz offensichtlich ist, dass diese Repräsentationen der frühen Kinderzeit Informationen miteinander verbinden, die von verschiedenen Sinnen herrühren: die Art, wie sich die Zunge anfühlt, und die Art, wie sie aussieht, das Hüpfen eines Balls und das Geräusch, das er verursacht, den Anblick eines offenen Mundes und den Klang eines *aah*.

Doch noch auf andere, profundere Weise reichen die Repräsentationen über die Sinneswahrnehmungen hinaus. Sie verwandeln einen Gesichtsausdruck in Emotionen. Sie machen aus zweidimensionalen Bildern dreidimensionale Objekte. Sie nehmen einen fortlaufenden Strom von Geräuschen auf und unterteilen ihn in einzelne sprachliche Laute. Schon Neugeborene entwickeln Repräsentationen, die sich vom Input, den ihre Augen und Ohren empfangen, enorm unterscheiden. Die Welt der Babys ist ebenso wenig konkret, wie sie simpel ist. Babys »sehen« bereits die Seele unter der Haut und »hören« die Gefühle, die sich hinter den Worten verbergen.

Mit Hilfe dieser Repräsentationen und Regeln interpretieren Babys das, was mit ihnen geschieht, auf ganz bestimmte Weise – manchen Dingen schenken sie Aufmerksamkeit, andere ignorieren sie. Zunächst sind sie vor allem von Gesichtern und Stimmen gefesselt: Schon wenige Tage nach der Geburt geben sie besonders auf Gesichter und Stimmen Acht, die sie kennen. Anfangs konzentrieren sie sich vor allem darauf, wie sich Dinge bewegen und weniger auf ihre Form, Farbe oder Beschaffenheit. Später schenken sie dann diesen Eigenschaften mehr Aufmerksamkeit. Anfangs achten Babys nur auf bestimmte Lautveränderungen, auf andere dagegen nicht. Später kümmern sie sich nicht mehr um die Lautveränderungen, von denen sie früher gefesselt waren.

Und schließlich können Babys mit Hilfe ihrer Repräsentationen und Regeln Erwartungen entwickeln und sogar Voraussagen über Dinge treffen, die sich künftig ereignen werden. Wenn das Programm des Babys Informationen über ein Ereignis erhält, das gerade stattfindet, kann es eine Repräsentation eines künftigen Ereignisses entwickeln. Sehen kleine Babys ein Spielzeugauto, das hinter eine Trennwand fährt, dann schauen sie zum anderen Ende der Trennwand, in der Erwartung, dass das Auto dort wieder auftaucht. Wenn kleine Babys flirten, erwarten sie, dass die Erwachsenen ihr Geglucke mit sentimentalem Geflüster beantworten. Wenn sie einen geöffneten Mund sehen, erwarten sie, ein *aah* zu hören. Falls ihre Vorhersagen sich als falsch herausstellen und ihre Erwartungen zunichte gemacht werden, reagieren sie auf charakteristische Weise. Sie zeigen, dass sich ein innerer Konflikt in ihnen abspielt, wenn das Spielzeugauto sich anders verhält, als es eigentlich sollte, und sie sind unglücklich, wenn ihre Flirtversuche mit gleichgültiger, steinerner Miene beantwortet werden. So wenig, wie die Babywelt simpel oder konkret ist, so wenig ist sie auf das Hier und Jetzt beschränkt. Schon ganz kleine Babys können sich an Vergangenes erinnern und vorhersagen, was sich künftig ereignen wird.

Die Bedeutung dieses angeborenen Programms geht über die simple Tatsache hinaus, dass Babys von Beginn an eine Menge haben, auf dem sie aufbauen können. Immer hatten sich Philosophen und Psychologen mit der Frage herumgeschlagen, wie wir von den unverarbeiteten, unverdauten Sinneseindrücken – der »blühenden, summenden Verwirrung« – zu einem Verständnis von der Welt gelangen. Woher wissen wir auch nur, auf welche Sinneseindrücke wir achten sollen? Die Antwort der Babys lautet, dass wir es von vornherein nie mit Rohmaterial zu tun haben. Es herrscht nie eine blühende, summende Verwirrung. Wir können die Welt von Anfang an verstehen, das Wichtige auswählen und wissen, was wir zu erwarten haben. Von Geburt an läuft ein Programm auf uns, das die Licht- und Schallwellen in Menschen, Dinge und Sprache übersetzt.

Das Lernen

Auf die Wissenschaft trifft dieselbe traurige Wahrheit zu wie auf die Politik: Was für die eine Generation eine Revolution bedeutete, wird von der nächsten zum Dogma erhoben. Jetzt, da die Vorstellung, dass Babys von Geburt an viel wissen, fast uneingeschränkt akzeptiert wird, erscheint plötzlich die Vorstellung radikal, dass sie vieles auch noch nicht wissen und erst lernen müssen. Wie und wie viel Babys lernen, ist stark umstritten.

Wenn es ums Lernen geht, haben die Biocomputer ganz andere Voraussetzungen als die von Menschen hergestellten Computer. Das Startprogramm der ganz kleinen Babys ist erstaunlich hoch entwickelt, besonders, wenn man bedenkt, dass die ganze Software-Power in einer so schwächlichen Hardware steckt. Wir haben gesehen, dass viele der Dinge, die Neugeborene schon können, weit über die Fähigkeiten moderner Computer hinausgehen, sogar über die der fortschrittlichsten epistemologischen Androiden. Aber noch erstaunlicher ist, dass das Startprogramm sich anscheinend spontan in ein noch leistungsfähigeres und exakteres Programm verwandelt.

Das Programm eines drei Monate alten Babys unterscheidet sich offensichtlich deutlich von dem eines Einjährigen oder Vierjährigen. Wenn wir einem dreimonatigen Baby und einem vierjährigen Kind denselben Input geben, erhalten wir einen völlig anderen Output. Sie können auf der Tastatur dasselbe eintippen, aber auf dem Bildschirm werden ganz andere Botschaften erscheinen. Wenn einem dreimonatigen japanischen Baby ein r-Laut vorgespielt wird, der sich langsam in ein l verwandelt, hört es zwei unterschiedliche Laute. Ein einjähriges japanisches Kind dagegen hört ein und denselben Laut. Ein 14 Monate altes Kind sieht, dass Sie Goldfisch-Cracker verabscheuen und Brokkoli mögen, gibt ihnen aber trotzdem die Cracker. Ein Kind von 18 Monaten dagegen reicht Ihnen den Brokkoli. Ein dreijähriges Kind sieht die trügerische Bonbondose voller Bleistifte und sagt, Nicky werde glauben, dass Stifte in der Dose seien. Ein vierjähriges Kind sagt, dass Nicky denken werde, es seien Bonbons darin.

Wenn ein dreimonatiges, ein einjähriges und ein vierjähriges Kind dasselbe Ereignis beobachten, denken sie offenbar ganz unterschiedlich darüber. Wie es scheint, wandeln sie die Licht- und Schallwellen in unterschiedliche Repräsentationen um und wenden unterschiedliche Regeln an, um diese Repräsentationen zu verarbeiten. Kinder haben nicht einfach ein einziges, unveränderliches Programm, um vom Input zum Output zu gelangen. Stattdessen wechseln sie offenbar spontan von einem Programm zu einem anderen, leistungsfähigeren. Darin unterscheiden sich Babys und Kinder sehr stark von unseren heutigen Computern. Und unsere Aufgabe als *Star-Trek*-Archäologen wird dadurch weit schwieriger.

Wie können wir diese Veränderungen erklären? Eine Vermutung wäre, dass sie sich einfach im Lauf des Wachstums ergeben –

so wie sich Raupen in Schmetterlinge verwandeln, wenn sie wachsen, oder wie wir Brüste und Bärte bekommen, wenn wir in die Pubertät kommen. Die Veränderungen könnten also einfach genetisch angelegt sein und sich entfalten, während wir heranreifen. Vielleicht erscheint das Programm zum Verständnis falscher Überzeugungen, wenn ein Mädchen vier Jahre alt ist, so wie ihre Brüste erscheinen, wenn es zwölf ist. Schließlich glauben wir ja auch nicht, dass eine Raupe lernt, wie man ein Schmetterling wird. Wir könnten also auch nicht glauben, dass ein Kind mehr über falsche Meinungen lernt als darüber, Brüste zu haben.

Eine völlig andere Möglichkeit wäre, dass wir unsere Vorstellungen von der Welt einfach dadurch ändern, dass wir immer mehr Informationen über sie erhalten. Wir häufen einfach mehr und mehr Input an. Dann assoziieren wir einige Teile dieses Inputs mit anderen Teilen. Wir hören die Glocke, die zum Abendbrot läutet; anschließend gibt es Essen und nach einer Weile assoziieren wir die Glocke mit dem Essen. Wir geben dem Versuchsleiter eine bestimmte Antwort auf seine Frage, werden dafür gelobt und nach einer Weile versuchen wir bewusst, solche Antworten zu geben. Vielleicht verbinden Babys auf diese Weise Schritt für Schritt bestimmte Inputs miteinander und die Inputs mit bestimmten Outputs.

Die entwicklungspsychologische Sicht:
Reisen im Boot des Odysseus

Wir glauben, dass keines dieser beiden Bilder zutreffend beschreibt, wie sich Kinder entwickeln. Teile des Baby-Programms reifen vermutlich heran und andere Dinge lernen Babys wahrscheinlich wirklich dadurch, dass sie beim Input auf Assoziationen stoßen und den Input mit dem Output in Verbindung bringen. Aber das kann noch nicht die ganze Wahrheit sein, ja nicht einmal die halbe. Die meisten von uns, die sich lange mit Babys und Kleinkindern beschäftigt haben, halten die Raupen-Analogie für wenig plausibel. Doch die Analogie von der Glocke, die zum Essen ruft, halten wir ebenfalls für wenig plausibel. Innerhalb der Entwicklungspsychologie existieren viele verschiedene Theorien darüber, wie sich das kindliche Verständnis von der Welt ändert. Dabei gehen die Vorstellungen über das Verhältnis von Reifung und Erfahrung weit auseinander.

Wir selbst vertreten die Ansicht, dass sich das gesamte Konzept, das Kinder von Menschen, Dingen und Wörtern haben, in den ersten drei Lebensjahren radikal ändert. Und zwar ändert es sich deswegen, weil die Kinder etwas über die Welt herausfinden. Wir haben bereits ausgeführt, dass Babys von Geburt an über komplexe, abstrakte, zusammenhängende Repräsentationen von der Welt verfügen und über Regeln, um sie zu verarbeiten. Diese Repräsentationen und Regeln nutzen sie, um ihre Erfahrungen zu verstehen. Und sie nutzen sie auch, um Voraussagen darüber zu treffen, wie die Welt sein wird. Aber sobald Babys das getan haben, können sie ihre Erfahrungen mit dem vergleichen, was sie vorhergesagt haben. Tauchen Diskrepanzen auf, können sie ihre Repräsentationen und Regeln entsprechend ändern. Wenn sie in ihren Erfahrungen ein neues Muster erkennen, können sie neue Repräsentationen und Regeln entwickeln, die sich auch auf dieses Muster anwenden lassen. Oft scheinen Babys eine ganze Reihe von Repräsentationen und Regeln ziemlich unvermittelt und auf einen Schlag über den Haufen zu werfen. Die neuen Repräsentationen und Regeln ziehen dann neue Erfahrungen und Voraussagen nach sich und damit beginnt der Prozess der Entwicklung und Überprüfung von Ideen erneut. Was wir erfahren, wirkt mit dem zusammen, was wir schon über die Welt wissen. Dadurch entsteht neues Wissen, das uns in die Lage versetzt, neue Erfahrungen zu machen, neue Voraussagen zu treffen und diese zu überprüfen. Dadurch wiederum können wir zu weiteren Erkenntnissen gelangen und so weiter.

Der Philosoph Otto Neurath hat das Wissen mit einem Boot verglichen, das wir umbauen, während wir darin segeln. Um das Boot, in dem Odysseus während seiner dreißigjährigen Irrfahrt lebte, flott zu halten, musste er es ständig reparieren und umbauen. Jeder Sturm und jede Windstille hatten zur Folge, dass an dem Boot etwas verändert werden musste. Am Ende der Reise war von dem ursprünglichen Gefährt kaum noch etwas übrig. Diese Metapher passt gut auf unsere Ansichten über die kognitive Entwicklung. Wir haben von Anfang an viele Meinungen über die Welt und mit Hilfe dieser Meinungen können wir verstehen, was um uns herum vorgeht, und entsprechend handeln – sie helfen uns, die Gewässer zu durchsteuern. Aber während wir das tun, erhalten wir weitere Informationen, die dazu führen, dass wir unsere Überzeugungen ändern und deshalb die Dinge neu verstehen und anders handeln.

Diese Veränderungen lassen sich in vielen Bereichen der kindlichen Entwicklung beobachten. Von Geburt an verbinden Babys ihre eigenen inneren Gefühle mit dem, was andere Menschen zum Ausdruck bringen. Diese Verbindung veranlasst sie, Menschen nachzuahmen und mit ihnen zu flirten, und sie spinnt Babys und Eltern in jenen wunderbaren, intimen, romantischen Kokon ein. Diese ursprüngliche Repräsentation ändert sich jedoch, sobald Kinder die Welt besser verstehen. Mit 18 Monaten haben sie sich bereits ein komplizierteres Bild zurechtgezimmert, das ziemlich anders aussieht und Menschen und Dinge integriert. Sie wissen nun einiges darüber, in welcher Hinsicht sich die Menschen voneinander unterscheiden und in welcher Hinsicht sie einander ähneln. Damit verwandeln sie sich von Meistern der Intimität in kompliziertere Wesen, die sowohl bösartige Ungeheuer als auch einfühlsame Engel sein können. Mit drei oder vier Jahren revidieren sie diese Vorstellungen aufs Neue. Jetzt fangen sie an, das Verhalten der Menschen aus den Ansichten heraus zu erklären, die diese über die Welt haben. Und sie entdecken, dass verschiedene Menschen möglicherweise auch ganz verschieden über die Welt denken. Diese Entdeckung wiederum verleiht Kindern neue Fähigkeiten: Einerseits können sie nun Menschen täuschen und skeptisch sein, andererseits sind sie nun aber auch in der Lage, die Sichtweise eines anderen Menschen wirklich zu verstehen.

Babys glauben zunächst, dass zwischen ihrem eigenen Geist und dem anderer Menschen tief greifende Ähnlichkeiten bestehen. Das gibt ihnen Starthilfe bei der Lösung des Problems vom fremden Ich. Aber während der ersten drei Lebensjahre bemerken sie auch die Unterschiede im Verhalten und in den Äußerungen der Menschen. Diese Unterschiede rühren daher, dass das Bewusstsein der einzelnen Menschen in Wirklichkeit nicht völlig identisch ist. Babys und kleine Kinder beobachten und lauschen ganz konzentriert, wenn die Mutter ihnen verbietet, das Lampenkabel zu berühren, oder der ältere Bruder ihnen sagt, dass sie völlig falsch liegen. Diese neuen Beweise veranlassen die Babys, ihre anfänglichen Überzeugungen zu revidieren.

Babys wissen auch von Anfang an, dass der Raum dreidimensional ist und dass sich Dinge in vorhersehbarer Weise bewegen. Sie langen sogar nach Gegenständen und schrecken vor ihnen zurück. In der Folge beobachten sie die Dinge in ihrer Umgebung und stellen allerhand damit an, spielen Verstecken und sortieren Gegenstände zu Häufchen, und so sehen sie diese Dinge, wenn sie ungefähr 18 Monate alt sind, auf neue Weise und suchen nach Erklärungen dafür. Sie lernen, dass dreidimensionale, bewegliche Objekte weiter existieren, egal, ob sie auftauchen oder verschwinden. Ebenso lernen sie, dass all diese Objekte in bestimmte Kategorien gehören. Wenn sie erst drei oder vier Jahre alt sind, haben sie ihre anfänglichen Kategorien in biologische Spezies und »natürliche Arten« umgewandelt und verstehen allmählich, dass aus Kätzchen Katzen werden und dass Tiger innere Organe haben, Steine dagegen nicht.

Und schließlich können Babys zunächst sämtliche möglichen Unterscheidungen zwischen sprachlichen Lauten treffen. Wie ein wahrer Weltbürger kann ein amerikanisches Neugeborenes afrikanische Kikuyu-Laute genauso gut unterscheiden wie englische Laute. Wenn die Babys zwölf Monate alt sind und die Laute ihrer eigenen Sprache wieder und wieder gehört haben, entwickeln sie neue Repräsentationen, in denen sich die Lautkategorien ihrer jeweiligen eigenen Sprache spiegeln. Einjährige amerikanische Babys können zwar die Kikuyu-Kategorien nicht mehr unterscheiden, die englischen aber besser als zuvor. Und sie sind sogar »englisch klingende« Babbler geworden.

Bei jedem dieser Prozesse beeinflusst das, was ein Baby bereits denkt, seine nächsten Schritte. Babys bestimmen, welchen Ereignissen sie Aufmerksamkeit widmen, welche Probleme sie in Angriff nehmen, welche Experimente sie durchführen und sogar, welchen Worten sie lauschen. Dann verändern Babys ihr Denken im Lichte dessen, was sie lernen.

Daneben verfügen Babys noch über eine weitere Fähigkeit, die die von Menschenhand gemachten Computer nicht besitzen. Sie können Dinge tun. Sie können sowohl aktiv in die Welt eingreifen als auch passiv etwas über sie lernen. Ein Einjähriges kann nach einer neuen Gummiente greifen, sie in den Mund stecken, mit ihr auf den Rand der Badewanne hämmern, sie ins Wasser plumpsen lassen und beobachten, wie sein Vater auf all das reagiert. Ein zentraler Aspekt unseres Bilds von der menschlichen Entwicklung ist, dass Babys aktiv herauszufinden versuchen, nach welchen Mustern die Dinge um sie herum ablaufen, aktiv Hypothesen überprüfen und nach Erklärungen suchen. Sie sind nicht einfach ungestalte Fleischklumpen, die durch die Evolution, ihre Umwelt oder die Erwachsenen geformt werden.

In Kapitel drei haben wir beschrieben, dass Kinder herausfinden *müssen*, was um sie herum vorgeht – sie haben eine Art Erklärungstrieb. Er drängt sie, sich so zu verhalten, dass sie die benötigten Informationen bekommen, und bringt sie dazu, zu forschen und zu experimentieren. Die scheinbar sinnlosen Aktivitäten, die wir als Spiel bezeichnen, gehen offenbar häufig auf diesen Trieb zurück. Babys, die dabei sind herauszufinden, was die Menschen denken, spielen Imitationsspiele. Babys, die erforschen, wie wir die Dinge sehen, spielen Versteck. Babys, die die Laute unserer Sprache erforschen, babbeln. Es ist ihnen mit dem Spaß sehr ernst.

Unsere archäologischen Untersuchungen der kindlichen Programme zeigen uns, dass die biologischen *Star-Trek*-Computer auf diesem Planeten ganz anders funktionieren als die von Menschen hergestellten Computer, die wir heute haben. Wenn wir versuchen würden, die biologischen Computer nachzubauen, müssten wir unseren Informatikern eine Menge sehr schwer umzusetzender Spezifikationen geben.

Die Baby-Computer haben zunächst ein spezifisches Programm, mit dem sie den Input, den sie erhalten, in exakte Repräsentationen von der Welt und dann in Voraussagen und Handlungen übersetzen. Aber das Interessante an diesen Computern ist, dass sie an diesem Punkt nicht Halt machen. Vielmehr programmieren sie sich selbst um. Sie greifen aktiv in die Welt ein, um mehr Input zu bekommen, und überprüfen ihre Voraussagen im Licht dieses neuen Inputs.

Was sie dabei herausfinden, bringt sie dazu, neue, völlig andere Repräsentationen zu entwickeln und ebenso neue, veränderte Regeln, um vom Input zur Repräsentation zu gelangen. Wenn wir einen neuen »Computer« herstellen wollten, der so leistungsfähig ist wie die biologischen, dann müsste er so beschaffen sein. (Obwohl – wenn es uns nur darum ginge, einen neuen »Computer« herzustellen, der all das kann, wüssten wir ja bereits, was wir zu tun haben. Und das ist viel einfacher und macht viel mehr Spaß als Programmieren.)

Große Babys

Wenn es stimmt, dass Babys und kleine Kinder so funktionieren, dann funktionieren wir Erwachsenen vielleicht auf die gleiche Weise. Schließlich sind wir nichts anderes als große, alte Babys. Vielleicht segeln auch wir im Boot des Odysseus, legen immer wieder von den Orten ab, an denen wir uns schon auskennen, sammeln neue Informationen über die Welt und revidieren unsere Ansichten im Lichte dessen, was wir herausgefunden haben.

In der Tat dürfte sich diese generelle entwicklungspsychologische Lerntheorie auf breite Bereiche anwenden lassen. Wir haben bereits gesehen, dass sie sowohl auf das Erlernen von Sprachen zutrifft als auch auf die Art und Weise, wie man etwas über die Welt lernt. Sie gilt für Arten des Lernens, die vielleicht eher wahrnehmungsbezogen erscheinen – zum Beispiel das Erlernen sprachlicher Unterschiede –, aber auch für Arten des Lernens, die uns eher konzeptionell erscheinen mögen, zum Beispiel das Lernen über Dinge. Sie trifft auf fast völlig unbewusste Lernvorgänge zu, zum Beispiel diejenigen, mit denen man sich größtenteils die Muttersprache aneignet, aber auch auf Lernformen, die viel bewusster erscheinen, zum Beispiel das Lernen über das fremde Ich.

Die generelle entwicklungspsychologische Theorie könnte in vieler Hinsicht auch auf Erwachsene zutreffen. Bilder, Gedichte oder sogar Musik entstehen ebenfalls auf diese Weise. Auch Künstler schaffen komplexe, abstrakte, zusammenhängende Repräsentationen von der Welt (sogar in der gegenstandslosen Kunst). Diese Repräsentationen gehen über das hinaus, was wir sehen, und wollen etwas erfassen, das wir für wahr halten. Die künstlerischen Repräsentationen bauen auf bereits geschaffenen Werken auf, erweitern und revidieren aber auch die künstlerischen Traditionen und führen neue Methoden ein, um neue Probleme zu lösen. Künstler experimentieren aktiv mit neuen Möglichkeiten und verändern das, was sie tun, im Lichte dessen, was sie herausgefunden haben. Und natürlich verändert eine neue künstlerische Leistung unsere Weltsicht, manchmal im wahrsten Sinn des Wortes.

Und es erscheint zumindest möglich, dass die entwicklungspsychologische Theorie auch auf die Art und Weise zutrifft, wie wir moralische und politische Entscheidungen fällen. Wir fangen mit einigen grundlegenden Vorstellungen darüber an, wie die Menschen einander behandeln sollten oder wie eine Gesellschaft organisiert sein sollte. Aber dann experimentieren wir auch mit neuen Gedanken über Menschen und über die Organisation von Gesellschaften, mit Möglichkeiten, von denen wir glauben, dass sie vielleicht besser funktionieren. Wir beobachten, unter welchen Bedingungen Menschen und Gesellschaften aufblühen oder degenerieren. Und wir revidieren unsere Vorstellungen im Licht der neuen Erkenntnisse, ganz besonders der Resultate unserer praktischen politischen Experimente.

Der Wissenschaftler als Kind: Die Theorie von der Theorie

Das menschliche Lernen kann also oftmals der Reise im Boot des Odysseus gleichen. Doch eine spezifische Art des Lernens bei Erwachsenen scheint dem kindlichen Lernen besonders ähnlich zu sein. Eine Reihe von Entwicklungspsychologen haben in jüngster Zeit geltend gemacht, dass das, was die Kinder tun, auffallend dem ähnelt, was erwachsene Wissenschaftler tun. Kinder entwickeln und revidieren Theorien in genau derselben Weise wie Wissenschaftler. Mit Hilfe dieser Vorstellung lassen sich anscheinend zumindest einige Formen der kognitiven Entwicklung sehr gut erklären. Wir bezeichnen sie als »Theorie von der Theorie«, also eine Theorie, die besagt, dass Kinder Theorien über die Welt haben.

Wir glauben, dass sehr starke Ähnlichkeiten zwischen einigen speziellen Formen des frühkindlichen Lernens – insbesondere des Lernens über Dinge und über den Geist – und wissenschaftlichen Theorieveränderungen bestehen. Tatsächlich glauben wir sogar, dass beides nicht nur ähnlich, sondern identisch ist. Wir meinen nicht nur, dass die Babycomputer dieselbe allgemeine Struktur haben wie die Erwachsenen-Wissenschaftler-Computer, in der Weise, wie wahrnehmungsbezogenes, künstlerisches und politisches Lernen vielleicht jeweils dieselbe generelle Struktur hat. Nein, wir glauben, dass Kinder und Wissenschaftler teilweise tatsächlich die gleiche Maschinerie benutzen. Wissenschaftler sind große Kinder. Sie sind beim Lernen so erfolgreich, weil sie diejenigen kognitiven Fähigkeiten nutzen, die die Evolution für die Kinder entwickelt hat.

Auch auf die Wissenschaft passt weder das Bild vom Wachstum der Raupe noch das von der Assoziation, die der Essens-Gong weckt. Es ist äußerst unwahrscheinlich, dass Einsteins Relativitätstheorie schon von Geburt an in unseren Genen codiert ist und zufällig im Jahre 1905 in Einsteins Gehirn zur Reife kam. Andererseits wissen wir seit langem, dass Wissenschaftler die Welt nicht einfach nur beobachten und das aufschreiben, was sie sehen. Stattdessen haben Wissenschaftler, genau wie Babys, reichhaltige, komplexe, abstrakte und zusammenhängende Repräsentationen von der Welt. Sie haben Theorien. Die Theorien übersetzen den Input – die Beweise, die ein Wissenschaftler sammelt – in abstraktere Repräsentationen von der Realität.

Genau wie Kinder diejenigen Tatsachen ignorieren oder umdeuten, die nicht zu ihren Repräsentationen passen, ignorieren auch Wissenschaftler – zumindest anfänglich – häufig die Fakten, die nicht zu ihren Theorien passen, oder interpretieren sie einfach um. Das ist auch nicht unbedingt schlecht. Wir würden nicht jedes Mal die Gesetze der Physik neu schreiben wollen, wenn ein Student in den ersten Semestern seinen Laborversuch vermasselt und ein merkwürdiges Resultat erzielt. Zu den Vorteilen einer Theorie gehört es ja, für Wissenschaftler genau wie für Kinder, dass sie einem sagt, worauf man achten sollte.

Die Theorien gehen auch über die Beweise hinaus, auf denen sie beruhen. Das heißt, dass sie es Wissenschaftlern gestatten, neue Vorhersagen über Dinge zu treffen, die sie noch nie gesehen haben – genau wie auch die Repräsentationen der Kinder es diesen erlauben, Neues vorauszusagen. Mit Hilfe dieser Voraussagen können Wissenschaftler und Kinder effektiver mit der Welt umgehen.

So wie Babys mit der Welt herumspielen und ihre Hypothesen an den Dingen in ihrer Umgebung ausprobieren, so führt ein Wissenschaftler Experimente durch. Natürlich sind die Spielsachen der Wissenschaftler wesentlich teurer. Wenn Babys etwas über Dinge herausfinden wollen, brauchen sie dazu nur ein paar Rührschüsseln; wenn man etwas über Neutrinos herausfinden will, braucht man buchstäblich einen Gesetzesbeschluss.

Genau wie Kinder ihr Wissen aufgrund ihrer Entdeckungen schließlich revidieren und sogar ersetzen, geben Wissenschaftler irgendwann auch geschätzte Theorien zugunsten neuer auf. Es stimmt zwar, dass Wissenschaftler das weniger bereitwillig tun als Kinder, aber das kann natürlich etwas damit zu tun haben, dass ihre Spielsachen so teuer waren.

Somit zeigt sich, dass die beiden erfolgreichsten Beispiele für die menschliche Lernfähigkeit einander stark gleichen. Kinder und Wissenschaftler sind die besten Schüler der Welt und sie wenden offenbar sehr ähnliche, ja identische Methoden an – Methoden, wie sie nicht einmal unseren besten Computern zur Verfügung stehen. Dabei fangen sie nie ganz von vorne an, sondern modifizieren ihr vorhandenes Wissen und ändern es ab, um so zu neuen Erkenntnissen zu gelangen. Aber sie halten auch nie dauerhaft an ihren Dogmen fest – das, was sie schon wissen (oder zu wissen glauben), kann immer aufs Neue revidiert werden.

Die Vorstellung, dass Wissenschaftler wie Kinder sind, mag zwar auf den ersten Blick überraschend wirken, doch sie trägt dazu bei, eine Reihe andernfalls rätselhafter Tatsachen zu erklären. Schließlich haben Wissenschaftler genau dasselbe Gehirn wie wir alle. Und Wissenschaft ist deswegen überzeugend, weil auf irgendeiner Ebene jeder von uns zu erkennen vermag, dass es von Wert ist, wenn man erklären kann, was um uns herum vorgeht, und vorhersagen kann, was sich künftig ereignen wird. Jedoch nützen wir unser Gehirn erst seit etwa 500 Jahren dazu, organisierte Wissenschaft zu betreiben. Warum sollten wir derart gewaltige Lernfähigkeiten besitzen, wenn wir sie damals im Pleistozän überhaupt nie genutzt haben? Wo haben wir diese Fähigkeiten her? Und warum sollten so starke Ähnlichkeiten zwischen den Wissenschaftlern, jenen großen, mächtigen Zauberern, und den unbedarften kleinen Geistern bestehen, die von ihnen untersucht werden?

Unsere Antwort lautet, dass sich jene Fähigkeiten herausgebildet haben, um von Babys und Kleinkindern eingesetzt zu werden. Im ersten Kapitel dieses Buches haben wir die evolutionäre Wechselbeziehung zwischen einer besonders langen Reifephase und der Flexibilität des Denkens beschrieben. Wir haben vorgebracht, dass der Mensch als Spezies die Nachteile der Unreife gegen die Vorteile des Lernens eintauscht. Wir Menschen können flexibler denken als alle anderen Spezies und uns den verschiedenartigsten Umgebungen anpassen. So sehr darüber diskutiert wird, ob sich die ersten Menschen von Afrika aus durch eine einzige Völkerwanderung verbreitet haben oder durch mehrere – niemand stellt in Frage, *dass* wir uns über die Erde zerstreut haben, während unsere nächsten Verwandten unter den Primaten da blieben, wo sie waren. Wir haben die ganze Erde bevölkert und es sogar bis hinauf in den Weltraum geschafft. Wir überleben, weil wir unser Verhalten so ändern, dass es genau an die Umgebung angepasst ist, in der wir uns wiederfinden. Wir sind imstande herauszufinden, was es mit einer Eisscholle, einer Wüste oder mit South Central L.A. auf sich hat. Und wir können unser Handeln so verändern, dass wir in jeder dieser rauen Welten zurechtkommen.

Wir haben auch die unreifste und unselbstständigste Nachkommenschaft. Eltern von College-Absolventen, die immer noch zu Hause im Gästezimmer wohnen, beneiden vielleicht manchmal Katzenmütter und Vogelväter, die ihre Jungen nach ein paar Monaten gnadenlos hinauswerfen. Dennoch wissen wir, dass wir es nicht fertig bringen würden, ähnlich gnadenlos zu sein. Und unsere Babys würden auch nicht überleben, wenn wir es wären (gut, bei den College-Absolventen mögen die Dinge anders liegen). Keine Kreatur ist länger existenziell von anderen abhängig als ein Menschenbaby. Und keine Kreatur trägt die Last, die diese Abhängigkeit bedeutet, so bereitwillig und so lange wie ein menschlicher Erwachsener.

Diese Merkmale unseres evolutionären Plans stehen im Einklang mit der Vorstellung, dass Menschen über ungewöhnlich große und flexible Lernfähigkeiten verfügen. Diese Lernfähigkeiten setzen wir ein, solange wir uns in dem geschützten, lange währenden paradiesischen Zustand befinden, den wir Kindheit nennen. Während der Zeit unserer Unreife müssen wir uns nicht weiter ums Überleben kümmern, das tun die Erwachsenen für uns. Dies gibt uns die Freiheit, vielfältige Möglichkeiten zu erkunden und genau das zu lernen, was wir in unserer speziellen Umgebung brauchen. Während unserer Kindheit können wir uns unbesorgt der Aufgabe widmen, unsere spezifische physische und soziale Umwelt kennen zu lernen. Wir können reine Grundlagenforschung betreiben, während die Erwachsenen die nötigen finanziellen Mittel und die erforderliche Technologie zur Verfügung stellen.

Über weite Strecken unserer Geschichte gaben die meisten Erwachsenen diese Form des Lernens auf, sobald sie herangereift waren und sich den vier *F*'s zuwandten, die unsere eigentlichen evolutionären Aufgaben sind (Füttern, Fliehen, Krieg Führen und uns Fortpflanzen). Das meiste, was wir wissen müssen, haben wir ja auch schon lange vor dem Kindergartenalter gelernt. Als Erwachsene können wir in unserer jeweiligen Welt überleben, weil wir als Kinder herausgefunden haben, wie es geht.

Doch weil diese Lernfähigkeiten in uns fortbestehen, können manche Menschen auch als Erwachsene noch einen Teil ihrer Zeit darauf verwenden, weiter neue Dinge über die Welt zu lernen, in der wir leben. Gibt man Erwachsenen Muße, Geld und interessante Probleme zu lösen, dann können sie fast so schlau sein wie Babys. Wir glauben, dass sich im ganzen Verlauf der menschlichen Geschichte manche Erwachsene weiter damit beschäftigt haben, neue Dinge über die Welt zu lernen, besonders, wenn es dabei um konkrete Überlebensfragen ging. So würden sich zum Beispiel die »volksbotanischen« Errungenschaften von Jäger- und Sammlervölkern oder die geografischen Leistungen der australischen Ureinwohner erklären. Vor rund 500 Jahren jedoch wollten es dann die Wechselfälle der Geschichte, dass noch viel mehr Erwachsene die Gelegenheit erhielten, etwas über die Welt zu lernen. Wir erfanden Institutionen, in denen man dieselben Bedingungen vorfand wie in der Kindheit – geschützte Muße und die richtigen Spielsachen. Der Überbegriff für diese Institutionen lautet »Wissenschaft«.

Vor 500 Jahren wurde eine natürliche kindliche Aktivität in eine institutionell organisierte Erwachsenen-Aktivität umgewandelt. Selbstverständlich ergaben sich aus dieser Umwandlung zahlreiche

Unterschiede zwischen dem, was Kinder tun, und dem, was Wissenschaftler tun. Der bedeutendste Unterschied mag darin bestehen, dass Kinder typischerweise Theorien über häufig vorkommende, in ihrer Nähe befindliche, mittelgroße Objekte aufstellen, zu denen auch Menschen zählen. Daher finden sie mehr als genug relevante Beweise für ihre Theorien. Alles, was sie wissen müssen, ist ihnen leicht zugänglich. Wissenschaftler dagegen entwickeln häufig Theorien über Objekte, die sehr groß oder sehr klein, verborgen, selten oder weit entfernt sind. Und die entsprechenden Beweise sind oft dünn gesät. Sie stellen Theorien über Dinge wie ferne Gestirne oder rätselhafte Krankheiten auf. Dieser relativ kleine Unterschied hat weit reichende kognitive und soziale Konsequenzen.

Offenbar entwickeln alle kleinen Kinder im gleichen Alter die gleichen Theorien. Manche Entwicklungspsychologen meinen, dass das für die These vom raupenartigen Wachstum spricht. Aber andererseits kann man gar nichts anderes erwarten, wenn die Kinder von denselben Theorien ausgehen, über dieselben Mechanismen verfügen, um diese Theorien zu revidieren, und eine Menge ähnlicher Beweise finden. Babys auf der ganzen Welt fangen mit den gleichen Vorstellungen von Menschen und Dingen an und machen mit Menschen und Dingen ähnliche Erfahrungen. In jeder Kultur werden unterschiedliche Menschen manchmal unterschiedliche Meinungen und Wünsche haben und in jeder Kultur existieren Dinge weiter, auch wenn sie versteckt wurden. Diese alltäglichen Vorkommnisse liefern das Beweismaterial, aufgrund dessen Kinder ihre ursprünglichen Theorien revidieren.

Im Gegensatz dazu können verschiedene Wissenschaftler und Menschen in verschiedenen historischen Zeitaltern und Kulturen sehr unterschiedliche Beweismittel zu Phänomenen wie Sternen und Krankheiten finden. Oft stehen ihnen auch nur wenige relevante Beweismittel zur Verfügung. Daher kann es sein, dass sie zu unterschiedlichen Schlüssen gelangen. Wenn Wissenschaftler von denselben Theorien ausgehen, dieselben Probleme zu lösen versuchen und dieselben Belege finden – wenn sie also in der gleichen Situation wie Babys sind –, dann entwickeln sie tatsächlich auch etwa zur gleichen Zeit ähnliche neue Theorien. Das ist der Grund, warum so viele Nobelpreise unter mehreren Wissenschaftlern aufgeteilt werden.

Ein großer Teil des institutionalisierten Wissenschaftsapparats befasst sich damit, die Suche nach Beweismaterial zu organisieren und dieses Material qualitativ zu beurteilen. In der Wissenschaft ist eine komplizierte Arbeitsteilung nötig, weil es viel Mühe kostet, auch nur die richtigen Daten zu finden. Babys und Kleinkinder nutzen bei der Lösung von Problemen zwar auch die Hilfe anderer Menschen, aber die elementaren Beweise, die sie brauchen, finden sie überall. Dagegen kann es vorkommen, dass ein ganzes Forschungsinstitut voller Postdoktoranden, graduierter Studenten und wissenschaftlicher Assistenten Monate braucht, um die Beweise zu finden, die nötig sind, um eine bestimmte wissenschaftliche Hypothese zu belegen.

Die Arbeitsteilung macht auch komplizierte und manchmal brüchige soziale Mechanismen erforderlich, ohne die es keine Vertrauensbasis gäbe. Kinder gehen einfach davon aus, dass sie glauben können, was Mama ihnen sagt. Wissenschaftler dagegen müssen sich nicht nur auf ihre Postdoktoranden und Assistenten verlassen, sondern auch auf konkurrierende Wissenschaftler in anderen Forschungseinrichtungen.

Um das Jahr 1500 begann sich eine komplexe Industriegesellschaft herauszubilden, die bedeutende Fortschritte auf den Gebieten der Kommunikation und Technologie erzielte. Wir glauben, dass die eben beschriebene wissenschaftliche Arbeitsteilung dadurch erst möglich wurde. Nun konnten wir es uns leisten, manche Menschen von den Alltagsgeschäften freizustellen, sodass sie sich dem Bemühen widmen konnten, mehr über die Welt herauszufinden. Dabei konnte Galileo in Italien auf Daten zurückgreifen, die Tycho Brahe in Dänemark gesammelt hatte, und auf Berechnungen, die Johannes Kepler in Deutschland angestellt hatte. Und allesamt konnten sie sich das Teleskop zunutze machen. All diese sozialen und technologischen Veränderungen trugen dazu bei, dass die neue Theorie über das Planetensystem entstand.

Wie es scheint, erfinden die Wissenschaftler außerdem neue kognitive Verfahren, um Probleme in Angriff zu nehmen, auf die uns die Natur nicht vorbereitet hat. Babys und Kleinkindern geht es weniger darum, Beweismaterial zu bewerten, als es zu verstehen. Ihnen ist es hauptsächlich wichtig, Beweise zu erklären, und nicht, über ihre Verlässlichkeit zu entscheiden. Für erwachsene Wissenschaftler dagegen ist es oft sehr wichtig, aber schwierig, zu beurteilen, ob Beweise haltbar sind. Wir müssen daher detaillierte Versuchsprotokolle und –anordnungen entwickeln, um sicherzugehen, dass Wissenschaftler an verschiedenen Orten zu denselben Resultaten gelangen. Und wir müssen statistische Methoden einführen, um Beweise bewerten zu können, die auf Wahrscheinlichkeit beruhen. Wissenschaftler müssen entscheiden, wann sie einen bestimmten Beweis akzeptieren und wann sie skeptisch bleiben. Kinder können sich zweifellos mehr Leichtgläubigkeit leisten.

Diese Unterschiede zwischen Kindern und Wissenschaftlern sind sehr real. Trotzdem glauben wir, dass Babys und Wissenschaftler grundsätzlich über dieselbe kognitive Maschinerie verfügen. Sie haben ähnliche Programme und programmieren sich auf die gleiche Weise um. Sie formulieren Theorien, treffen Voraussagen und überprüfen sie, suchen nach Erklärungen, führen Experimente durch und revidieren ihre Erkenntnisse, wenn sich neue Beweise auftun. Diese Fähigkeiten sind grundlegende Voraussetzungen für wissenschaftlichen Erfolg. Der ganze gesellschaftlich verankerte Wissenschaftsapparat wäre nutzlos, wenn der einzelne Wissenschaftler keine Theorien entwickeln und nachprüfen könnte.

Natürlich bedeutet das, dass auch Nicht-Wissenschaftler diese Fähigkeiten besitzen, selbst wenn sie vielleicht nicht so viel Gebrauch von ihnen machen. Wir glauben, dass diese grundlegenden Fähigkeiten Teil der evolutionären Ausstattung des Menschen sind. Mit ihrer Hilfe können wir der Wahrheit über die Welt auf den Grund gehen, weil sie dazu von der Evolution angelegt wurden. Unsere Augen sind auf raffinierte, kunstvolle Weise so eingerichtet, dass wir mit ihrer Hilfe etwas über die Welt herausfinden können. Mit unserem Gehirn verhält es sich ebenso.

Der »Erklärungs-Orgasmus«

Die biologischen Computer unterscheiden sich von den von Menschen hergestellten auch dadurch, dass Menschen Emotionen und Motivationen haben, über die der elektronische Computer in dieser Form nicht verfügt. Als *Star-Trek*-Archäologen können wir jedoch auch die Emotionen und Motivationen der Biocomputer auf diesem Planeten untersuchen. Wir können sogar einige Hypothesen darüber aufstellen, welche Zusammenhänge zwischen diesen Emotionen und Motivationen und den Rechnerleistungen der Computer bestehen.

Wir glauben, dass Babys sogar einige der Emotionen und Motivationen der Wissenschaftler teilen. Als Baby fühlt man sich vielleicht genauso, wie man sich als Wissenschaftler fühlt. Babys können ihre Welt nicht nur erkunden und erklären. Sie werden anscheinend dazu getrieben – so sehr, dass sie Leib und Leben und mütterliche Tobsuchtsanfälle riskieren. Wie andere Triebe, so ist auch der menschliche Erklärungstrieb mit bestimmten Gefühlen verbunden: tiefer, nagender Unzufriedenheit, wenn man sich einfach keinen Reim auf etwas machen kann, und unverkennbarer Freude, wenn man der Sache auf den Grund kommt. Wir können diese Emotionen Babys und kleinen Kindern auch wirklich ansehen. Sie schürzen die Lippen und runzeln die Stirn, wenn wir sie mit einem Problem aus dem Bereich der Objekt-Permanenz oder der falschen Überzeugungen konfrontieren. Und bevor sie uns die richtige Antwort geben, erscheint ein strahlendes, geradezu selbstgefälliges Lächeln auf ihrem Gesicht. (Viele unserer Versuchs-Babys fanden wir über die *La Leche League*, eine Gruppe zur Förderung des Stillens. Wenn wir diesen Babys eine richtig harte Nuss zu knacken gaben, runzelten sie oft die Stirn, holten sich zur Beruhigung bei ihren Müttern schnell einen kleinen Snack ab und wandten sich dann, gestärkt und guter Dinge, wieder dem Problem zu – das könnte den nächtlichen Konsum von Zigaretten und Schokoriegeln in wissenschaftlichen Instituten erklären.)

Sogar viel beschäftigte Erwachsene, die sich ganz auf die moderne Version der vier F's konzentrieren (höhere Gehälter anstreben, seine Geschäftsfeinde einschüchtern, diejenigen, die man nicht einschüchtern kann, übers Ohr hauen und in der Büroküche stehen und flirten), wissen, wie befriedigend es ist, wenn man einer Sache auf den Grund kommt. Wenn wir populärwissenschaftliche Bücher lesen und dabei sehen, wie Probleme gelöst werden und Merkwürdiges geklärt wird, verschafft uns das eine Art Ersatzbefriedigung. In unserer Freizeit stellen wir uns selbst Aufgaben, vom Schachspiel bis zum Kreuzworträtsel, und freuen uns, wenn wir die Lösung gefunden haben. Auch wir Erwachsenen spielen noch ganz gern, wenn man uns lässt.

Wenngleich professionelle Wissenschaftler zum Teil vermutlich von Gier, Ehrgeiz, Besorgnis, Lust und anderen Erwachsenen-Trieben gesteuert werden (die vier F's sind in jeder wissenschaftlichen Einrichtung präsent), so spielen doch auch diese kognitiven Emotionen eine wichtige Rolle. Der Physiker Steven Weinberg formulierte es so: »Die Natur scheint auf uns wie eine Lehrmaschine zu wirken. Wenn ein Wissenschaftler zu einem neuen Verständnis von der Natur gelangt, spürt er intensive Freude. Diese Erfahrungen, die über lange Zeiträume gemacht wurden, haben uns beurteilen gelehrt, welche wissenschaftliche Theorie uns die Freude darüber verschaffen wird, dass wir die Natur verstanden haben.« Die NASA-Wissenschaftler, die für die Mars-Sonden verantwortlich waren, drückten ihr Entzücken aus, indem sie sagten, sie hätten sich wie kleine Kinder gefreut. Keiner von ihnen sagte, er hätte sich gefühlt, als hätte er gerade eine Erektion bekommen.

Erklärungen verhalten sich zum Denken wie Orgasmen zur Fortpflanzung: Sie sind intensive Lusterlebnisse, die zeigen, dass ein natürlicher Trieb erfolgreich befriedigt wurde. Der im 17. Jahrhundert lebende Philosoph Thomas Hobbes drückte das so aus: »Es gibt eine Lust des Geistes, die, durch andauernde Freude über die ständige, unermüdliche Erzeugung von Wissen, den kurzen Ausbruch fleischlicher Lust weit übertrifft« (was ein wenig übertrieben sein mag). Wir glauben, dass diese typisch menschlichen kognitiven Emotionen – die Qual der Verwirrung und die Ekstase der Erklärung – anzeigen, dass sie auf einem natürlichen kognitiven System beruhen, das uns das Lernen ermöglicht, wenn wir noch sehr jung sind.

Es mag uns so vorkommen, als würden wir Theorien über die Welt entwickeln, weil wir Erklärungen haben wollen, genau wie es uns so scheint, als würden wir Sex haben, weil wir Orgasmen wollen. Vom evolutionären Standpunkt aus betrachtet, verhält es sich jedoch genau umgekehrt. Orgasmen sorgen dafür, dass wir immer wieder versuchen werden, Sex zu haben. Und unsere Freude an Erklärungen sorgt dafür, dass wir versuchen werden, immer bessere, stimmigere Theorien über die Welt zu formulieren. Wenn wir die Welt richtig verstehen, verschafft uns das, genau wie der Sex, auf lange Sicht einen evolutionären Vorteil. Triebe und Emotionen verwandeln diese langfristigen Vorteile in kurzfristige Motivationen. Jeder von uns wird manchmal von diesen kognitiven Emotionen vorangetrieben, Wissenschaftler verspüren sie die meiste Zeit und Babys, die noch so viel lernen müssen, sind ihnen praktisch völlig ausgeliefert.

Wenn wir Babys untersuchen, erkennen wir, dass die Biocomputer auf diesem Planeten sich auch in dieser Hinsicht von den Computern unterscheiden, die von Menschenhand gefertigt wurden. Sie rechnen, lernen, folgern und wissen nicht einfach nur: Sie werden dazu getrieben, all das zu tun, und sind so programmiert, dass es ihnen intensive Freude bereitet.

Andere Menschen

Ein weiterer Unterschied zwischen den künstlichen und den biologischen Computern besteht darin, dass die Biocomputer gegenseitig direkten Einfluss auf ihre Programme ausüben. Sie arbeiten als Teil eines komplexen sozialen Netzwerks. Wie wirkt sich das auf unsere Lernmethoden aus? Wie viel lernen Kinder selbst über die Welt und wie viel wird ihnen beigebracht?

Eltern – definitiv auch diejenigen, die dieses Buch schreiben – schwanken meist zwischen einer manischen, wahnhaften Gewissheit, dass alles von ihnen abhängt, und einem deprimierenden, vernichtenden Gefühl von Hilflosigkeit. Ebenso ergeht es der Entwicklungspsychologie. Manche Theorien vernachlässigen den Einfluss anderer Menschen. Auf die Raupen-Theorien trifft das natürlich ganz klar zu. Wenn das meiste, was wir wissen, schon in unseren Genen festgeschrieben ist, haben Eltern oder andere Menschen nicht viele Einflussmöglichkeiten. Piaget neigte ebenfalls dazu, den Einfluss anderer Menschen gering einzuschätzen. Er war so darum bemüht, die Rolle des Kindes bei der Entwicklung herauszustellen, dass er die Rolle der Erwachsenen als nebensächlich darstellte. (Als Piaget das Zentrum in Genf übernahm, änderte er das Wahrzeichen der Schule. Es hatte einen Erwachsenen gezeigt, der ein Kind führt; Piaget machte daraus ein Kind, das einen Erwachsenen führt.)

Andere Schulen dagegen, der Behaviorismus zum Beispiel, neigten dazu, den Eltern und sonstigen Bezugspersonen eine zentrale Rolle zuzuweisen. Sie seien, so die Theorie, für alles Gute wie auch für alles Schlechte an ihren Kindern verantwortlich. Vielleicht erfreuen sich diese Ansichten deswegen weiterhin einiger Beliebtheit, weil sie erwachsene Kinder von der Eigenverantwortung befreien (man kann ja alles auf Mama schieben) und außerdem den Erwachsenen ein Machtgefühl verleihen.

Erziehen ist naturgegeben

All diese Theorien und Debatten gehen davon aus, dass eine tiefe Kluft zwischen einem »natürlichen«, biologisch determinierten und genetisch festgelegten Teil des Wissens und einem »kulturellen«, gesellschaftlich determinierten Teil besteht, der von den Eltern vermittelt wird. Die neue entwicklungspsychologische Forschung entzieht dieser Differenzierung den Boden. Die Wechselwirkungen zwischen Kindern und Erwachsenen sind offenbar so naturgegeben und in uns verwurzelt wie alles andere an uns auch. Nehmen wir etwas so Simples wie die Tatsache, dass Babys so unglaublich niedlich sind. Wie sich herausstellt, ist diese Niedlichkeit eine wohlfundierte biologische Tatsache, bei der es sowohl um uns als auch um die Babys geht. Zum Teil ist es einfach ein physisches Phänomen. Die Züge eines Babygesichts – die große, vorgewölbte Stirn, die großen Augen, der kleine Mund und das kleine Kinn – rufen bei Erwachsenen automatisch positive Reaktionen hervor. Sie wecken Liebe nicht nur bei Müttern (die bekanntlich sogar Gesichter lieben, die wirklich nur eine Mutter lieben kann), sondern bei fast jedermann. Man kann etwas erzeugen, was Biologen als »supernormalen Baby-Stimulus« bezeichnen – ein künstliches Gesicht, in dem all diese Züge übertrieben ausgeprägt sind –, und die Menschen werden darauf noch positiver reagieren. Sie werden es für super-niedlich halten.

Hollywood macht sich diesen Effekt unbewusst zunutze. Der Außerirdische E.T. sieht zwar oberflächlich betrachtet unheimlich und fremdartig aus. Aber eigentlich ist er ein supernormaler Stimulus mit übertriebenen Baby-Zügen. Genauso ist es mit den *Ewoks* in den *Star-Wars*-Filmen. Diese Koordination zwischen dem Aussehen von Babys und dem, was Erwachsene für niedlich halten, ist Teil der Evolution. Sie veranlasst Erwachsene, Verhältnisse zu schaffen, in denen Babys gedeihen können.

Der Niedlichkeitseffekt ist jedoch nicht nur ein physisches Phänomen. Denken Sie etwa an die Imitation. Wir haben gesehen, dass schon sehr kleine Babys die Mimik Erwachsener nachahmen können. Bei E.T. fühlen sich sowohl Elliott, der kleine Held, als auch die Zuschauer sofort zu dem Alien hingezogen, wenn sie sein niedliches Gesicht sehen. Aber so richtig kommt die Verbindung erst zustande, als E.T. anfängt nachzumachen, was Elliott tut. Dieser Austausch zeigt Elliott und uns, den Zuschauern, dass E.T. ein Wesen ist, das ein Bewusstsein hat und uns irgendwie gleicht.

Ähnlich ist die Wirkung, wenn man sieht, wie ein ganz kleines Baby einen nachahmt. Plötzlich ist man aufeinander eingestimmt, miteinander verbunden, *en rapport.* Dieses kleine, merkwürdige Wesen macht auf einmal Sinn. Aber Nachahmung ist kein Spiel, das man allein spielen kann. Dazu sind zwei Menschen nötig.

Babys selbst scheinen gegenseitige Imitationsspiele genauso zu mögen wie Erwachsene. Babys imitieren nicht nur die Erwachsenen, die Erwachsenen imitieren unbewusst auch die Babys. Mütter öffnen selbst den Mund, wenn sie einen Löffel in den Mund des Babys schieben. Andy entdeckte außerdem, dass Babys wissen, wenn Erwachsene sie nachmachen, und dass ihnen das gefällt. Er ließ sich von der alten Marx-Brothers-Nummer inspirieren, bei der Chico auf der einen Seite einer Spiegeltür steht und alles nachmacht, was Groucho tut. Andy führte ein Experiment durch, bei dem ein Erwachsener wie ein menschlicher Spiegel mit einem Baby »verbunden« war. Der Erwachsene tat alles, was das Baby tat. Schlug das Baby auf den Tisch, tat der Erwachsene das Gleiche; hob das Baby den Arm, hob der Erwachsene ihn auch. Ein anderer Erwachsener erhielt den Auftrag, immer etwas anderes zu tun als das Baby: Wenn das Baby die Hand hob, schlug der Erwachsene auf den Tisch und so weiter. Einjährige sahen durchgehend lieber dem Erwachsenen zu, der sie nachmachte. Außerdem fingen sie an, »Tests« zu veranstalten, genauso, wie es Groucho in seiner Nummer macht. Sie taten irgendetwas Merkwürdiges, nur um zu sehen, wie der Erwachsene darauf reagierte.

Hier gilt dasselbe wie für die simple physische Niedlichkeit: Sowohl Erwachsene als auch Babys scheinen biologisch darauf programmiert zu sein, sich gegenseitig nachzuahmen. Aber es gibt auch einen interessanten Unterschied zwischen diesen beiden Phänomenen. Die biologische Vorliebe für Babygesichter ist uns anscheinend von der Natur eingepflanzt. Es handelt sich um eine Art Instinkt und natürlich sind auch die Babygesichter selbst genetisch determiniert. Die Imitation dagegen bringt Babys dazu, sich auf neue, genetisch *nicht* festgelegte Weise zu verhalten, und zwar tatsächlich so, wie die Erwachsenen ringsum. Imitation ist der Motor der Kultur. Indem kleine Kinder die Erwachsenen in ihrer Umgebung nachahmen, lernen sie, wie man sich in der jeweiligen

Gesellschaft verhält – der einzelnen Familie, Gemeinschaft oder Kultur –, in die sie hineingeboren wurden. So können Kinder lernen, wie man Bogen schießt, ein Puppe anzieht oder gar bizarre kulturelle Rituale ausführt – sich zum Beispiel jeden Morgen ein Stück Plastik mit Zähnen durch die Haare zieht und jeden Abend eine steife Bürste an den eigenen Zähnen reibt.

Mit Hilfe der Nachahmung können Babys und Kleinkinder auch wichtige neue Erkenntnisse über die Funktionsweise der physischen Welt gewinnen. In Kapitel zwei haben wir geschildert, wie Einjährige, die einen Erwachsenen dabei beobachten, wie er die Stirn gegen eine Schachtel drückt, um sie zum Leuchten zu bringen, anschließend das Gleiche selbst tun. Menschliche Babys, die sehen, wie ein Erwachsener ein Werkzeug auf eine bestimmte Weise einsetzt, lernen, dieses Werkzeug selbst einzusetzen. Und wenn Erwachsene ein Baby nachahmen, oft mit irgendeiner Erwachsenen-Variante, können sie ihm dadurch zeigen, was es tun soll. Imitation ist ein angeborener Mechanismus, mit dessen Hilfe man von Erwachsenen lernen kann, ein kultureller Instinkt. Jüngste Untersuchungen zeigen auch, dass die meisten anderen Tiere nicht auf diese Weise durch Imitation lernen.

»Mutterisch« ist ein weiteres gutes Beispiel dafür, dass die Erwachsenen darauf angelegt sind, Kindern beim Lernen zu helfen. Wenn Erwachsene mit Babys sprechen, verfallen sie ganz unbewusst in diese spezielle Sprache. Mutterisch fesselt die Aufmerksamkeit des Babys; es scheint diese Art von Sprache von Natur aus gern zu hören. Aber gleichzeitig hebt Mutterisch auch die Lautstruktur einer Sprache besonders deutlich hervor. Denken Sie daran, dass schwedische, englische und russische Mütter jeweils andere Arten von Vokalen verwenden – Vokale, die dazu beitragen, die Struktur ihrer jeweiligen Sprache aufzuzeigen. Babys scheinen darauf angelegt zu sein, diese Informationen unbewusst zu nutzen, um den Sprachcode zu knacken. Genau wie die Imitation den Kindern hilft, die spezifischen menschlichen Verhaltensweisen in ihrer jeweiligen Kultur kennen zu lernen, hilft Mutterisch den Babys offensichtlich, die spezifischen Laute ihrer eigenen Sprache zu lernen.

Dabei lernen Kinder durch Mutterisch offenbar nicht nur etwas über Wörter, sondern auch über Menschen und Dinge. Koreanisch sprechende Mütter betonen die Handlungen, wenn sie mit ihren Babys reden. Englisch sprechende Mütter dagegen heben die Dinge hervor. Genau wie Babys offenbar empfänglich für Lautunterschiede sind, sind sie anscheinend auch empfänglich für diese inhaltlichen Unterschiede. Die koreanischen Babys konzentrieren sich offenbar mehr auf Handlungen, die amerikanischen mehr auf Dinge. Wie es scheint, führt die Sprache der Erwachsenen die Kinder hin zu neuen Ideen über die Welt.

Ein wichtiger Aspekt der neuen Forschung ist, dass diese sozialen Einflüsse von anderen Menschen insgesamt herrühren, nicht nur von den Müttern. In der Praxis leisten natürlich Mütter den Großteil der Erziehungsarbeit, und darum hat sich die Forschung auch auf sie konzentriert. (Das ist auch, vom Wortklang einmal abgesehen, der Grund, warum wir die Bezeichnung *Mutterisch* verwenden und nicht *Bezugspersonisch* oder *kindgerechte Sprache*. Der Himmel weiß, dass Mütter für ihre Arbeit weder Geld noch Ruhm oder Macht erhalten; also sollten sie wenigstens ein bisschen terminologische Anerkennung von Seiten der Psychologen bekommen.) Doch keines der Phänomene, die wir entdeckt haben, scheint auf Mütter beschränkt zu sein, eigentlich nicht einmal auf Erwachsene. Jeder, der mit einem Baby spricht, wird mit großer Wahrscheinlichkeit Imitationsspiele mit ihm spielen oder Mutterisch reden. Andy hat herausgefunden, dass Babys nicht nur Erwachsene, sondern auch andere Kinder nachahmen. Sogar Vierjährige sprechen schon eine Art Mutterisch, wenn sie mit ihren kleinen Brüdern und Schwestern reden. Wir haben sogar festgestellt, dass ältere Geschwister manchmal anscheinend eine noch wichtigere Rolle spielen als Eltern. Kinder mit älteren Geschwistern lernen offenbar schneller als Einzelkinder, die Unterschiede zwischen ihrem eigenen Bewusstsein und dem anderer Menschen zu verstehen.

Der zweite bedeutsame Faktor im Zusammenhang mit dem Einfluss anderer Menschen ist, dass die wichtigsten Verhaltensweisen fast völlig unbewusst ablaufen. Eltern machen ihre Kinder nicht

200

absichtlich nach und sprechen nicht bewusst Mutterisch mit ihnen. Sie tun es ganz automatisch. Unser instinktives Verhalten gegenüber Babys und das instinktive Verhalten der Babys uns gegenüber wirken zusammen und machen es möglich, dass Babys derart viel lernen.

Drittens ist beim Einfluss anderer Menschen wichtig, dass er sich offenbar stets im Einklang mit dem Lernvermögen der Kinder vollzieht. Neugeborene imitieren zwar die Mimik von Menschen. Aber erst wesentlich ältere Kinder ahmen es nach, wenn jemand etwas mit einem Gegenstand tut, zum Beispiel eine Schachtel mit der Stirn berührt. Kinder werden nie komplexe Handlungen imitieren, die sie selbst nicht verstehen. Dreijährige halten zunächst an ihrer Behauptung fest, sie hätten gesagt, dass Bleistifte in der Schachtel seien – selbst dann, wenn man ihnen erklärt, dass das nicht stimmt. Kinder werden nichts von dem registrieren, was man ihnen sagt, solange es für sie keinen Sinn ergibt. Andere Menschen prägen nicht einfach die Handlungen der Kinder; die Eltern sind nicht die Programmierer. Sie scheinen vielmehr so angelegt zu sein, dass sie genau zur richtigen Zeit die nötigen Informationen liefern, damit die Kinder sich selbst neu programmieren können.

Klingonen und Vulcanier

In diesen Fragen, die sich mit dem Wissen der Kinder befassen, spiegeln sich umfassendere Fragen über das Wissen im Allgemeinen. So wie darüber diskutiert wird, mit wie viel Wissen wir geboren werden und wie viel wir dazulernen, wird auch darüber diskutiert, welchen Anteil die einzelnen Menschen und die Gesellschaft an der Entwicklung des Wissens haben, besonders an der Entwicklung der wissenschaftlichen Erkenntnisse.

Ursprünglich versuchten viele Philosophen zu zeigen, wie ein idealer Wissenschaftler über die Welt denken solle. Sie betrachteten die Wissenschaft als eine entrückte, idealisierte Unternehmung, die mit Hilfe logischer Verfahren zur Wahrheit gelangt. Aber wenn man genauer beobachtete, wie die Wissenschaft tatsächlich betrieben wurde, schien sich dieses hehre Ideal in einem Gewirr aus akademischen Machenschaften, intellektuellen Allianzen und Feindschaften und nacktem Ehrgeiz aufzulösen. Wissenschaftshistoriker und -soziologen wiesen auf die komplexen Machtgefüge und Netzwerke hin, die beim wissenschaftlichen Wandel eine Rolle spielten. Die wissenschaftliche Wirklichkeit ähnle mehr den brutalen Intrigen der barbarischen *Star-Trek*-Klingonen als dem Logiker Mr. Spock bei den Vulcaniern.

Als Reaktion kamen »postmoderne« Wissenschaftstheorien auf. Nach diesen Theorien stößt die Wissenschaft gar nicht auf den Grund der Wahrheit. Die Wahrheit ist schlicht das, was sie nach dem Willen des Klüngels der einflussreichsten Wissenschaftler sein soll. Wenn, so wird hier offenbar angenommen, zur Wissenschaft sozialer Austausch gehört, dann kann sie genau deswegen die Wahrheit nicht finden. Aber diese nihilistische Antwort widerspricht nicht nur der Intuition, sie stellt uns auch vor ein echtes Rätsel. Nach Ansicht der Postmodernisten sagt die Wissenschaft überhaupt nichts über die reale Welt aus. Vielmehr ist sie nur eine soziale Übereinkunft, eine sorgfältig konstruierte Sittenkomödie – oder vielleicht eine klingonische Sittentragödie. Aber wenn das stimmt, warum überzeugen die wissenschaftlichen Erklärungen dann den Rest der Menschheit? Und was noch viel rätselhafter ist – wie können wir dann mit Hilfe der wissenschaftlichen Theorien echte Raketen auf den echten Mond schießen?

Wenn Wissenschaftler wie Kinder sind, sind sie weder die kühlen, idealisierten, logischen Vulcanier der philosophischen Legende noch die brutalen Klingonen in Laborkitteln, wie sie der postmoderne Mythos zeichnet. Die Soziologen hatten insofern Recht, als die Wissenschaft tatsächlich ein gesellschaftliches Unterfangen ist – wir sind eine von Grund auf soziale Spezies und alle Projekte, die wir erfolgreich durchführen, beruhen auf der Zusammenarbeit mit anderen Menschen. Die Philosophen jedoch hatten Recht mit der Ansicht, dass die Wissenschaft ein logisches Unterfangen ist –

wir sind eine Spezies, die es im Innersten danach verlangt, die Wahrheit zu suchen, und wir verfügen über ein enormes Denkvermögen, sodass wir sie auch finden können.

Diese beiden Aspekte unserer Natur mögen manchmal miteinander in Konflikt geraten, aber meistens, und ganz besonders in der Kindheit, harmonieren sie miteinander. Babys können sich einen Großteil der Informationen über die Welt nur mit Hilfe von anderen Menschen aneignen. Aber durch diese Abhängigkeit stehen sie nicht weniger, sondern mehr im Einklang mit der realen Welt, in der sie leben. So erhalten Kinder zahlreichere und bessere Informationen über die Welt, als sie sich selbst beschaffen könnten. Als Kinder sind wir darauf angewiesen, dass andere Menschen die Informationen an uns weitergeben, die Hunderte von früheren Generationen angesammelt haben. Die Kinder und die Erwachsenen (und anderen Kinder), die sich um sie kümmern, bilden zusammen eine Art System zur Wahrheitsfindung.

Im Idealfall funktioniert die Wissenschaft ganz genauso. Genau wie Kinder sind Wissenschaftler sowohl auf ihre eigenen theoretischen Fähigkeiten als auch auf ein soziales Netzwerk angewiesen, über das Informationen ausgetauscht werden. Doch anders als die postmodernen Thesen besagen, wird es dadurch nicht unwahrscheinlicher, sondern wahrscheinlicher, dass man die Wahrheit herausfindet.

Dasselbe trifft auf andere Bestrebungen der Erwachsenen zu. Die Diskussionen darüber, inwiefern Babys und Wissenschaftler ähnlich lernen, gleichen den Debatten über Kunst und Politik. Hier wird in ähnlicher Weise darüber gestritten, ob es allgemein gültige, unabänderliche künstlerische und politische Prinzipien gibt oder ob künstlerische und politische Werte einfach von der jeweiligen Kultur abhängen. An einer künstlerischen oder politischen Gemeinschaft und Tradition teilzuhaben ist zweifellos wichtig. Der einsame künstlerische Genius in der Mansarde oder der einsame heroische Befehlshaber sind ebenso ein Mythos wie das einsame wissenschaftliche Genie im Labor. Aber auch hier gilt wieder, dass deswegen noch lange nicht einflussreiche Künstler oder Politiker einfach bestimmen, wie künstlerische oder politische Werte aussehen.

Wir sitzen alle im selben Boot

Kehren wir zu der eingangs gestellten Frage zurück, wie Kinder die alten Probleme des Wissens so gut und so schnell lösen können. Unser erster Antwortversuch besteht darin, dass wir uns Kinder als ganz besondere biologische Computer vorstellen. Mit Hilfe dieses Bilds können wir Babys und kleine Kinder auf neue Weise verstehen und richtig würdigen, wie fein ausgebildet ihre intellektuellen Fähigkeiten sind. Schon die allerkleinsten Babys verfügen über leistungsfähige Programme zur Interpretation der Welt.

Dadurch bekommen wir jedoch auch eine andere Vorstellung von Computern. Babys sind anders als alle Computer, die wir kennen. Sie können ihre eigenen Programme ändern. Sie haben Emotionen und Triebe, die sie aktiv dazu bewegen, die Welt zu erforschen und noch mehr zu lernen. Und sie erhalten einen Großteil ihrer Informationen von anderen Menschen, die sogar darauf angelegt sind, genau diesem Zweck zu dienen.

Wenn Babys diese Fähigkeiten haben, dann haben wir sie auch. Wir können diese Fähigkeiten im Einsatz sehen, wenn wir als Erwachsene Gelegenheit haben, so zu lernen, wie es für Babys und kleine Kinder typisch ist. Das ist besonders dann der Fall, wenn wir wissenschaftlich tätig sind.

Wenn wir Babys und kleine Kinder untersuchen, gelangen wir also zu neuen Einsichten: darüber, wie wir Erwachsenen unser Weltverständnis erworben haben, und darüber, wie man einen neuen Computertypus konstruieren könnte, der die Welt so gut versteht wie wir selbst. Die Einzelheiten dieser Theorien sind erst skizzenhaft vorhanden und es bleibt noch viel Arbeit zu leisten, aber in groben Zügen zeichnet sich das Bild allmählich ab. Wir fangen mit Repräsentationen von der Welt an und im Einklang mit den Menschen in unserer Umwelt verändern und revidieren wir diese Repräsentationen. Dieser Prozess kann sich ohne Ende fortsetzen. Wir Entwicklungspsychologen und die Kinder, die wir untersuchen, wir Eltern und die Kinder, die wir lieben, segeln zusammen im Boot des Odysseus. Das mag eine turbulente, frustrierende und schwierige Reise sein, bei der wir uns nicht selten überfordert fühlen, aber zumindest könnten wir uns keine besseren Mitreisenden wünschen.

KAPITEL SECHS

Was Wissenschaftler über das kindliche Gehirn gelernt haben

Alles, was wir bisher beschrieben haben – unseren Geist, unser Wissen, unsere Wahrnehmungen, Vorhersagen, Gedanken und Gefühle –, hängt letztlich von drei Pfund schwabbeliger grauer Masse ab. Dieser Masse wird neuerdings eine Menge Aufmerksamkeit zuteil. Gehirne sind plötzlich sexy (was immerhin beweist, dass manchmal doch nicht nur Größe und Aussehen zählen). Zeitschriftenartikel beschäftigen sich mit den »kritischen Lernphasen« und mit »Zellentod und *Synaptic Pruning*« im Kindergehirn. Wenn Pat Vorlesungen über Sprache hält, wird sie unweigerlich mit Fragen bombardiert wie »Wenn ich meinem Kind jetzt nicht die nötigen sprachlichen Erfahrungen vermittle, wird sein Gehirn sie dann später nicht mehr aufnehmen können?« oder »Kann ich irgendetwas unternehmen, damit mein Baby keine Gehirnzellen mehr verliert?«

Eigentlich wissen wir viel mehr über die Entwicklung des menschlichen Bewusstseins als über das Gehirn. Man neigt dazu zu glauben, dass Veränderungen im Gehirn irgendwie Wissensveränderungen nach sich ziehen – dass es beispielsweise bestimmte physische Veränderungen gibt, die dazu führen, dass Kinder mit 18 Monaten die Dinge auf neue Weise verstehen. Aber genauso richtig wäre es, wenn man es umgekehrt formuliert. Babygehirne verändern sich aufgrund der neuen Dinge, die sie über die Welt lernen. Wenn man die geistigen Fähigkeiten von Babys mit den Methoden untersucht, die wir bis jetzt beschrieben haben, dann bedeutet das gleichzeitig, dass man ihr Gehirn untersucht. Das ist sogar die ergiebigste Methode zum Studium ihres Gehirns, die wir bislang kennen. Wenn wir den Geist verstehen, hilft uns das auch, das Gehirn zu verstehen – genauso oder sogar noch mehr, wie uns das Wissen über das Gehirn hilft, den Geist zu begreifen. Und die Neurowissenschaftler haben dadurch allmählich Fortschritte in der Gehirnforschung erzielt, dass sie Verbindungen zwischen der Physiologie und dem herstellten, was wir über den Geist wissen.

Es besteht auch eine Tendenz zu glauben, dass Dinge, die im Gehirn codiert sind, genetisch determiniert sein müssen. Aber wenn Sie kurz darüber nachdenken, werden Sie auch hier wieder feststellen, dass das nicht stimmen kann. Alles, was mit uns geschieht, muss das Gehirn verändern, wenn es unser Bewusstsein verändern soll. Babys lernen sicher nicht dadurch, dass sich ihre großen Zehen verändern. Dank verbesserter Methoden kann die Neurowissenschaft jetzt allmählich zeigen, dass – und wie sehr – sich unser Gehirn verändert und wie sehr diese Veränderungen durch die Erfahrungen ausgelöst werden, die wir in der Welt machen. Wir wissen immer noch nicht sonderlich viel darüber, wie die im letzten Kapitel beschriebenen Programme physisch in unserem Gehirn codiert sind. Aber langsam verstehen wir besser, wie das Gehirn des Erwachsenen arbeitet und wie sehr sich das Gehirn der Babys verändert.

Das Gehirn des Erwachsenen

Pat schaudert noch heute bei dem Gedanken an ihre Graduierten-Zeit in der neurologischen Abteilung einer Klinik. Am schlimmsten war es jeden Donnerstagmorgen. Donnerstags frühstückte sie nicht, weil um sieben Uhr morgens die interdisziplinäre Visite begann und sie sich die ganze Zeit aufgeschnittenes Gehirngewebe ansehen musste, das jemand gespendet hatte, der vor kurzem verstorben war. Viele dieser Gehirne stammten von Patienten, die sie untersucht hatte und die eine Sprachstörung namens Aphasie gehabt hatten. Das Ziel war herauszufinden, an welcher Stelle das Gehirn geschädigt worden war.

Besonders gut erinnert sich Pat an einen brillanten Kinder-Neurochirurgen, der einen schweren Gehirnschlag erlitten hatte. Seine lebhafte Intelligenz war unverändert da und er konnte sich durch Gesten oder Mimik ein wenig verständlich machen. Aber er konnte weder sprechen und verstehen noch lesen oder schreiben.

Seine Sprache war einfach verschwunden. Alles, was er noch sagen konnte, war »ta, ta, ta«. Eines Donnerstag morgens war sein Gehirn, fein säuberlich millimeterweise aufgeschnitten, Teil der interdisziplinären Visite.

Aus dieser anatomischen Arbeit ließ sich schließen, dass das Gehirn des Erwachsenen aus hoch spezialisierten Teilen besteht. Wird ein Teil des Gehirns geschädigt, verliert der Patient eine bestimmte geistige Fähigkeit. Bei Rechtshändern ist die linke Gehirnhälfte auf die Sprache spezialisiert. Die rechte Seite nimmt Gesichter und Musik wahr und der rückwärtige Teil des Gehirns ist für die Sicht verantwortlich. Das Gehirn des stummen Neurochirurgen war in einem bestimmten Teil der linken Hemisphäre beschädigt worden. Die intakten Gehirnteile ermöglichten es ihm, ganz normal zu denken, zu fühlen und sich zu erinnern, aber die Fähigkeit zu sprechen hatte er durch den Gehirnschaden verloren.

All diese Resultate basierten auf Untersuchungen an toten Gehirnen. Ein totes Gehirn wirkt nicht sehr dynamisch. Heute können wir dank neuer Techniken auch lebende Gehirne untersuchen. Diese Techniken lassen erkennen, dass das Gehirn auf andere Weise spezialisiert ist. Die anatomischen Studien geschädigter Gehirne hatten gezeigt, dass bestimmte Gehirnbereiche funktionieren müssen, damit man sprechen, sehen oder andere Menschen erkennen kann. Aber jetzt stellt sich heraus, dass sogar die einzelne lebende Zelle auf ganz bestimmte Informationen eingestellt ist.

Bei diesen Studien *hören* Wissenschaftler einem Gehirn bei der Arbeit zu. Sie führen eine winzige Elektrode in eine einzelne Gehirnzelle eines Tiers ein (was nicht schmerzt). Die Elektrode zeichnet die Aktivitäten der Zelle auf, während das Tier Gegenstände anblickt oder Geräusche hört. Wenn eine Zelle einen bestimmten Stimulus »mag«, zum Beispiel ein Bild, das das Tier gerade ansieht, beginnt sie, elektrische Impulse zu erzeugen, die sich wie atmosphärische Störungen im Radio anhören. Je größer die elektrische Aktivität, desto lauter das Geräusch. Wissenschaftler sitzen stundenlang da und hören zu, wie ihnen die Zellen erzählen, was sie gerne sehen und hören.

Dabei erweisen sich die Zellen als äußerst wählerisch. Manche Zellen reagieren nur auf Gesichter, manchmal sogar nur auf bestimmte Gesichter oder auf sämtliche Gesichter, die in eine bestimmte Richtung gedreht sind (zum Beispiel zur Seite). Andere Zellen reagieren ausschließlich auf optisch sichtbare Bewegungen in eine bestimmte Richtung oder auf bestimmte Formen. Manche Zellen in der Gehörrinde reagieren auf Klänge einer speziellen Frequenz und sind ganz präzise darauf eingestimmt. Andere reagieren auf Töne mit bestimmter Lautstärke oder auf Töne, die ihre Frequenz ändern, höher oder tiefer werden. Es scheint sogar Zellen zu geben, die sowohl dann reagieren, wenn ein Tier selbst eine bestimmte Bewegung macht, als auch, wenn sie dieselbe Bewegung bei einem anderen Tier wahrnimmt. Wenn eine Zelle den Stimulus, auf den sie eingestellt ist, hört oder sieht, antwortet sie mit einem Ausbruch elektrischer Aktivität und teilt dadurch den anderen Teilen des Gehirns mit, was da draußen los ist.

Gruppen von einzelnen Zellen, die auf diese Weise losfeuern, arbeiten wie die Schaltkreise in einem Computer. Man kann sich diese Zellen als Vorrichtungen vorstellen, die die von den Sinnesorganen aufgenommenen Informationen in abstraktere Kategorien oder Symbole übersetzen. Die Zellen auf der Netzhaut sprechen auf Licht an und schicken ein optisches Muster an das Gehirn, ähnlich einem Videobild. Aber dann reagieren oben im Gehirn andere Zellen auf einige dieser Muster und auf andere nicht. Diese Zellen sagen quasi: »Das ist ein Gesicht« oder: »Das ist ein Gegenstand, der sich bewegt«. Diese abstrakteren Informationen schicken sie dann an andere Gehirnteile. Möglicherweise kann ein Baby mit Hilfe solch komplizierter Anordnungen von Zellen erkennen, dass Gesichter etwas Besonderes sind, dass sich bewegende Gegenstände sich von ruhenden unterscheiden oder gar dass sein eigener Gesichtsausdruck einem ähnelt, den es bei anderen Menschen sieht.

Es gibt auch noch andere Methoden, um sich lebende menschliche Gehirne anzusehen. Neurowissenschaftler haben neue Verfahren entwickelt, mit deren Hilfe wir dem Gehirn tatsächlich bei der Arbeit zusehen und zuhören können. Bei diesen Verfahren werden jene spektakulären Fotografien erzeugt, auf denen Gehirne in verschiedenen Farben »aufleuchten«, während ihre Besitzer denken. Sie ermöglichen es uns, die Gehirne lebender, bewusster Menschen zu untersuchen, die uns berichten können, welche geistigen Übungen sie gerade vollführen, während wir ihr Gehirn überwachen.

Dank dieser neuen Techniken können Wissenschaftler nicht nur einzelne Zellen, sondern große Gehirnbereiche auf einmal beobachten und dadurch feststellen, wie das Gehirn harmonisch arbeitet. Diese Verfahren zeigen, welche Gehirnbereiche aktiv sind, wenn sich jemand an die Melodie von *Yesterday* erinnert, einen Satz über die Baseball-Meisterschaften hört, eine Reproduktion einer Monetschen Seerose sieht oder an seine Mutter denkt. Entweder wird bei diesen Methoden die elektrische Aktivität des Gehirns durch die Schädeldecke aufgezeichnet oder es werden die Stoffwechselvorgänge im Gehirn gemessen, während es Glukose verbrennt, den Treibstoff des Körpers.

Man kann die elektrische Aktivität des Gehirns außen am Schädel durch Elektroencephalogramme (EEGs), ereigniskorrelierte Potentiale (ERPs) und Magnetencephalographie (MEG) messen. Bei diesen Experimenten tragen die Testpersonen eine große Haube (manchmal als »höllischer Haartrockner« bezeichnet) mit 20 bis 200 Elektroden, die die Gehirnströme registrieren. Wenn die Person, die die Haube trägt, an etwas denkt oder ein bestimmtes Bild ansieht, zeichnet die Haube die elektrische Aktivität auf, die sich im Gehirn der Testperson abspielt. Pat testet sogar kleine Babys auf diese Weise. Ihre Hauben sind winzig und weich, wie Babymützen, und haben nur 20 Elektroden, doch das genügt, um die Aktivitäten im Babygehirn an vielen Stellen zu überprüfen. Pat testet Babys, die über Ohrhörer Sprachaufnahmen lauschen. Die Babys haben keine Ahnung, dass wir ihre Gehirnströme aufzeichnen, während sie zuhören.

Andere Techniken, wie etwa PET (Positronenemissionstomographie) und fMRI (funktionelle Kernspintomographie) messen die Gehirnaktivität noch direkter. PET macht sich die Tatsache zunutze, dass aktivere Gehirnteile mehr von dem Gehirn-Treibstoff Glukose verbrennen als die weniger aktiven Teile, genau wie ein aktiver Muskel mehr Kalorien als ein weniger aktiver verbrennt. Bei PET-Scans wird radioaktive Glukose ins Gehirn injiziert und verfolgt, in welchen Teilen des Gehirns sie verbrannt wird. Dieses Verfahren wird vor allem bei Patienten angewendet, die vor einer Gehirnoperation stehen – mit seiner Hilfe lassen sich wichtige Strukturen lokalisieren, die bei der Operation nicht angetastet werden dürfen. Bei der funktionellen Kernspintomographie wird ebenfalls gemessen, welche Gehirnregionen am aktivsten sind, und zwar dadurch, dass man die Blut- und Sauerstoffversorgung aufzeichnet. Bei dieser Methode sind keine Injektionen erforderlich; sie kann sogar bei Kindern angewendet werden.

Beide Techniken zeigen die Hirnaktivitäten unmittelbarer und detaillierter als die Methoden, die sie von außen aufzeichnen. Während die Testpersonen verschiedene Dinge tun, Geräusche hören oder Bilder ansehen oder auch nur denken, können wir verfolgen, welche Gehirnteile gerade »Gymnastik machen«. Die Scans zeigen, dass unterschiedliche Gehirnbereiche aktiv sind, wenn wir über unterschiedliche Dinge nachdenken. Wie die Untersuchungen geschädigter, toter Gehirne schon vermuten ließen, aktivieren Gesichter die rechte Hemisphäre und Bilder den rückwärtigen Bereich des Gehirns.

Die neuen Untersuchungen zeigen auch, welch kompliziertes Wechselspiel zwischen den verschiedenen Gehirnbereichen besteht und wie es sich chronologisch entfaltet, wenn wir sehen, hören und denken. Die verschiedenen Bereiche werden koordiniert, wenn wir Erfahrungen irgendwelcher Art machen. Angenommen, Sie beobachten eine muhende Kuh. Dann leuchten ihre visuellen Gehirnbereiche auf, während Sie die schwarz-weiße Farbe der Kuh erfassen, ihre Hör- und Sprachbereiche leuchten auf, während Sie das Muhen hören und denken »Das ist eine Kuh«, und ihre Tast- und Geruchsbereiche leuchten auf, während Sie an die Milch, an den Kuhgeruch und an einen Bauernhof denken. In einem Sekundenbruchteil zerlegt das Gehirn den Stimulus und setzt ihn wieder zusammen.

Zwei Resultate ergeben sich aus all diesen Studien. Das Gehirn eines Erwachsenen ist eine hoch spezialisierte Vorrichtung, die auf spezifische Arten von Stimulationen spezifisch antwortet. Bestimmte Teile des Gehirns, sogar einzelne Zellen, sind darauf angelegt, auf bestimmte Weise auf Informationen aus der Außenwelt zu reagieren und sie an andere Gehirnteile weiterzuschicken. In diesem Sinn ist das Gehirn ein klassischer Computer. Jedoch ist das Gehirn auch ein dynamisches und aktives System. Seine einzelnen Teile stehen in ständiger Wechselbeziehung und selbst an der Verarbeitung ganz simpler Informationen sind oft viele Gehirnbereiche und auf jeden Fall viele, viele Zellen gleichzeitig beteiligt. Anders als bei den meisten Computern gibt es im Gehirn keine Zentralstelle, an der alle Entscheidungen getroffen oder sämtliche Informationen gespeichert werden.

Wie Gehirne gebaut werden

Wo kommen all diese spezialisierten Strukturen her? Möglich wäre natürlich, dass sie von vornherein eingebaut sind. Das wäre dann das neurologische Äquivalent zu der Bewusstseinstheorie, die davon ausgeht, dass die geistige Entwicklung genetisch so festgelegt ist wie die Entwicklung von Raupen zu Schmetterlingen. Ein Teil der Gehirnstrukturen ist ganz sicher schon vorhanden, doch scheint sich das Gehirn in Reaktion auf Erfahrungen auch drastisch zu verändern. Je stärker sich unsere Techniken zur Untersuchung des Gehirns verbessert haben, desto deutlicher ist das geworden. Früher dachten wir, dass sich die physische Struktur des Gehirns nach einem festen Zeitplan entfaltet, mehr oder weniger unabhängig von dem, was sich in der Welt des Babys zuträgt. Heute wissen wir, dass es keine »genetische Blaupause« gibt, die die Meilensteine der Gehirnentwicklung einfach der Reihe nach abspult.

Unsere heutigen elektronischen Computer funktionieren erst, wenn sie fertig gebaut sind. Sie werden anhand eines ganz spezifischen Diagramms aus Chips und Schaltkreisen zusammengesetzt. Wenn alle Verbindungen verlötet sind, schalten wir den Computer zum ersten Mal ein und er fängt zu arbeiten an (hoffen wir zumindest). Die Hardware des Computers verändert sich bei der Benutzung genauso wenig, wie sich die Drähte der Lichterkette an einem Christbaum dadurch verändern, dass wir den Schalter bedienen und die Lichter angehen.

Das menschliche Gehirn arbeitet jedoch völlig anders. Es verlegt seine Leitungen immer wieder neu, auch dann noch, wenn es schon eingeschaltet ist. Und die eingerichteten Schaltkreise sind stark erfahrungsabhängig. Vom ersten Tag an verändert die Erfahrung das Gehirn. Alles, was ein Baby sieht, hört, schmeckt, berührt und riecht, beeinflusst die Art und Weise, in der sich sein Gehirn aufbaut.

Wenn der Computer auf Ihrem Schreibtisch wie ein Gehirn funktionieren würde, würde er Ihre Manuskripte immer besser bearbeiten, je länger sie ihn laufen lassen und je mehr Wörter Sie eintippen. Nachdem Sie ihn ein paar Jahre lang benutzt haben, müssten Sie vielleicht nur noch »Schreib mein Buch« eintippen, und er würde dann den Rest erledigen (schön wär's). Wenn Sie den Computer nach diesen paar Jahren öffnen würden, wären seine Silikonchips und Schaltkreise ganz anders angeordnet als zum Zeitpunkt des Kaufs.

Weil wir wirklich am Aufbau unseres eigenen Gehirns mitwirken und jeder von uns eine andere Erfahrungsgeschichte hat, ist jedes Gehirn einzigartig. Das Gehirn des Erwachsenen wird schließlich zu einem komplexen Dickicht aus speziellen Verbindungen. Schätzungen zufolge sind eine Billiarde Verbindungen nötig – das sind 1.000 Billionen –, um ein Erwachsenenhirn zu vernetzen. Ihr spezifisches Verbindungsmuster, das Schaltdiagramm Ihres Gehirns, definiert Sie als Individuum. Das ist etwa so, als besäße jeder von uns sein eigenes, maßgefertigtes, absolut einzigartiges Computerprogramm, Pat Kuhl 99 oder Alison Gopnik 43.5. Bei der Alzheimer'schen Krankheit löst sich dieses Dickicht von Verbindungen auf. Die geistigen Fähigkeiten des Gehirns schwinden dahin und die Persönlichkeit beginnt auf tragische Weise ebenfalls dahinzuschwinden.

Den schlagendsten Beweis dafür, dass das Gehirn so beschaffen ist, liefern uns Tierversuche. In den ersten Untersuchungen vor 30 Jahren entdeckten Neurowissenschaftler, dass sich bei Laborratten, die in einer »üppig ausgestatteten« Umgebung aufwuchsen – mit Rädern, die sich drehen ließen, Leitern zum Herumklettern und anderen Ratten zum Spielen – größere Gehirne herausbildeten als bei Ratten, die allein in einem Laborkäfig aufwuchsen und keine Spielgefährten oder Spielsachen hatten. Nachdem die Ratten zwei Wochen in dem Käfig mit Spielsachen und Spielgefährten zugebracht hatten, waren ihre Gehirnbereiche, die für die sensorische Wahrnehmung zuständig sind, um 16 Prozent gewachsen.

Die Ratten mit den größeren Gehirnen waren auch klüger. Sie fanden schneller heraus, wie man durch Labyrinthe läuft und Nahrung findet als die Ratten mit den kleineren Gehirnen. Die Gehirne der benachteiligten Ratten wurden kleiner. Sogar auf die nächste Generation wirkte sich die Benachteiligung aus: Schwangere Ratten, die in einer üppig ausgestatteten Umgebung lebten, bekamen Junge mit einer dickeren Hirnrinde als die Ratten, die unter schlechten Bedingungen leben mussten.

Dabei muss man betonen, dass in diesem Experiment die »üppigen« Laborbedingungen eher denen ähnelten, die in der normalen Umwelt einer frei lebenden Ratte herrschen. Eine Ratte, die in den Abwasserkanälen von New York City haust, überlebt, indem sie herausfindet, wo es den besten Müll gibt, indem sie mit ihren Artgenossen kämpft und sich mit ihnen paart und dem Rattengift schlau aus dem Weg geht. Es mag kein sehr angenehmes Leben sein, aber ein anregendes ist es sicher. Statt zu behaupten, dass den Studien zufolge Rattengehirne durch zusätzliche Stimulation wachsen, wäre es also wohl präziser zu sagen, dass das Gehirn den Untersuchungen zufolge in einem normaleren Umfeld stärker wächst als in benachteiligten Verhältnissen.

Dasselbe scheint auf menschliche Babys zuzutreffen. Die neuen wissenschaftlichen Erkenntnisse besagen nicht, dass Eltern ihren Kindern besondere »bereichernde« Erfahrungen vermitteln sollten, die über das hinausgehen, was das tägliche Leben ihnen bietet. Sie deuten jedoch darauf hin, dass stark benachteiligte Verhältnisse zu Schäden führen können.

Andere Experimente zeigten, dass sich Erfahrungen wohl weit präziser und spezifischer auswirken, als man vermutet hätte. In einem klassischen Experiment verbanden die Nobelpreis-Gewinner David Hubel und Torsten Wiesel neugeborenen Kätzchen ein Auge. Die Kätzchen taten weiterhin alles, was Kätzchen eben so tun, benutzten dabei aber nicht zwei Augen, sondern nur eines. Nach mehreren Monaten nahmen die Wissenschaftler den Verband ab und überprüften die Verbindungen zwischen den beiden Augen und dem Gehirn. Das überraschende Resultat war, dass das Auge, sofern es über einen bestimmten Zeitraum hinaus abgedeckt gewesen war, effektiv blind war. Es war nicht mehr mit dem Gehirn verbunden. Und das ungeachtet der Tatsache, dass das Auge aus optischer Sicht völlig normal war.

Was war hier geschehen? Da das Gehirn keine Stimulation von diesem Auge bekommen hatte, hatte es sich so vernetzt, dass es alle Informationen nur von dem anderen, offenen Auge erhielt. Eine Art »Machtergreifung« hatte stattgefunden: Alle Gehirnzellen in diesem Teil des Gehirns waren von einem Auge übernommen worden, sodass für das andere Auge keine Verbindungen mehr übrig blieben.

Diese frühen Versuche mit Tieren stellten eine wichtige Tatsache klar – ein Gehirn kann sich erfahrungsabhängig physisch ausdehnen, zusammenziehen und verändern. Die moderne Neurowissenschaft hat lange gebraucht, um zu erklären, warum das so ist.

Wie sich das Gehirn vernetzt: Sprich mit mir!

Das Gehirn eines Erwachsenen hat rund 100 Milliarden Nervenzellen oder Neuronen – das entspricht ungefähr der Anzahl der

Sterne in der Milchstraße. Das Gehirn eines Babys enthält bereits die meisten Neuronen, die es je haben wird. Die Zahl der Neuronen bleibt von der Geburt bis weit über das 65. Lebensjahr hinaus annähernd stabil. Trotzdem wiegt das Gehirn eines Neugeborenen nur ungefähr ein Viertel von dem eines Erwachsenen. Was wächst, was verändert sich?

Neuronen wachsen und daraus erklärt sich ein Teil des Unterschieds. Am meisten ändert sich jedoch die Verdrahtung – das komplizierte Netzwerk der Verbindungen zwischen den Zellen. Diese Verbindungen erlauben es einer einzelnen Zelle, in bestimmter Weise auf andere Zellen zu reagieren. Mit Hilfe dieser Verbindungen kann eine individuelle Zelle in der Gehirnrinde zum Beispiel reagieren, wenn – und nur wenn – die Zellen der Netzhaut ihr das Bild eines Gesichts schicken.

Diese komplizierte Vernetzung hängt von der Aktivität und der Erfahrung ab. Stellen Sie es sich so vor: Zellen wachsen in verschiedenen Regionen des Gehirns. Um sich gegenseitig beeinflussen zu können, müssen sie miteinander sprechen. Die Kommunikation ist allerdings schwierig, weil die Entfernungen (für neuronale Verhältnisse) groß sind. Wenn wir mit Menschen sprechen wollen, die weit entfernt sind, was tun wir dann? Wir müssen eine Fernverbindung herstellen – wie bei einem Telefongespräch. Neuronen legen also quasi Telefonleitungen, die es ihnen ermöglichen, miteinander zu kommunizieren und sich gegenseitig zu beeinflussen. Statt wie der passive Computer zu warten, dass ein Techniker die Verbindungen herstellt, lassen sie sich Verbindungen zu anderen Zellen physisch wachsen.

Durch neue Methoden können Neurowissenschaftler heute die Gehirnzellen im Frühstadium der embryonalen Entwicklung untersuchen, wenn das Gehirn die ersten grundlegenden Verbindungen anlegt. Diese Untersuchungen zeigen, dass die Vernetzung »aktivitätsabhängig« ist: Gehirnzellen schalten sich zusammen, indem sie elektrische Signale aussenden. Schon vor der Geburt feuern Gehirnzellen spontan los, senden elektrische Salven aus und versuchen, sich gegenseitig Signale zu schicken. Wissenschaftler vergleichen das mit dem automatischen Wählen eines Telefons. Gruppen von Zellen senden in Wellen Signale aus und versuchen, andere Zellen zu erreichen. Zellen, die zur gleichen Zeit feuern, bilden wechselseitige Verbindungen (ein Lieblingsausspruch von Neurowissenschaftlern lautet: »Cells that fire together wire together« – »Zellen, die gemeinsam feuern, schließen sich zusammen«). Anscheinend wünschen sich sogar Zellen Kontakt mit jemandem, der auf sie eingeht.

Wenn nach der Geburt über sämtliche Sinnesorgane Eindrücke hereinströmen, versuchen die Zellen weiter, untereinander Verbindungen herzustellen. Das ist gar nicht so einfach. Die Nervenzellen des Auges zum Beispiel müssen sich mit dem Sehnerv und schließlich mit den visuellen Zentren ganz hinten im Gehirn zusammenschließen. Und um ihr Ziel zu erreichen, müssen sie die Gehirnregionen umgehen, die für das Hören und Tasten zuständig sind. Es ist, als müsste man Telefonleitungen zwischen bestimmten Häusern in bestimmten Städten legen.

Dieses Wachstum und der Aufbau von Verbindungen zwischen den Zellen verläuft zwar nicht völlig wahllos, ist aber auch alles andere als vorherbestimmt. Tierstudien zeigen, dass gewisse Instruktionen genetisch festgelegt sind, so wie es im Telefonnetz feste Hauptleitungen zwischen Städten gibt. Zellen in der Netzhaut des Auges schließen sich also wirklich nur mit Zellen der visuellen Bereiche im rückwärtigen Teil des Gehirns zusammen und nicht etwa mit den Sprachzentren in den seitlichen Regionen. Davon abgesehen jedoch hängt die Vernetzung von der Aktivität ab. Die Hauptleitungen sind schon gelegt, aber das reicht noch nicht, um einzelne Verbindungen zwischen den Häusern herzustellen.

Während die Zellen einander Signale zusenden, richten sie diese dauerhaften Verbindungen ein. Das ist so, als würde plötzlich eine Telefonleitung zwischen Ihrem und dem Nachbarhaus wachsen, wenn Sie Ihren Nachbarn oft genug über Handy angerufen haben. Zuerst versuchen die Zellen überschwänglich, sich mit so vielen anderen Zellen zu verbinden wie nur irgend möglich. Wie ein Telefonwerber rufen sie überall an, in der Hoffnung, dass jemand zu Hause ist und ja sagt. Wenn eine andere Zelle antwortet und das oft genug tut, wird eine dauerhaftere Verbindung eingerichtet.

Solch permanente Verbindungen herzustellen ist das Lebensziel der Gehirnzellen. Wenn eine Zelle heranreift, bildet sie zahlreiche Fortsätze aus, um Kontakte zu anderen Zellen herzustellen. Einige dieser Fortsätze (die so genannten Axone) senden Informationen aus der Zelle aus. Andere (die so genannten Dendriten) führen der Zelle Informationen zu. Das Ziel besteht darin, das Axon einer Zelle mit dem Dendrit einer anderen Zelle zu verbinden. Die Verbindung zwischen beiden nennt man Synapse. Wenn ein Axon einen Dendrit erreicht, wird eine besondere Art der Kommunikation aufgebaut – die Neurotransmission. Bilden zwei Neuronen eine Synapse, dann können chemische Stoffe zwischen ihnen hin- und herfließen und die Verbindung ist hergestellt: Die Anrufe können durchgestellt werden.

Synapsen sind demnach die langfristigen Verbindungen im Gehirn, mit deren Hilfe Zellen miteinander sprechen können. Das bedeutet, dass wir an der Synapsenzahl ungefähr ablesen können, welche Fortschritte ein Baby bei der Gehirnvernetzung gemacht hat. Denken Sie daran, dass aktive Nervenzellen Treibstoff verbrennen, genau wie Muskeln. Wenn wir den Umfang des Glukosestoffwechsels im Gehirn messen, können wir abschätzen, wie viele Synapsen in verschiedenen Entwicklungsstadien in Betrieb sind.

Neu ist dabei die Erkenntnis, dass es im Gehirn von Kindern viel geschäftiger zugeht als in unserem. Wenn ein Kind das Alter von drei Monaten erreicht hat, verbrennen die Gehirnregionen, die für das Sehen, Hören und Fühlen zuständig sind, erhöhte Mengen Glukose. Wenn das Kind zwei Jahre alt geworden ist, verbraucht sein Gehirn genauso viel Energie wie das Gehirn eines Erwachsenen. Im Alter von drei Jahren ist das Gehirn des kleinen Kindes dann sogar doppelt so aktiv wie das eines Erwachsenen. Das bleibt so, bis das Kind ungefähr neun oder zehn Jahre alt ist. Danach nimmt die Aktivität langsam ab, doch erst im Alter von ungefähr 18 Jahren ist sie auf Erwachsenen-Maß zurückgegangen.

Was steckt hinter dieser ungeheuren Aktivität? Das Gehirn ist damit beschäftigt, seine Verbindungen zu legen. Bei der Geburt hat jedes Neuron ungefähr 2.500 Synapsen. Die Höchstzahl der Synapsen wird im Alter von etwa zwei oder drei Jahren erreicht – dann sind es rund 15.000 pro Neuron. Das sind tatsächlich wesentlich mehr Synapsen, als im Gehirn eines Erwachsenen existieren. Vorschulkinder haben Gehirne, die im wahrsten Sinn des Wortes aktiver, vernetzter und viel flexibler sind als unsere eigenen. Aus neurologischer Sicht sind diese Kinder wirklich Alien-Genies.

Synaptic Pruning: *Wenn Verlust zum Gewinn wird*

Was geschieht nun mit all diesen Verbindungen, wenn wir älter werden? Gehirne legen nicht stetig immer mehr Verbindungen. Stattdessen stellen sie zunächst weit mehr Verbindungen her, als sie brauchen, und kappen später viele davon wieder. Wie sich zeigt, ist es genauso wichtig, alte Verbindungen zu löschen wie neue herzustellen. Die Synapsen, die die meisten Nachrichten übertragen, werden stärker und überleben, während schwächere synaptische Verbindungen eliminiert werden.

Dieser Prozess – das so genannte *Synaptic Pruning* – ähnelt dem Beschneiden eines Obstbaums oder eines Geranienstocks. Wenn man dem Wachstum einiger Zweige Einhalt gebiet, können die anderen Zweige besser wachsen und die gesamte Gestalt der Pflanze verändert sich. Das Gehirn kann eine häufig benutzte Verbindung stärken, indem es unnütze Verbindungen beschneidet. Die Erfahrung bestimmt, welche Verbindungen gestärkt und welche gekappt werden – diejenigen, die am häufigsten aktiviert wurden, werden aufrechterhalten. Ungefähr in der Zeit zwischen dem zehnten Lebensjahr und der Pubertät zerstört das Gehirn rücksichtslos seine schwächsten Verbindungen und behält nur diejenigen bei, die sich erfahrungsgemäß als nützlich erwiesen haben.

Der »Verlust« von Gehirnverbindungen, über den sich Pats Zuhörer Sorgen machen, hat in Wirklichkeit sehr positive Auswirkungen. Er sorgt dafür, dass das hoch spezialisierte Gehirn des Erwachsenen genau auf seine jeweilige Umgebung eingestellt ist. Das Gehirn ist sehr flexibel. Es besitzt das, was Neurowissenschaftler Plastizität nennen. Durch das Installieren und Eliminieren von Verbindungen kann sich das Gehirn seiner Umwelt anpassen. Dadurch konnten unsere Ahnen sowohl in der Savanne als auch im Wald überleben. Dadurch können wir in unserem modernen Dschungel überleben und unsere Enkel vielleicht im Weltraum.

Der Zyklus des physischen Wachstums und der Beschneidung im Gehirn könnte mit den Wissensveränderungen bei Kindern zusammenhängen, die wir in den vorigen Kapiteln beschrieben haben. Erinnern Sie sich noch an die Veränderungen bei der Differenzierung sprachlicher Laute, die sich im ersten Lebensjahr vollziehen? Bei der Geburt erkennt das Weltbürger-Gehirn des Babys die subtilen Unterschiede zwischen allen Lauten sämtlicher Sprachen. Um jedoch eine spezifische Sprache erlernen zu können, muss das kindliche Gehirn eine Struktur entwickeln, die die Unterschiede in der Muttersprache des Kindes hervorhebt und andere Unterschiede ignoriert.

Vielleicht macht es der Überfluss an Verbindungen in der frühen Kindheit möglich, dass all die Laute unterschieden werden können. Aber dann fließen bestimmte Wörter und Sätze in einer bestimmten Sprache in das Gehirn des Babys ein. Während das Baby all diese Laute verarbeitet, verändert sich die Art und Weise, wie es Laute wahrnimmt. Möglicherweise geschieht das dadurch, dass das Gehirn die Verbindungen eliminiert, die nie genutzt werden, und dafür Verbindungen herstellt, stärkt und formt, die oft stimuliert werden. Kein Zweifel – wenn wir mit unseren drei Monate alten Babys spielen, uns gegenseitig anglucksen, Unsinn mit ihnen reden und dabei auch Tausende von ahh's und ooo's von uns geben, dann verändern wir das Gehirn der Babys.

Es gibt sogar einige Experimente, die zeigen, dass Veränderungen in der Art, wie Babys Laute hören, mit Veränderungen in ihrem Gehirn einhergehen. Bei einer ERP-Untersuchung trugen Babys die schon beschriebenen kleinen Hauben, an denen Elektroden befestigt sind. Im frühen Stadium der Entwicklung reagierten die Gehirne der Babys ohne jeden Unterschied auf prototypische Laute ihrer Muttersprache und solche einer anderen Sprache. Aber schon wenige Monate später zeigten sich bei denselben Babys einzigartige Aktivitätsmuster in der linken Gehirnhälfte, sobald sie Prototypen ihrer eigenen Sprache hörten. Während die Kinder ihre Muttersprache lernten, hatte ihr Gehirn sich physisch verändert.

Auch bei abstrakteren Vorgängen könnten ähnliche Prozesse eine Rolle spielen, zum Beispiel, wenn wir eine Theorie abändern. Wird eine Theorie geändert, müssen einerseits neue Verbindungen zwischen Ideen hergestellt und andererseits frühere Vorstellungen eliminiert werden, die sich als falsch erwiesen haben.

Während wir früher bereit waren, alles (oder zumindest sehr viel) zu lernen, spezialisieren wir uns mit zunehmendem Alter. Wir sind weniger offen für Neues und beschreiten eher eingefahrene Wege. Dafür werden wir jedoch viel geschickter und kompetenter – das, was wir können, geht uns jetzt viel schneller und leichter von der Hand, vom Sprechen und Lesen bis zum Schuhe-Schnüren oder Bücher-Schreiben. Wenn man sich immer wieder dasselbe schwarze Kleid kauft, kann das auf einen Mangel an Fantasie schließen lassen. Doch vielleicht haben wir einfach nur endlich erkannt, dass so ein Kleid zu uns passt – eine teuer erkaufte Einsicht, zu der wir erst gelangt sind, nachdem wir ganze Schrankladungen voll limonengrüner Caprihosen und knallrosa Pullunder in die Kleidersammlung gegeben haben.

Dem Gehirn scheint es leichter zu fallen, unnützen Plunder abzustoßen, als den meisten von uns. Es wirft das hinaus, was nicht funktioniert, und behält das, was sich als nützlich erwiesen hat. Das Ergebnis des *Synaptic Pruning* ist ein Erwachsenengehirn, das viel höher spezialisiert ist als das eines Babys. Bestimmte Aktivitäten sind nun im Wesentlichen bestimmten Gehirnregionen und -bereichen zugeteilt. Dank dieser spezialisierten Struktur können wir all die Dinge, die ein Erwachsener für sein Leben braucht.

Aber selbst im Erwachsenenalter werden weiterhin neue Verbindungen aufgebaut, alte ausgemerzt und neue Gehirnzellen erzeugt. Dadurch können wir uns neue Dinge einprägen und alte vergessen, Neues lernen und frische Ideen entwickeln. Sogar im mittleren Alter entdecken wir manchmal vielleicht noch, dass der neue Rock eigentlich viel besser zu uns passt als der alte. Und wir hoffen, dass sogar eine Betätigung wie die Lektüre dieses Buchs dazu führt, dass Sie ein paar alte Verbindungen kappen und ein paar neue aufbauen.

Gibt es entscheidende Phasen?

All diese Forschungsergebnisse stehen im Einklang mit der Annahme, dass die Kindheit die Zeit ist, in der wir am meisten lernen und unser Gehirn und Geist am aufgeschlossensten für neue Erfahrungen sind. Wie wir gesehen haben, zeichnen die entwicklungspsychologischen Untersuchungen das gleiche Bild. Babys und Kleinkinder forschen und experimentieren unaufhörlich, überprüfen ständig neue Theorien und ändern alte, wenn sie etwas dazugelernt haben. Im Erwachsenenalter endet dieser Prozess zwar nicht, aber ohne Zweifel verlangsamt er sich.

Manche Forscher haben aber auch eine radikalere Version dieser Vorstellung entwickelt. Sie gehen davon aus, dass das Gehirn eines Babys nur in ganz bestimmten, eng abgesteckten Zeiträumen für Erfahrungen einer bestimmten Art aufnahmebereit ist. Das wäre so, als würde eine offene Tür ins Gehirn führen, durch die während einer bestimmten kritischen Phase die Erfahrungen rauschen, doch dann wird sie plötzlich zugeschlagen. Oder so, als könne man in der Gehirnbank nur bis fünf Uhr Einzahlungen tätigen, weil dann die Kasse schließt. Nur in dieser entscheidenden Phase würde das Gehirn etwas lernen.

Diese Fragen zur Gehirnentwicklung und den Zeiten, in denen Erfahrungen gemacht werden, sind für Neurowissenschaftler wichtig, haben aber auch Bedeutung für unser Alltagsleben. Wenn Kinder nicht die richtige Sprechweise hören, bevor sie in die Schule kommen, werden sie dann überhaupt noch lernen können, normal zu sprechen? Wenn Babys in einer lieblosen Waisenhaus-Umgebung aufwachsen, werden sie ein Leben lang emotionale Narben zurückbehalten?

Allgemein einig ist man sich darüber, dass die neuralen Prozesse in den frühen Entwicklungsphasen einzigartig sind und die restliche Entwicklung tief greifend beeinflussen. Die Frage ist, ob es eine spezifische »Uhr« gibt, die entscheidet, wann Erfahrungen nützlich sind. Wie zeitlich beschränkt sind die Lernmöglichkeiten?

In der Tierwelt kommt es tatsächlich häufig vor, dass Erfahrungen zu einem ganz bestimmten Zeitpunkt gemacht werden müssen, um Wirkung zu zeigen. Sie richten sich geradezu nach einer biologischen Uhr. Ist die Zeit abgelaufen, schlägt die Uhr, die Tür wird zugeschlagen und Erfahrungen nützen nichts mehr.

Zum Beispiel haben Wissenschaftler versucht, Vögeln unterschiedlichen Alters Bänder mit Vogelstimmen vorzuspielen. Dabei zeigte sich, dass der Weißkehlammerfink nur ungefähr dreißig Tage Zeit hatte, um singen zu lernen (zwischen dem 20. und 50. Tag nach der Geburt). Wenn der männliche Vogel in dieser Phase nicht den richtigen Gesang gehört hatte, lernte er nicht mehr, normal zu singen, konnte um keine Partnerin werben und keine Nachkommen zeugen. (Singen lernen ist für ein Vogelmännchen also ziemlich wichtig – es vermittelt sozusagen Aussehen, Reichtum und Einfluss mit ein paar Zwitschertönen.) Hörte der Vogel den Gesang erst später, nützte das nichts mehr.

Ein weiteres dramatisches Beispiel liefern die schon zuvor erwähnten Untersuchungen, die zeigten, dass Erfahrungen nötig sind, um die Verbindungen zwischen den beiden Augen und dem Gehirn herzustellen. Hubel und Wiesel fanden heraus, dass die Augen der Kätzchen den nötigen Input zu einer genau festgesetzten Zeit erhalten mussten, nämlich dreißig bis 80 Tage nach der Geburt. Wenn ein Auge in diesem Zeitraum offen war, wurde es richtig an das Gehirn angebunden. War es in dieser Phase dagegen bedeckt und wurde erst nach 80 Tagen geöffnet, war es zu spät: Das andere Auge hatte die Macht ergriffen und das ungenutzte Auge blieb blind, solange das Tier lebte.

Aber auch wenn bei diesen Beispielen für entscheidende Phasen eine biologische Uhr mitzuspielen scheint, deuten neue Entdeckungen darauf hin, dass in anderen Fällen wohl noch etwas anderes vor sich geht. Auch in diesen Fällen haben die frühen Erfahrungen zwar bedeutsame und langfristige Auswirkungen, aber man vermutet jetzt, dass sie nicht von der Uhr gesteuert werden. Es ist wohl nicht einfach so, dass die Zeit des flexiblen Lernens endet, wenn man heranreift.

Vielmehr könnte es sein, dass die Erfahrung selbst unser Gehirn verändert hat, sodass wir die Welt auf eine bestimmte Weise wahrnehmen und interpretieren. Nachdem die neuralen Schaltkreise eingerichtet sind, wird es schwierig, die Welt noch anders zu interpretieren. Wenn wir erst einmal Vorstellungen haben, die funktionieren, und sich immer mehr Beispiele anhäufen, die sie bestätigen, dann wird es zunehmend schwieriger, sie noch zu verändern. Wenn wir ganz sicher sind, dass etwas wahr ist, sind wir weniger bereit – oder fähig –, unsere Meinung zu ändern. Und das scheint auch für unsere neuralen Repräsentationen zu gelten. Sowohl nach der klassischen als auch nach der neuen Sicht gilt, dass Menschen in einem Alter leichter lernen als in einem anderen. Der entscheidende Unterschied besteht darin, ob wir dies auf eine biologische Uhr zurückführen oder auf die Gehirnstrukturen, die wir bereits entwickelt haben.

Was den Spracherwerb angeht, so sind diese beiden Interpretationen im Augenblick heiß umstritten. Manche Wissenschaftler glauben, dass es bei Menschen eine entscheidende Phase für das Erlernen der Sprache gibt – eine biologische Uhr, die so eingestellt ist, dass wir später nicht mehr lernen können. Die dramatischsten Beispiele dafür sind die entsetzlichen natürlichen Experimente, aus denen »Wildkinder« hervorgehen – Kinder, die in den frühen Lebensjahren keine Sprache hören.

Vor zwanzig Jahren entdeckten Sozialarbeiter ein vierzehnjähriges kalifornisches Mädchen namens Genie. Ihr Vater hatte sie fast ihr ganzes Leben lang in einem kleinen Raum an einen Stuhl gebunden und vom Rest der Welt fern gehalten. Wenn ihre Stimme lauter als ein Flüstern wurde, wurde sie geschlagen. Auch nach ihrer Rettung schien Genie unfähig, normal sprechen zu lernen. Aber natürlich hatte Genie durch die unmenschliche Behandlung in vielfacher Weise gelitten. Daher ist es schwierig, die Faktoren, die ihr Sprechvermögen beeinträchtigten, genau zu isolieren.

Andere, weniger tragische Belege sprechen ebenfalls für diese Annahme. Den meisten Menschen fällt es viel schwerer, im späteren Leben eine zweite Sprache zu lernen als in der Kindheit. Einwanderer mögen versuchen, die Sprache ihrer neuen Heimat zu erlernen, aber nur zu oft werden sie von ihren eigenen Kindern überrundet. Wenn wir eine Zeit lang im Ausland sind, schwatzen unsere Kinder offenbar schon bald fröhlich mit den anderen Kindern auf dem Spielplatz, während wir noch mühsam im Sprachführer blättern. Wenn wir nach der Pubertät eine fremde Sprache lernen, sprechen wir sie mit ausländischem Akzent – das heißt mit einer Phonetik, Intonation und mit Betonungsmustern, die nicht zu dieser Sprache passen. Es fällt uns auch schwerer, gesprochene Sprache zu verstehen und die Grammatik der neuen Sprache zu lernen. Die Pubertät ist offenbar eine wichtige Phase. Ein Einwanderer, der vom 18. Lebensjahr an ausschließlich Englisch spricht, wird vielleicht noch im Alter einen starken Akzent haben. Dagegen spricht ein anderer Immigrant, der mit vier Jahren ins Land kommt, vielleicht ohne jeden Akzent.

Kinder, die sehr früh, zwischen dem zweiten und siebten Lebensjahr, eine zweite Sprache lernen, schneiden bei verschiedenen Tests genau wie Muttersprachler ab. Nach dem achten Lebensjahr nimmt ihre Leistung langsam, aber beständig ab, besonders während der Pubertät. Wenn man nach der Pubertät eine neue Sprache lernt, gibt es keine Korrelation mehr zwischen dem Alter und den linguistischen Fertigkeiten, die nun durchgehend geringer sind als in der Kinderzeit: Zwanzigjährige schneiden in Tests nicht besser ab als Vierzigjährige. Das gilt sogar für einfache Lautdifferenzierungen, wie bei Pats japanischen Kollegen, die versuchten, das englische *r* und *l* zu hören und auszusprechen.

Warum wird es so viel schwieriger, eine neue Sprache zu lernen, wenn man älter wird? Nach der klassischen Argumentation, die von entscheidenden Phasen ausgeht, ist die Zeit die wichtige Variable. Wenn Sie keine englischen *r*'s und *l*'s gehört haben, bevor die Pubertät zuschlägt, werden Sie diese Laute später nicht mehr unterscheiden können – so wie die Vögel nach 50 Tagen nicht mehr singen lernten oder die Kätzchen nach 80 Tagen nichts mehr sehen konnten.

Die andere Annahme wäre, dass das Lernen selbst eine Rolle spielt. Wie wir bereits gesehen haben, bilden Kinder, die im frühen Babyalter eine Sprache hören, Prototypen heraus – Repräsentationen, die das spezielle Lautsystem der betreffenden Sprache beschreiben. Diese Repräsentationen beeinflussen die Sprachwahrnehmung der Babys, sodass sie manche Laute nicht mehr voneinander unterscheiden können. Im frühen Entwicklungsstadium können wir noch die Prototypen vieler verschiedener Sprachen lernen. Aber bis wir die Pubertät erreicht haben, sind die geistigen Laut-Repräsentationen gut ausgebildet und verfestigen sich zunehmend. Dadurch wird es schwieriger, die Unterschiede wahrzunehmen, die in einer fremden Sprache getroffen werden. Die Repräsentationen, die wir bereits haben, wirken sich störend auf die Repräsentationen der neuen Sprache aus.

Wenn wir Erwachsenen aufgrund solcher Störungen weniger gut lernen, könnten wir Abhilfe durch Signale schaffen, die die Störung umgehen. Die Untersuchungen an legasthenischen Kindern, die wir beschrieben haben, deuten darauf hin, dass das möglich sein könnte. Legasthenische Schulkinder tun sich schwer, bestimmte Laute – zum Beispiel *b* und *d* – voneinander zu unterscheiden, und haben auch generell Probleme mit der Sprache. Einige Studien weisen darauf hin, dass diese Kinder ihre Leistungen verbessern können, wenn wir ihnen helfen, die Lautkategorien zu trennen. Nachdem die Kinder Sprachaufnahmen gehört hatten, bei denen die Lautunterschiede mittels Computertechnik besonders betont wurden, steigerten sich ihre Leistungen. Die übertriebene Sprechweise, die diese legasthenischen Kinder bei den Therapiestudien hörten, ähnelt in gewisser Weise dem Mutterisch – der Sprache, die wir Erwachsenen verwenden, wenn wir mit Kindern reden. Damit steigt die Wahrscheinlichkeit, dass wir beispielsweise japanischen Erwachsenen das Englischlernen erleichtern können, wenn wir ihnen gesprochene Sprache zu hören geben, bei der die Unterschiede zwischen den Kategorien *r* und *l* besonders hervorgehoben werden. Diese übertriebene Sprechweise könnte die störenden Repräsentationen umgehen, die die Japaner bereits entwickelt haben. Sogar Erwachsenen könnte es also nutzen, Mutterisch zu hören.

Das soziale Gehirn

Die jüngsten Untersuchungen zur Plastizität des Gehirns brachten noch weitere Überraschungen. Dazu gehört, dass soziale Faktoren die Art und Weise, wie Tiere lernen, dramatisch verändern können. Wie bereits gezeigt wurde, können Weißkehlammerfinken ihren charakteristischen Gesang mit Hilfe einer Bandaufnahme typischerweise zwischen dem 20. und 50. Tag lernen. Im richtigen sozialen Kontext jedoch scheint diese kritische Phase weniger strikt festgelegt zu sein. Die Finken können nämlich auch nach dem 50. Tag noch lernen, sofern sie einen lebendigen Lehrer haben – einen echten Vogel, der ihnen vorsingt. Im Austausch mit anderen Vögeln lernt der Jungvogel also leichter.

Manche Vogelarten sind beim Lernen sogar auf die soziale Stimulation angewiesen. Zebrafinken beispielsweise lernen nicht gut, wenn sie den Gesang nur vom Band hören. Sie müssen mit einem Lehrer in einem Nachbarkäfig zusammenarbeiten und den Gesang von ihm lernen. Hören sie ihn lediglich, dann lernen sie nichts. Tatsächlich können flügge gewordene Zebrafinken sogar dann noch von einem Vogellehrer lernen, wenn sie ihn nicht sehen können, solange sie nur so mit ihm zusammenwirken, wie es bei Zebrafinkenvätern und ihren Söhnen üblich ist (Finken picken und putzen sich gegenseitig, statt Fangen zu spielen, und sie können einander auch im Dunkeln finden). Wenn ein Zebrafink einen Bengalenfinken zum Stiefvater hat, der ihn füttert, wird er von ihm den »ausländischen« Gesang der Bengalenfinken lernen, obwohl er in der Nähe erwachsene Zebrafinken hört, die den richtigen Gesang anstimmen. Zebrafinken scheinen, zumindest in gewisser Hinsicht, salomonische Weisheit zu besitzen: Ihr Vater ist der, der das Leben mit ihnen teilt und nicht nur die Gene.

Und wie verhält es sich mit Babys? Müssen sie mit anderen Menschen zusammenwirken, um eine Sprache lernen zu können? Könnten Babys nur mit Hilfe eines Kassettenrecorders oder Fernsehers sprechen lernen? Natürlich können wir Babys nicht von ihren Eltern trennen und abwarten, was dann passiert. Aber auf jeden Fall wirken Babys bei den koketten Dialogen mit den Menschen, die sie lieben, sehr aufmerksam, engagiert und auch glücklich. Und das könnte mit ein Grund sein, warum sie so schnell lernen.

Das Gehirn im Boot

Das Bild, das sich aus der neuen Gehirnforschung ergibt, stimmt mit dem Bild überein, das die psychologische Forschung zeichnet. Wenn Babys geboren werden, ist zweifellos schon ein großer Teil der neurologischen Strukturen vorhanden. Aber genauso steht fest, dass sich das Gehirn in den ersten Lebensjahren drastisch verändert, und zwar aufgrund von Erfahrungen. Mit anderen Worten, das Gehirn lernt. Und dieses Lernen ist nicht nur ein passiver Vorgang. Das Gehirn versucht aktiv, die richtigen Verbindungen herzustellen, und es kappt diejenigen Verbindungen, die kaum benutzt werden. Das Gehirn programmiert sich selbst um.

Überdies haben die Repräsentationen, die durch das Lernen entstehen, Einfluss darauf, wie das Gehirn neue Erfahrungen verarbeitet. Erfahrungen verändern das Gehirn – aber dann beeinflussen genau diese Veränderungen die Art und Weise, wie sich weitere Erfahrungen auf das Gehirn auswirken. Die zeitliche Abfolge der Entwicklung scheint sehr wichtig zu sein: Wenn man sich in einem frühen Stadium für einen bestimmten Weg entscheidet, kann das entscheidenden Einfluss darauf haben, welche Wege später zur Auswahl stehen.

Andere Menschen spielen vermutlich ebenfalls eine sehr wichtige Rolle bei der Entwicklung des Gehirns. Sogar Vogelgehirne sind offenbar besonders darauf eingestellt, Informationen von anderen Vögeln zu erhalten, vor allem von denen, die sie aufziehen. Allein die Tatsache, dass sich ein so großer Teil des menschlichen Gehirns mit der Verarbeitung von Sprache und dem Verstehen von Gesichtern beschäftigt, lässt darauf schließen, dass für uns Informationen von unseren »Artgenossen« sogar noch wichtiger sind. Mit anderen Worten, das Gehirn lernt offensichtlich liebend gern von anderen Menschen.

Das Beweismaterial, das die Gehirnforschung liefert, spricht auch für die Annahme, dass Babys und Kinder besonders lernfähig und zum Lernen motiviert sind und dass sie tatsächlich mehr lernen als wir Erwachsenen. Nimmt man die psychologischen und die neurologischen Beweise zusammen, dann kommt man kaum mehr um die Schlussfolgerung herum, dass Babys schlicht und ergreifend schlauer sind als wir – zumindest, wenn schlau sein bedeutet, dass man etwas Neues lernen kann. Der Vorteil, den wir Erwachsenen genießen, rührt genau von der Tatsache her, dass wir auch einmal Babys waren. Wir können die fein eingestellte, spezialisierte, gut geölte geistige Maschinerie, die wir als ganz kleine Kinder konstruiert haben, dazu nutzen, alle möglichen Dinge zu tun, die Babys noch nicht können.

Andy und Alison haben sich einmal eine Science-Fiction-Geschichte über eine Welt ausgedacht, in der wir den Babys irgendwie auf einen Schlag sämtliche Informationen vermitteln können, die die Wissenschaft besitzt, um dann abzuwarten, wie sie in rund sechs Monaten die kompliziertesten Probleme der Menschheit lösen. Oder – eine andere Geschichte – es stellt sich heraus, dass die großen Genies der Wissenschaft von einer kleinen Mutation in ihrer biologischen Entwicklung profitieren: Sie behalten ihr Babygehirn ein bisschen länger als wir anderen. Natürlich sind das nur erfundene Geschichten, aber sie enthalten ein Körnchen Wahrheit. Die kulturellen Werkzeuge – unsere Fähigkeit, zu kommunizieren und die Entdeckungen einer Generation an die nächste weiterzugeben – tragen dazu bei, dass Babys solche Lerngenies sind. Und wir Erwachsenen scheinen die kindliche Lernfähigkeit zumindest in manchen Fällen noch zu bewahren.

Auch wenn wir nicht so schlau sein mögen wie Babys, deuten die neuen Erkenntnisse darauf hin, dass wir vielleicht schlauer sind, als wir manchmal glauben. Dass wir nicht noch mehr lernen, könnte genau daran liegen, dass wir bereits so viel gelernt haben. Die Schaltkreise, die wir in der Kindheit eingerichtet haben, vermitteln uns das meiste von dem, was wir wissen müssen. Zumeist funktionieren sie ungemein gut und wir sind so gebaut, dass es schwierig ist, diese erfolgreichen Programme zu ändern. Aber wenn wir mit neuen Problemen, ungewohnten Umgebungen oder ungewöhnlichen Inputs konfrontiert werden, können wir die Vernetzung offenbar sogar als Erwachsene noch einmal ändern.

So wie das Wissen scheint auch das Gehirn selbst dem Boot des Odysseus zu gleichen, über das wir im vorigen Kapitel gesprochen haben. Es reagiert auf das, was in seiner Umgebung vor sich geht, und verändert sich dadurch in vielfältiger Weise. Mehr noch – Veränderungen am Anfang der Reise können bestimmen, welche Veränderungen sich später zutragen. Falls wir beschließen, ein Ruder als Mast einzusetzen, können wir es später nicht mehr als Anker benutzen. Wie es scheint, vollziehen sich anfangs die umfangreichsten Veränderungen; wenn die Gewässer ruhiger werden und das Boot seetüchtiger wird, müssen wir immer weniger ändern. Aber so ganz hören wir nie mit dem Basteln auf. Unsere Gehirne bleiben rührig bis ganz ans Ende der Reise, bis zu dem Tag, wo wir und sie unweigerlich nur mehr schlaffe Gewebestücke unter dem Mikroskop der Neurowissenschaftler sind. Aber selbst dann ist unser Wissens-Boot noch Teil des Erbes, das wir an unsere Kinder weitergeben, die es ihrerseits wieder umbauen und umgestalten. Schließlich war unser Gehirn selbst mit dem ihren vernetzt – auch wenn die Drähte statt Elektrizität Lieder, Worte und Gesichter verwendet haben und die Nachrichten nicht durch Synapsen, sondern durch Licht, Laute und Berührungen vermittelt wurden. Selbst wenn wir nur noch Gewebestücke unter dem Mikroskop sind, stellen wir noch Verbindungen her.

KAPITEL SIEBEN

»Wir kommen, goldnen Wolkenzügen gleich«

Nicht ganz erinnerungslos
Und völlig nackt und bloß:
Wir kommen, goldnen Wolkenzügen gleich

Wordsworth
»Ode: Ahnungen der Unsterblichkeit
durch Erinnerungen an die frühste Kindheit«

Was ist zu tun?

Im März 1997 telefonierte Pat gerade, als ihre Sekretärin ihr einen Zettel zusteckte, auf dem stand: »Das Weiße Haus ist auf Leitung 1.« Pat brach ihre Unterhaltung sofort ab und übernahm das Gespräch. Es war die Sekretärin von Hillary Clinton, die Pat bat, im April 1997 bei einer Tagung im Weißen Haus über »Frühkindliches Lernen und das Gehirn« zu sprechen. Das Thema frühkindliche Entwicklung war inzwischen zu einem solchen Politikum geworden, dass Präsident Clinton und seine Frau sich entschlossen hatten, diese Tagung zu veranstalten. Sechs Experten, darunter Pat, sollten darlegen, was die Forschung in jüngster Zeit über das Gehirn und das menschliche Bewusstsein in den ersten drei Lebensjahren herausgefunden hatte. Die Tagung löste eine Flut von Presseberichten aus und hatte zur Folge, dass zahllose Bilder niedlicher Babys auf Titelblättern und in Nachrichtenmagazinen erschienen. Pats Büro wurde mit Bitten um Ratschläge, Nachdrucke und Zeitungs-, Zeitschriften- und Fernsehinterviews überschwemmt.

Was sollten wir dem Präsidenten sagen? Oder auch den Eltern, die uns anriefen, um zu fragen, wie sie mit ihren Babys sprechen sollten? Eine Antwort ist das, was in diesem Buch steht. Es gibt umfangreiches wissenschaftliches Material, über das man berichten kann, und das meiste davon ist einigermaßen leicht verständlich. Menschen, die sich um Babys kümmern, sollten nicht nur in wissenschaftlichen Fachzeitschriften oder auf den Ratgeberseiten von Zeitungen über die Erkenntnisse der Entwicklungsforschung lesen können. Jedoch lassen sich die wissenschaftlichen Resultate nicht einfach in politische Entscheidungen übersetzen – weder auf der kleinen Ebene der Eltern, die sich mit einem Kind im schrecklichen zweiten Jahr abplagen, noch auf der großen Ebene des Weißen Hauses.

Kindererziehung ist von Natur aus eine schwierige und unsichere Angelegenheit, aus Gründen, auf die die Wissenschaft nicht viel Einfluss hat. Für die meisten von uns Eltern gibt es buchstäblich nichts Wichtigeres als das Wohlergehen unserer Kinder. Wir können uns kaum etwas vorstellen, für das wir unser Leben geben würden, aber für unsere Kinder würden wir es tun. Und in einem weniger melodramatischen Sinn tun wir es ja tatsächlich. 15 oder zwanzig Jahre lang opfern wir tagtäglich unsere Energie, unsere individuelle Freiheit und unser Einkommen für unsere Kinder, schenken ihnen unsere Aufmerksamkeit und machen uns Sorgen um sie. Nichts in der menschlichen Erfahrung kommt dem gleich.

Doch all unsere ehrlichen Bemühungen, unsere Hingabe und unsere hohen Ziele gehen mit einem tiefen und sogar unerlässlichen Gefühl von Ohnmacht einher. Ein britischer Premierminister meinte einmal, die Presse wolle »Macht ohne Verantwortung, wie es seit jeher das Vorrecht der Hure gewesen ist«. Man könnte vielleicht sagen, dass das Vorrecht einer Mutter genau das Gegenteil von dem der Hure ist: Wir Eltern haben Verantwortung ohne Macht. Mütter und Väter sind zahllosen Zufällen ausgeliefert. Zufälle sind für die genetische Mischung von Temperamenten und Fähigkeiten verantwortlich und Zufälle bestimmen, wie diese Mischung sich mit unseren eigenen Temperamenten und Fähigkeiten verträgt. Zufälle entscheiden, wie unser Leben in den wenigen Jahren verläuft, die eine Kindheit ausmachen, und Zufälle entscheiden auch, was der Rest der Welt unseren Kindern zu bieten hat.

234

Und noch in einem anderen, tiefer gehenden Sinn haben wir weniger Macht als Verantwortung. Der Sinn des ganzen Unternehmens besteht ja schließlich darin, einen autonomen Menschen heranzuziehen – jemanden, der uns verlassen kann, der sich dafür entscheiden kann, ungeheure Fehler zu begehen oder im tiefsten Elend zu enden. Es ist, als würde man sich hoffnungslos, unsterblich verlieben und dabei wissen, dass einen das Objekt der Leidenschaft in zwanzig Jahren wegen eines anderen Liebhabers verlassen wird und wir sogar dafür sorgen müssen, dass es genau das tut. Bestenfalls werden unsere Kinder anständige, unabhängige Erwachsene, die uns mit nachdenklicher, nachsichtiger Zuneigung betrachten: Würden sie uns weiterhin so leidenschaftlich lieben wie zu ihrer Kinderzeit, wäre das geradezu krankhaft. Bei fast allen schweren Entscheidungen der Kindererziehung, bei jedem kleinen Schritt – Soll ich sie über die Straße gehen lassen? Kann er schon allein zur Schule gehen? Soll ich in ihre Kommodenschublade schauen? – geht es darum, weniger Kontrolle auszuüben, und nicht mehr, Macht abzugeben und nicht zu gewinnen.

Daher ist es kein Wunder, dass Eltern sich nach Rat und Hilfe sehnen, dabei aber gleichzeitig ein sehr zwiespältiges Gefühl haben. Wir wünschten, *irgendjemand* würde uns sagen, wie wir uns verhalten sollen, aber andererseits wollen wir nicht, dass jemand uns sagt, was wir zu tun haben.

Es ist auch kein Wunder, dass uns seit jeher Quacksalber, Betrüger und Maulhelden aller Art bereitwillig Ratschläge erteilt haben, wobei sie sich oft auf die Wissenschaft beriefen. Die Geschichte der »Expertenratschläge« für Mütter ist zum großen Teil eine unrühmliche. Für einen Entwicklungspsychologen ist das Verblüffendste an den meisten dieser Ratschläge, wie weit sie von jeglicher empirischer Beweisführung oder experimenteller Forschung entfernt waren.

Wir kommen kaum umhin, in all dem ein klassisches feministisches Thema zu sehen: Männliche »Experten« kommandierten Frauen auf der Basis wissenschaftlicher Erkenntnisse herum, die diese angeblich nicht verstehen konnten. Doch es ist auch noch etwas anderes mit im Spiel. Pseudowissenschaftler konnten sich gerade deswegen zu Experten aufschwingen, weil die Probleme so drängend und vertrackt sind. Vergleichbares lässt sich in der Geschichte der Medizin beobachten. Krankheit ist für die Menschen eine so drängende Sorge, dass sie seit jeher willens waren, fast jeden Rat und jede Therapie zu akzeptieren – von schamanischen Zaubersprüchen bis hin zum Aderlass – und dabei nahezu jede Form von Wissen und Autorität anzuerkennen. In den vergangenen hundert Jahren haben wir begonnen, wirklich mit wissenschaftlichen Methoden an die Sache heranzugehen, aber das bleibt ein schwieriges Unterfangen. Denn im Grunde ist es uns herzlich egal, ob unsere Ärzte das komplexe Ursachengeflecht erkennen, das zu unseren Krebsgeschwüren, Migräneanfällen oder Panikattacken führt. Wir wollen einfach nur, dass sie uns wieder gesund kriegen.

Ganz ähnliche Faktoren spielen in der Geschichte der Ratschläge für Eltern eine Rolle. Wir wollen Sicherheit und das macht uns anfällig für Betrügereien. Mütter pflegten nachts wach zu liegen und zu hören, wie ihre Babys schrien, weil die Experten ihnen geraten hatten, das Baby nicht aus dem Bett zu nehmen oder »außerplanmäßig« zu füttern. Es kann gut sein, dass diese Mütter einen Aderlass vorgezogen hätten.

Ein Vorteil wissenschaftlicher Kenntnisse besteht darin, dass man so etwas wie eine vorsorgliche Skepsis entwickelt. Sie sollte uns äußerst argwöhnisch machen, wenn uns irgendjemand ein Rezept anbietet, mit dessen Hilfe Babys angeblich klüger werden oder mehr lernen, ob es nun Illustrationstafeln, Mozart-Kassetten oder Institute zur Säuglingsförderung sind. Alles, was wir über Babys wissen, lässt darauf schließen, dass diese künstlichen Eingriffe im besten Fall wirkungslos sind und im schlimmsten Fall die normale Interaktion zwischen Erwachsenen und Babys stören. Babys sind schon so schlau wie nur irgend möglich. Sie wissen, was sie wissen müssen, und sie verstehen es, sich auf sehr effektive und selektive Weise die Informationen zu beschaffen, die sie brauchen. Sie sind darauf programmiert, etwas über die reale Welt zu lernen, in der sie leben, und sie tun es, indem sie mit den Dingen spielen, die es in dieser Welt gibt, vor allem mit den Menschen, die sie lieben. Es ist nicht der unwesentlichste Vorteil wissenschaftlicher Kenntnisse, dass sie uns immun gegen Pseudowissenschaft machen.

Hat die Wissenschaft aber auch noch konstruktivere Ratschläge zu bieten? Der wichtigste konstruktive Rat ist, dass man Eltern – und Erwachsenen im Allgemeinen – genügend Zeit und Energie lassen muss, um ihre natürlichen Fähigkeiten einzusetzen, mit deren Hilfe Babys lernen können. Zu den Dingen, die die Wissenschaft uns lehrt, gehört, dass die Natur uns ausersehen hat, Babys zu unterweisen, genau wie sie Babys zum Lernen ausersehen hat. Fast alle Handlungen der Erwachsenen, die wir beschrieben haben, laufen schnell, spontan, automatisch und ohne große Überlegung ab. Und für Babys und Kleinkinder gibt es keine Trennung zwischen Versorgung und Unterweisung. Dieselben Handlungen, mit denen wir unsere Babys versorgen, vermitteln ihnen auch die Informationen, die sie brauchen. Um zu entscheiden, wie wir uns verhalten sollen, ist es wahrscheinlich am besten, wenn wir unsere instinktiven Reaktionen auf Babys mit der langen Tradition von praktischen Beobachtungen und Experimenten kombinieren. Die besten »Experten«, ein Berry Brazelton oder Benjamin Spock oder eine Penelope Leach, gehen in der Tat so vor. Die wissenschaftliche Forschung sagt uns, dass wir genau das tun sollen, was wir ohnehin tun, wenn wir mit unserem Baby zusammen sind – sprechen, spielen, lustige Grimassen schneiden, aufmerksam sein. Wir brauchen nur die nötige Zeit dazu.

Die Erkenntnisse der Wissenschaft lassen aber auch den Schluss zu, dass weder Babys noch Erwachsene über ein System festgelegter, reflexartiger Lern- und Lehrmethoden verfügen, die die Evolution im Pleistozän festgeschrieben hat und die nun für alle Ewigkeit gelten. Im Gegenteil: Die Flexibilität des menschlichen Denksystems ist ebenso beeindruckend wie die Fülle, die es schon zu Anfang besitzt. Wir sind dazu geboren, neue Orte kennen zu lernen und uns an das anzupassen, was wir dort vorfinden. Gewiss gibt es Erscheinungen wie diejenige, die wir als »Buttereffekt« bezeichnen könnten: die Tatsache, dass wir immer noch Reaktionen zeigen – etwa eine Leidenschaft für tierische Fette –, die uns im Pleistozän genützt haben, in unserer heutigen Umwelt aber kontraproduktiv sind. Ein noch stärkerer Instinkt jedoch führt uns zu etwas, das man als »Hometrainer-Effekt« bezeichnen könnte. Wir Menschen lieben Erklärungen genauso, wie wir Kuchen und Mürbekekse lieben. Unser Erklärungstrieb kann uns dabei helfen, Neues über uns selbst herauszufinden. Wir können feststellen, dass wir tierische Fette lieben und dass sie gefährlich sind – und dann neue Mittel erfinden, um damit fertig zu werden. Wir können unsere Welt anders gestalten oder sie zumindest um Hometrainer bereichern. Das ist eine ebenso natürliche Reaktion wie die Reaktion auf die Butter selbst.

Das Gleiche trifft auch auf die Kindererziehung zu. Schon immer mussten die Menschen ihre Erziehungsmethoden an die Umwelt anpassen, in der sie lebten. Unter tragischen Umständen, wenn etwa nicht genügend Nahrungsquellen vorhanden waren, mussten sie manchmal auch lernen, keine Kinder großzuziehen. Wenn die Zeiten schlecht sind, kommt es sogar vor, dass Eltern einige ihrer Kinder gezielt im Stich lassen, obwohl das offenbar immer einen hohen emotionalen Preis hat. Manche Anthropologen schließen daraus, dass es gar keine natürliche, angeborene Anlage zur Kindererziehung gibt. Aber das wäre nur richtig, wenn wir davon ausgehen würden, dass uns die Natur nur mit vorgefertigten, unflexiblen Handlungsweisen ausgestattet hat. In Wirklichkeit lassen die Forschungen darauf schließen, dass wir eine natürliche Anlage dazu haben, Kinder großzuziehen, aber je nach den herrschenden Lebensbedingungen sehr unterschiedlich damit umgehen können.

Man könnte unser momentanes Dilemma zum Beispiel unter dem Aspekt betrachten, dass sich die Bedingungen der Kindererziehung grundlegend geändert haben, wir aber noch nicht herausgefunden haben, wie wir darauf reagieren und unser Verhalten ändern sollen. Vor hundert Jahren gab es nicht nur relativ wenige amerikanische Mütter, die außer Haus arbeiteten, sondern auch fast genauso wenige Väter, die das taten. Die überwiegende Mehrzahl der Amerikaner war damals Farmer, und Farmerfamilien, Männer, Frauen und Kinder, leben und arbeiten, lehren und lernen am selben Ort. Zwischen der Zeit, als die Männer anfingen, außer Haus zu arbeiten, und der Zeit, als die Frauen damit begannen, lag nur eine relativ kleine historische Spanne. (Politiker sind berüchtigt dafür, wenig historisches Verständnis zu haben, und das mag der Grund sein, warum niemals Männer aufgefordert werden, ihre Bürojobs an den Nagel zu hängen und wieder zu Hause zu bleiben.) Aber eine solche Veränderung unserer Umwelt, der Wandel von einer landwirtschaftlichen oder Jäger-Sammler-Wirtschaft zu einer Industriewirtschaft, hat natürlich bedeutsame Konsequenzen für die Kindererziehung.

Wirtschaftswissenschaftler rechnen uns gerne vor, dass das Familieneinkommen seit 1973 nicht mehr gesunken sei. Dabei wird aber die schwerwiegende Tatsache außer Acht gelassen, dass heute beide Eltern arbeiten – und zwar oft härter und länger –, um so viel zu verdienen wie vor dreißig Jahren ein Elternteil. Besonders Kinder fühlen schmerzlich, dass sie genau von den Gütern weniger bekommen, die ihnen am wichtigsten sind: von der Zeit, Energie und Gesellschaft der Erwachsenen. Die Erziehungsarbeit, die vor hundert Jahren Männer, Frauen und die Großfamilie leisteten und vor dreißig Jahren die Frauen, muss irgendwie von irgendjemand geleistet werden. Die wissenschaftliche Moral lautet nicht, dass wir Experten brauchen, die uns sagen, was wir mit unseren Kindern anfangen sollen. Was wir brauchen, sind die Zeit, der Raum und die Möglichkeiten, um das zu tun, was wir ohnehin tun würden. Doch wir sind dabei, genau das zu verlieren.

Es gibt aber auch Anlass zu Optimismus. Wenn wir Recht haben, sind Menschen letztendlich fähig, ihr Verhalten und ihre kulturellen Traditionen zu ändern, wenn sich neue Umstände auftun. Auch im postindustriellen Zeitalter können wir Babys und Kleinkindern weiterhin das üppige physische und soziale Umfeld geben, das es ihnen ermöglicht, ihr eigenes spontanes Lernvermögen zu nutzen. Die Einführung öffentlicher Schulen war nichts anderes als eine solche Reaktion auf veränderte Umstände. In absehbarer Zeit werden wir nicht auf die Farmen zurückkehren und die dunklen, satanischen Fabriken der Industrialisierung haben wir schon gegen die hell erleuchteten, wenngleich vielleicht genauso höllischen Bürozellen der Informationsgesellschaft ausgetauscht. Nun müssen wir herausfinden, wie wir hier und jetzt unsere Kinder aufziehen können. Wir brauchen intelligente Ideen und Willenskraft, um zu gewährleisten, dass Babys und Kleinkinder ihre angeborene Lernfähigkeit nutzen können und dass Erwachsene – nicht nur Mütter, sondern wir alle – unsere gleichermaßen angeborenen Fähigkeiten ausüben können, ihnen beim Lernen zu helfen.

Das muss sowohl auf nationaler Ebene geschehen als auch in den einzelnen Familien, in den Bundesstaaten, Städten, Universitäten und Firmen. Eine unmittelbare Maßnahme wäre, öffentliche Mittel für die Versorgung von Babys und Vorschulkindern bereitzustellen. Älteren Kindern stellen wir öffentlich finanzierte Schulen zur Verfügung, weil wir wissen, dass die Ausbildung der Kinder ein öffentliches Anliegen ist. Und wir stellen öffentlich finanzierte Sozialversicherung und Krankenversicherung zur Verfügung, weil wir wissen, dass wir in manchen Lebensphasen besonders verletzlich sind und Hilfe brauchen. Beide Argumente treffen aber auch auf die Versorgung von Babys und Kleinkindern zu. Mit liebevollen Erwachsenen zusammen zu sein ist die Schule der Babys. Die öffentliche Unterstützung könnte in vielfältiger Weise geleistet werden, sowohl in Form von Zuschüssen an Kindergärten mit gut bezahltem Personal wie auch dadurch, dass man Eltern realistische Zuschüsse oder Steuervorteile gewährt. Man könnte zum Beispiel ein Gutschein-System einführen, das Eltern sowohl dazu nutzen könnten, für Kinderbetreuung zu zahlen, als auch dazu, sich vom Arbeitgeber zusätzliche Freizeit zu erkaufen.

Wir könnten auch sofort die Arbeitsplätze so umstrukturieren, dass Berufstätige zu Bedingungen Teilzeit arbeiten können, die mit den Leistungen und Gehältern der Vollzeitarbeit vergleichbar sind, und dass flexible Arbeitszeiten und berufliche Laufbahnen

240

möglich werden. Unsere eigenen Arbeitsstätten, die Universitäten, liefern in dieser Hinsicht sowohl gute als auch sehr schlechte Beispiele. Seit Jahren schon können Professoren zu Hause arbeiten und ihren eigenen Tagesablauf bestimmen, ohne dass die Produktivität gesunken wäre. Andererseits stehen die Karrierestrukturen der Universitäten in tiefem Widerspruch zu den Imperativen der Evolution – die Jahre, in denen wir von Akademikern erwarten, dass sie am intensivsten und am meisten arbeiten, sind genau die Jahre, in denen Frauen Kinder bekommen können.

Dass wir auf Babys so automatisch reagieren, lässt darauf schließen, dass wir uns gleichzeitig um Kinder kümmern und andere Dinge tun können – so, wie es im Pleistozän ganz sicher der Fall war. Vielleicht wird der häusliche Telearbeitsplatz mit dem Kinderbett neben dem Faxapparat das moderne Äquivalent zum Baby, das auf dem Rücken der Mutter herumgetragen wurde, oder zum Vater, der seine Kinder um sich hatte, während er die Felder pflügte. Vielleicht wird der Kollegen- und Freundeskreis allmählich die Großfamilie ersetzen. Großeltern, Onkel und Tanten sind ja auch aus dem Leben der Kinder verschwunden, genau zu der Zeit, als sie am nötigsten gebraucht wurden, und aus unserem eigenen Leben sind leider die Enkel, Nichten und Neffen verschwunden. Vielleicht werden wir Einrichtungen schaffen, in denen Menschen, deren eigene Kinder erwachsen sind oder die selbst keine Kinder haben, sich um die Kinder anderer Menschen kümmern.

Die entwicklungspsychologische Wissenschaft kann dazu beitragen, uns die Informationen zu beschaffen, die wir brauchen, um unsere Werkzeuge umzugestalten. Aber wenn wir Recht haben, ist die Fähigkeit, sich solch neue Möglichkeiten auszudenken, Erklärungen zu finden, Urteile zu fällen und Veränderungen herbeizuführen, nicht ausschließlich eine Domäne von Entwicklungs- und anderen Wissenschaftlern. Wissenschaft und Politik lassen sich am besten dadurch integrieren, dass die Bürger gut über den Stand der Wissenschaft informiert sind. Besonders Frauen haben mittlerweile gelernt, dass man für die eigene Gesundheit am besten dadurch sorgt, dass man verstehen lernt, was die biologische Forschung sagt und nicht sagt – ob es nun um Brustkrebs, Östrogen oder Geburten geht – und dann seine eigenen Entscheidungen trifft. Dieses Buch ist zum Teil auch ein Versuch, dem Laien die Erkenntnisse der Entwicklungspsychologie zu vermitteln. Eine interessante Schlussfolgerung aus der Entwicklungsforschung, die wir in diesem Buch beschrieben haben, lautet ja, dass Nichtwissenschaftler Wissenschaft verstehen *können*, dass sie eine Erweiterung unseres ganz normalen Weltverständnisses ist. Wir müssen Entscheidungen immer auf der Basis dessen fällen, was wir wissen, und die Wissenschaft ist Teil dieser Erkenntnisse. Wenn wir etwas über Entwicklungspsychologie wissen, kann das dazu beitragen, dass wir unsere Entscheidungen auf der Basis stichhaltiger Informationen treffen. Aber treffen müssen wir sie selbst.

Die Wolkenzüge

Ein Grund, warum wir uns um Kinder kümmern, besteht darin, dass wir für das verantwortlich sind, was mit ihnen geschieht. Aber ein weiterer, ebenso wichtiger Grund ist nicht, dass Babys zu Erwachsenen werden, sondern dass wir selbst einmal Babys waren. Wenn wir Kinder beobachten, beobachten wir uns selbst. Wenn wir sehen, wie sie sich entwickeln, sehen wir, wodurch wir zu dem wurden, was wir sind. Die Entwicklungsforschung trägt dazu bei, neue empirische Lösungen für die alten philosophischen Probleme zu finden, zum Beispiel für das Problem des Wissens. So können wir verstehen, wie wir gelernt haben, dass andere Menschen Geist haben, dass es außerhalb von uns eine Welt gibt und dass Laute Bedeutungen haben. Wir können sehen, wie sich unser Wissen entfaltet hat, mit Hilfe der Vorstellungen, die wir zu Anfang hatten, mit Hilfe unserer Lernfähigkeit und durch den Austausch mit anderen Menschen. Das Bild vom Wissen, das sich herauskristallisiert, wenn wir die menschliche Entwicklung betrachten, hat weithin Gültigkeit. Es hilft uns nicht nur zu verstehen, was Babys tun, sondern auch, was Wissenschaftler tun. Es könnte uns sogar helfen zu verstehen, was Künstler und Politiker tun.

Wir können Babys, die besten Schüler des ganzen Universums, auch als Modell für andere Formen des Lernens benutzen. Die Computer-Metapher hat es uns erleichtert, Babys zu verstehen. Doch wenn wir Babys verstehen, werden wir umgekehrt auch in der Lage sein, neue, leistungsfähigere Computer herzustellen. Babys können uns vielleicht dabei helfen, Rechner zu entwickeln, die nicht nur vorgefertigte Programme implementieren, sondern wirklich mit der Außenwelt interagieren und von ihr lernen. Zu wissen, wie Babys Sprache entschlüsseln, hilft uns bereits bei der Konstruktion von Computern, die begreifen, was wir ihnen sagen. Wenn wir wissen, wie Babys lernen, verstehen wir nicht nur, wie wir selbst lernen, sondern auch, wie Lernen überhaupt möglich ist. Wir verstehen dann besser, wie physische Systeme überhaupt lernen können – ob es nun die Computer auf unseren Schreibtischen sind oder die in unseren Köpfen.

Aber letztlich ist der wahre Grund, warum wir Babys und Kleinkinder studieren, ganz einfach der, dass sie an sich so wertvoll und so interessant sind. Wenn wir die Dinge um uns herum aufmerksam, genau und achtsam betrachten, stellt sich unweigerlich heraus, dass sie interessanter, strukturierter, komplexer, seltsamer und wunderbarer sind, als wir uns das je hätten träumen lassen. Das geschah, als Kepler die Sterne beobachtete, Darwin die Finken und Marie Curie die Pechblende. Das Gleiche geschah, als Jane Austen ein Dorf in der Provinz betrachtete, Proust einen Madeleine-Keks, Vermeer ein Mädchen, das Spitzen häkelte, und Juan Gris einen Tisch in einem Café.

Und genau das geschah auch, als Entwicklungspsychologen sich aufmerksam, genau und achtsam mit der geistigen Entwicklung von Babys und Kleinkindern beschäftigten. Es gibt keine lange Kette der Erkenntnis, die bei simplen, dummen Babys anfängt, sich durch die Kindheit bis zum gewöhnlichen Erwachsenen fortsetzt und schließlich bei den Genies in Kunst und Wissenschaft zur

Vollendung gelangt. Das Bewusstsein von Babys ist mindestens genauso reichhaltig, abstrakt, komplex und leistungsfähig wie unser eigenes. Babys denken, folgern, lernen und wissen und sie handeln und fühlen auch. Gleichzeitig jedoch unterscheidet sich das, was sie denken, oft radikal von unseren eigenen Gedanken. Kinder sind uns sowohl überraschend ähnlich als auch überraschend unähnlich.

Wenn wir Babys und Kinder in diesem veränderten Licht sehen, hat das moralische Konsequenzen. Die politischen Debatten, die wir zuvor beschrieben haben, drehen sich um die Frage, wie wir Babys und Kinder zu richtigen Erwachsenen machen können. Aber die neuen Forschungen zeigen, dass Babys und Kleinkinder voll entwickelte Menschen eigenen Rechts sind. Wir haben vielleicht nicht viel Einfluss darauf, was aus den Kindern einmal wird, aber solange sie Kinder sind, haben wir enorme Macht über ihr Leben und dieses Leben ist genauso wichtig und wertvoll wie das eines Erwachsenen. Kinder sind nicht nur wertvoll, weil sie einmal Erwachsene werden, sondern weil sie schon denkende und fühlende Individuen sind.

Noch vor kurzem verwendeten Ärzte keine schmerzlindernden Mittel, wenn sie kleine Babys operierten. Sie glaubten, dass deren Bewusstsein so primitiv sei, dass sie den Schmerz nicht wirklich fühlten oder sich, falls sie ihn doch fühlten, später nicht daran erinnern würden. Das ist ein dramatisches Beispiel, aber es sieht oft so aus, als würden wir den Schmerz von Kindern im Vergleich zu dem Schmerz abwerten, den Erwachsene fühlen. Kindesmissbrauch ist nicht deswegen böse, weil er neurotische Erwachsene zur Folge haben könnte, sondern weil Kinder missbraucht werden. Scheidungen haben nicht ihren Preis, weil daraus Erwachsene mit Beziehungsproblemen hervorgehen könnten, sondern weil sie Kindern emotionalen Schmerz zufügen. Eltern sind nicht deswegen wichtig, weil sie die künftige Persönlichkeit ihrer Kinder formen, sondern weil sie der wichtigste Einflussfaktor im Kinderleben sind. Wenn wir uns Babys aufmerksam ansehen, behandeln wir sie anders.

Die tiefste Einsicht jedoch, die wir aus der aufmerksamen Betrachtung von Babys gewinnen können, besteht darin, dass wir verstehen, warum wir überhaupt fähig sind, etwas aufmerksam zu betrachten. Das Interessanteste an Babys ist, dass sie so enorm interessiert sind. Das Wunderbarste an ihnen ist ihre unbegrenzte Fähigkeit, sich zu wundern.

Der renommierte Entwicklungspsychologe John Flavell hat einmal gesagt, dass er all seine Auszeichnungen dafür geben würde, nur ein paar Minuten lang durch Kinderaugen sehen zu können. Die romantischen Dichter des frühen 19. Jahrhunderts, wie Wordsworth und Blake, hatten dasselbe Bestreben. Sie hielten die Kindheit für die Zeit, in der wir das Universum am deutlichsten sehen und am intensivsten erfahren. Die Zeit, in der »jede Alltagssicht von paradiesisch reinem Licht« umhüllt ist und wir »die Welt in einem Sandkorn und den Himmel in einer wilden Blume« sehen. Wordsworth und Blake wussten auch, dass es selbst für uns Erwachsene immer noch Augenblicke gibt, in denen wir diese Klarheit und dieses intensive Verstehen erleben. Und sie sahen, dass diese flüchtigen Blicke zum Erlebnis der Schöpfung gehören: Sie bringen uns dazu, Gedichte zu schreiben.

Wir meinen, dass Wordsworth und Blake in dieser Hinsicht ganz Recht hatten. Unrecht hatten sie jedoch mit ihrer Meinung, dass diese Erfahrungen unvereinbar mit dem Urteilen, Überlegen, Ableiten und Experimentieren seien – kurz, unvereinbar mit der Wissenschaft. Sie hatten nicht Recht, wenn sie glaubten, dass das Kinderwissen das Gegenteil der wissenschaftlichen Erkenntnis darstellt. Blake machte Newton zu seinem großen symbolischen Gegner. Aber in Wirklichkeit gab es zwischen den beiden viel mehr Gemeinsamkeiten als Gegensätze (bis hin zu der Tatsache, dass beide gelegentlich völlig durchgeknallt waren). Wissenschaft ist keine so kühle, distanzierte Angelegenheit, wie man allgemein glaubt, sondern eine genauso ekstatische Erfahrung wie romantische Dichtung (bis hin zu der Tatsache, dass sowohl Wissenschaftler als auch Dichter sich häufig die Nächte um die Ohren schlagen und wirre Frisuren haben). In ihren schönsten Momenten sehen auch Wissenschaftler, wie wunderbar das Gras und wie herrlich eine Blume ist. Und auch sie erleben hin und wieder jene völlige Klarheit, die eine ganz eigene Mischung aus Wahrheit und Schönheit ist.

Wir hoffen, dass wir Babys nicht zu romantisch sehen, aber ähnlich wie die Vertreter der Romantik sehen wir sie schon. Wir glauben, dass die »Ahnungen der Unsterblichkeit« und die »Prophezeiungen der Unschuld« vielleicht sogar ganz genau beschreiben, wie es sich anfühlt, ein Kind zu sein. So sah die Welt aus, als man noch 15.000 Synapsen pro Neuron hatte und doppelt so viel Glukose verbrannte wie jetzt. Und so fühlt es sich, zumindest manchmal, immer noch an, ein Mensch zu sein, auch wenn dabei vielleicht nur »Ahnungen« und »Prophezeiungen« herauskommen. Ganz besonders fühlt es sich so an, wenn man Kunst schafft oder Wissenschaft betreibt oder die Kunstwerke und wissenschaftlichen Arbeiten anderer zu würdigen weiß.

Die neue Forschung sagt uns aber auch noch etwas anderes. Wir haben nicht nur das Gefühl, die Wahrheit zu ahnen, die Welt zu begreifen und im Einklang mit ihr zu stehen. Wir nähern uns der Wahrheit wirklich, wir begreifen wirklich die Welt und wir stehen wirklich im Einklang mit der Natur. Die Natur hat uns so gemacht, dass wir sie verstehen. Unsere Augen haben sich so entwickelt, dass wir uns ein genaues Bild von der Welt machen können, und für unser Gehirn gilt das Gleiche. Aber im Gegensatz zu unseren Augen gibt uns unser Gehirn nicht nur eine einzige Antwort auf eine Frage und lässt es dabei bewenden. Wir sind dazu geschaffen, uns viele Bilder von der Welt zu machen und die Bilder, die wir im Augenblick haben, immer wieder zu verändern. Das tun wir als Wissenschaftler und Künstler, und solange wir noch sehr klein sind, tun wir es fast ununterbrochen.

Zu den Gefühlen der Romantiker gehört eines, das wir unweigerlich zumindest ein wenig teilen – ein Gefühl der Trauer über den Verlust jener kindlichen Klarheit und darüber, dass die alltäglicheren Pflichten und Aufgaben des Erwachsenenalters an ihre Stelle getreten sind. Während wir Geld verdienen und es wieder ausgeben, liegen unsere Kräfte brach: Wir können nicht mehr sehen, was wir einst gesehen haben. Aus der Sicht der Romantiker, die wir hier darstellen, mag das normale Erwachsenenleben als Verlust erscheinen, als ein Abstieg, den nur ein paar erwachsene Genies für kurze Zeit aufhalten können.

Dabei wird jedoch die andere Seite der Gleichung übersehen – das Geschenk, das nur wir Erwachsene besitzen. Besonders dann, wenn wir die Erwachsenen-Aufgabe der Kindererziehung übernehmen, geben wir das Projekt der Romantiker nicht auf. Wir haben daran teil, einfach dadurch, dass wir Kinder beobachten. Stellen Sie sich einen ganz gewöhnlichen, langweiligen Alltagsspaziergang vor, ein paar Häuser weit bis zum Supermarkt. Wenn Sie den gleichen Spaziergang mit einem Kind machen, ist das so, als würden Sie mit William Blake Milch holen gehen. Die alltägliche Straße verwandelt sich in eine Art Zirkus. Da gibt es Tore, die man nach einer Seite aufstoßen kann und nach der anderen nicht und die hin- und herschwingen, wenn man sie nur auf der richtigen Seite anstößt. Da gibt es Mäuerchen, auf denen man gehen kann, ganz vorsichtig. Es gibt Kanaldeckel mit faszinierend regelmäßigen Mustern und bunte Fetzen von Pizzaservice-Werbezetteln. Es gibt ungemein interessante Erwachsene, die man, halb hinter einem Elternbein versteckt, genau beobachten kann. Es gibt einen regelrechten Zoo voller Tiere, von kleinen Pillendrehern und Regenwürmern bis hin zu einem ungeheuer aufregenden – oder Furcht einflößenden – bellenden Hund. So dauert der Ausflug zum Supermarkt natürlich zehnmal länger, aber dafür wird er hundertmal so interessant. Wenn wir Kinder beobachten, erwachen das Staunen und die Wissbegier wieder, die immer noch in uns schlummern.

Aber wir sind mehr als nur Beobachter, die einem romantischen Genie zusehen. Wenn wir uns um Kinder kümmern, helfen wir der Menschheit, die Wahrheit zu finden und die Welt zu verstehen. Natürlich hat das viel mit Windelwechseln, Naseputzen und Broteschmieren zu tun. Vieles daran ist anstrengend und bereitet uns Sorgen. Aber vieles, was auch zur Kindererziehung und sogar zu ihren schönsten Seiten gehört – die Küsse und Kosenamen, die Spiele und Scherze –, erweist sich als Teil jener höheren Aufgaben. Wir hätten vielleicht nicht gedacht, dass das Flirten mit Babys dabei hilft, das Problem des fremden Ichs zu lösen, dass Versteckspielen irgendetwas mit Metaphysik zu tun hat oder dass die Babysprache die Lösung für das Problem der Bedeutungen bereithält. Genau das hat die kognitive Entwicklungsforschung jedoch herausgefunden. Wir Menschen scheinen dazu geschaffen, unsere größten Projekte durchzuführen, indem wir ganz alltäglichen kleinen Freuden nachgehen.

ANMERKUNGEN

Kapitel eins: Alte Fragen und eine junge Wissenschaft

25 Natur und Nutzen der Unreife: Bruner, 1972; Gould, 1977.

26 *Menon*: Platon, 1994.

28 »Der lange Pfad der Erkenntnis«: Locke, 1981; Rousseau, 1995; Itard, 1965.

29 Der menschliche Geist als eine »Tabula rasa«: Locke, 1981.

29 Wordsworth, 1959.

29 Ansichten über Kinder im Verlauf der Geschichte: Ariès, 1962.

31 Aristoteles' Beobachtungsvermögen: Russell, 1948.

31 Piagets Autobiographie: Piaget, 1952. Seine Standardwerke zur frühen Bewusstseinsentwicklung: Piaget, 1991, 1975, 1993. Analyse seiner Theorie: Flavell, 1963.

34 Vygotskys Biographie und Werk: Wertsch, 1996; Vygotsky, 1977.

36 Freud und Skinner: Freuds Ansichten regten andere Forscher tatsächlich zu experimentellen Studien über Säuglinge und Kleinkinder an: Bowlby, 1969, 1973; Winnicott, 1973; Ainsworth et al., 1978; Stern, 1992. Ähnlich bereitete Skinners Arbeit über die Konditionierung den Boden für experimentelle Techniken, die heute bei der Beobachtung von Säuglingen zum Einsatz kommen, wie in den Kapiteln 2-4 diskutiert.

39 Die neue Disziplin der Kognitionswissenschaft: Eine gut lesbare und verständliche Übersicht zur Entstehung dieser Disziplin findet sich bei Gardner, 1989.

41 Die evolutionäre Bedeutung des Verständnisses für ein anderes Bewusstsein: Byrne und Whiten, 1988; Whiten, 1991; Povinelli und Preuss, 1995; Povinelli und Eddy, 1996; Tomasello und Call, 1997.

45 Techniken, mit denen sich herausfinden lässt, was Säuglinge unterscheiden und was sie vorziehen: Fantz, 1963; Kagan, 1970; Gottlieb und Krasnegor, 1985; Mehler und Fox, 1985; Gibson, 1987; Salapatek und Cohen, 1987; Kellman und Arterberry, 1998.

45 Säuglinge verspüren Langeweile, »gewöhnen sich«: Cohen, 1997; Slater, Morison und Rose, 1984; Hood et al., 1996; Quinn und Eimas, 1996; s. auch vorhergehende Anmerkung.

46 Die Vorliebe des Neugeborenen für Stimme und Sprache der Mutter: DeCasper und Fifer, 1980; Mehler et al., 1988; Moon, Cooper und Fifer, 1994. Geruch der Mutter: Macfarlane, 1975; Porter et al., 1991. Gesicht der Mutter: Field et al., 1984; Buschnell, Sai und Mullin, 1989; Walton, Bower und Bower, 1992; Pascalis et al., 1995.

46 Babys verstehen emotionalen Ausdruck: Nelson, 1987; Walker-Andrews, 1997.

46 Wissen, wie Menschen sich bewegen: Bertenthal et al., 1985; Bertenthal, Proffitt und Kramer, 1987; Bertenthal, 1993.

46 Die Entwicklung des Sehvermögens bei Babys: Banks, 1980; Atkinson, 1984; Aslin, 1987; Kellman und Banks, 1998.

47 Imitieren von Mimik: Meltzoff und Moore, 1977, 1983, 1992, 1994. Zur kulturübergreifenden Ausdehnung und zur Frage, wie und warum Babys andere kopieren und was sie dabei lernen, s. auch Meltzoff und Moore, 1997, und Nadel und Butterworth, 1999.

49 Babys bekommen Starthilfe beim Problem des fremden Ich: Meltzoff und Gopnik, 1993; Gopnik und Meltzoff, 1994; Meltzoff und Moore, 1995.

49 Babys sind auf andere Menschen eingestellt: Watson, 1972;

Brazelton, Koslowski und Main, 1974; Bruner, 1975, 1987; Trevarthen, 1979; Brazelton und Tronick, 1980; Stern, 1992; Muir und Hains, 1993.

50 Eine verblüffende Veränderung bei der Interaktion mit Menschen: Trevarthen und Hubley, 1978; Campos und Stenberg, 1981; Baldwin und Moses, 1994; Carpenter, Nagell und Tomasello, 1998.

51 Die Geste des Zeigens verstehen: Desrochers, Morissette und Ricard, 1995; Franco und Butterworth, 1996; Butterworth, 1997; O'Neill, 1996.

51 Die eine Schachtel mit Abscheu betrachten, die andere mit Entzücken: Repacholi, 1998.

52 Babys lernen die Verwendung neuer Objekte durch Beobachtung von Erwachsenen: Meltzoff, 1988a, b, d; Klein und Meltzoff, 1999. Sie lernen auch, indem sie Erwachsene im Fernsehen beobachten: Meltzoff, 1988.

53 Kleine Kinder als kulturelle Wesen: Meltzoff, 1988c; Bruner, 1997; Rogoff, 1990; Tomasello, Kruger und Ratner, 1993; Meltzoff und Moore, 1999a.

54 Sich widersprechende Wünsche, beobachtet an leckeren Goldfisch-Crackern vs. ekligem Brokkoli: Repacholi und Gopnik, 1997.

55 »Schreckliches zweites Jahr«: Gopnik und Meltzoff, 1997; Repacholi und Gopnik, 1997.

57 Einfühlungsvermögen: Brothers, 1989; Harris, 1989; Zahn-Waxler et al., 1992.

58 Die eigene Ansicht ändern und die Perspektive von anderen einnehmen: Masangkay et al., 1974; Lempers, Flavell und Flavell, 1977; Flavell et al., 1981; Gopnik, Slaughter und Meltzoff, 1994; Gopnik, Meltzoff und Esterly, 1995.

61 Der Speicher voller Kindersprüche und CHILDES: Mac Whinney und Snow, 1985, 1990. Analysen des frühen Gebrauchs von Begriffen, die den mentalen Zustand beschreiben, und Beispiele dazu sind entnommen aus Bartsch und Wellman, 1995.

62 Über das »Über«: Brentano, 1973; Frege, 1952; Flavell et al., 1981; Leslie, 1987; Forguson und Gopnik, 1988; Wellman, 1990; Perner, 1991.

63 Sir Walter Scott, Bonbons, trügerische Dosen und falsche Überzeugungen: Wimmer und Perner, 1983; Flavell, Green und Flavell, 1986; Perner, Leekam und Wimmer, 1987; Astington, Harris und Olson, 1988; Gopnik und Astington, 1988; Gopnik und Slaughter, 1991; Astington, 1993; Taylor, 1996; Flavell und Miller, 1998.

65 Kinder können sich nicht an die Quelle ihres Wissens erinnern: Gopnik und Graf, 1988; Wimmer, Hogrefe und Perner, 1988; O'Neill und Gopnik, 1991; O'Neill, Astington und Flavell, 1992.

66 Auch kleine Kinder können sich lange Zeit erinnern: Meltzoff, 1995.

67 Freuds leidenschaftliche Säuglinge: Freud, 1953.

67 Lorenz' Graugänschen: Lorenz, 1937.

67 Mutter-Kind-Bindung: Klaus und Kennell, 1987; Klaus 1998.

68 Internalisierte Arbeitsmodelle, Theorien über die Bindung und was Liebe damit zu tun hat: Bretherton und Walters, 1985; Main, 1991; Waters et al., 1995; Werner und Smith, 1998.

70 Kinder sind schlechte Lügner: Chandler, Fritz und Hala, 1989; Sodian, 1991; Sodian et al., 1991; Peskin, 1992; Russell, Jarrold und Potel, 1994.

70 Höflichkeit und das Maskieren der eigenen Gefühle: Harris, 1989.

71 Warum Kinder im Alter zwischen fünf und sechs Jahren eingeschult werden: Rogoff et al., 1975; Gardner, 1993; Taylor, Esbensen und Bennet, 1994; Astington und Pelletier, 1996; Bruner, 1996.

71 Kindliche Amnesie: Nelson, 1990; Gopnick, 1993; Newcombe und Fox, 1994; Meltzoff, 1995b; Perner und Ruffman, 1995.

73 Geistes-Blindheit beim Autismus: Hobson, 1993; Baron-Cohen, 1995; Grandin, 1997; Happé, 1995; Sacks, 1995; Sigman

und Capps, 1997; Dawson et al., 1998; Baron-Cohen, Tager-Flusberg und Cohen, 1993, 1999.

75 Psychologe werden: Wellman, 1990; Perner, 1991; Gopnik, 1993; Gopnik und Wellman, 1994; Bartsch und Wellman, 1995; Flavell und Miller, 1998; Meltzoff, Gopnik und Repacholi, 1999.

76 Kinder lernen wie Wissenschaftler: Slaughter und Gopnik, 1996.

77 Unterschiede zwischen Geschwistern hinsichtlich Persönlichkeit und IQ: Dunn und Plomin, 1996; Sulloway, 1999.

78 Ältere Geschwister beeinflussen die Entwicklung der jüngeren: Perner, Ruffman und Leekam, 1994; Brown, Donelan-McCall und Dunn, 1996; Jenkins und Astington, 1996; Ruffman et al., 1998.

Kapitel drei: Was Kinder über Dinge lernen

81 Zaubereivorführungen und wie es ist, ein Baby zu sein: Gopnik und Meltzoff, 1997.

83 Der verschlungene Weg von der Welt zum Gehirn: Aristoteles, 1996; Descartes, 1952; Berkeley, 1910.

83 Moderne Lösung: Marr, 1982; Pinker, 1998b; Palmer, 1999.

85 Die Anziehungskraft von Streifen: Haith, 1980.

86 Die Bedeutung von Bewegung und gemeinsamem Schicksal: Bower, 1982; Kellman und Spelke, 1983; Slater, Morison und Rose, 1984; Hofsten und Spelke, 1985; Spelke et al., 1993; Kellman und Arterberry, 1998.

88 Vorhersagen, wo Objekte erscheinen werden: Moore, Borton und Darby, 1978; Bower, 1982; Baillargeon und Graber; 1987; Spelke et al.,1992; Munakata et al., 1997; Haith, 1998; Meltzoff und Moore, 1998.

89 Berkeley glaubte, dass das Sehen durch den Tastsinn geschult wird: Berkeley, 1910.

89 Entfernung und dreidimensionales Sehen bei Säuglingen: Bower, 1982; Yonas und Owsley, 1987.

89 Größenkonstanz: Bower, 1982; Granrud, 1987; Slater, Mattock und Brown, 1990.

90 Lockes Problem vom Blinden, der wieder sehen lernt: Locke, 1981. S. auch Sacks, 1995, für ein modernes Beispiel eines Blinden, dem chirurgisch der Graue Star entfernt wurde, und Meltzoff, 1990b, für eine Erörterung über die Koordination von Sehen und Tastsinn in der normalen Entwicklung.

90 Lockes Problem mit Schnullern lösen: Meltzoff und Borton, 1979; Gibson und Walker, 1984; Kaye und Bower, 1994. S. auch Bryant et al., 1972, zur Arbeit mit etwas älteren Babys.

91 Audio-visuelle Korrespondenz: räumliche Lokalisierung: Wertheimer, 1961; Morrongiello, 1994. Zeitliche Synchronizität: Spelke, 1979, 1987; Bahrick, 1987; Lewkowicz und Lickliter, 1994.

91 »Ahhhhh!« – Lippenlesen bei Babys: Kuhl und Meltzoff, 1982, 1984; s. auch MacKain et al., 1983; Walton und Bower, 1993.

93 Das Verschwinden von Objekten in den ersten sechs Monaten des Lebens: Es ist stark umstritten, wie viel Säuglinge von versteckten Objekten verstehen: Bower, 1982; Baillargeon, 1993; Gopnik und Meltzoff, 1997; Munakata et al., 1997; Haith, 1998; Meltzoff und Moore, 1998, 1999b; Spelke, 1998.

94 Das Wiederfinden von versteckten Objekten bei Kindern im Alter von acht bis 24 Monaten: Piaget, 1975; Bower, 1982; Butterworth und Jarret, 1982; Harris, 1987; Moore und Meltzoff, 1999.

95 Humes Kausalität: Hume, 1978.

96 Säuglinge entdecken Zusammenhänge zwischen ihren Handlungen und Ereignissen: Lipsitt, 1969; Lipsitt und Werner, 1981; Papousek, 1969; Papousek und Papousek, 1984; Watson, 1972; Rovee-Collier und Lipsitt, 1982; Bower, 1989.

96 Bänder an Babys binden: Rovee-Collier und Gekoski, 1979; Rovee-Collier et al., 1980; Rovee-Collier, 1990.

97 Magisches und irrationales Denken bei Kindern und Erwachsenen: Piaget, 1975; Evans-Pritchard, 1976; Atran, 1990; Shwedar, 1991; Boyer, 1994; D'Andrade, 1995; Cole, 1996; Shore, 1996; Sperber, 1996; Shweder et al., 1998; Lillard, 1998.

99 Tuch wegziehen und Kausalität: Willatts, 1984, 1989.

99 Rechen als Werkzeuge verwenden: Piaget, 1975; Uzgiris und Hunt, 1975; Gopnik und Meltzoff, 1986.

100 Billardkugel-Kausalität: Leslie, 1984; Leslie und Keeble, 1987; Oakes und Cohen, 1995. Laut Leslie erkennen bereits sechsmonatige Babys Kausalbeziehungen nach Billardkugel-Art. Dagegen meinen Oakes und Cohen, dass sich diese Fähigkeit erst ungefähr im Alter von zehn Monaten herausbildet. Für Studien über die Ursprünge psychologischer Kausalität s. Gergely et al., 1995; Meltzoff, 1995a; Woodward, 1998.

100 Kinder lernen weiter und beginnen, kausale Erklärungen anzubieten: Bullock und Gelman, 1979; Gelman, Bullock und Meck, 1980; Kalish, 1988; Wellman, Hickling und Schult, 1997.

101 Platonische Liebe, Wicken und Arten von Dingen: Platon, 1991, 1989.

102 Kategorisierung auf der Basis von Ähnlichkeiten: Kripke, 1972; Goodman, 1975.

103 Die Essenz der Objekte und Kategorisierung: Putnam, 1975; Kripke, 1981; Keil, 1989; Gelman und Wellman, 1991; Wellman und Gelman, 1992, 1998.

103 Magische Verwandlung von Objekten: Moore, Borton und Darby, 1978; Bower, 1982; Xu und Carey, 1996; Meltzoff und Moore, 1998.

104 Neues Verstehen von Kategorien: Ricciuti, 1965; Sugarman, 1983; Gopnik und Meltzoff, 1987, 1992; Mervis und Bertrand, 1994.

105 Rhinozeros und Triceratops: Gelman und Markman, 1987; Markman, 1989; Gelman und Coley, 1991.

105 »Klötzlinge« entdecken: Gopnik und Sobel, 1997.
105 Außen vs. innen: Springer und Keil, 1989, 1991; Gelman und Wellman, 1991; Springer, 1996.
106 Frühes Verstehen der Biologie: Springer und Keil, 1989, 1991; Wellman und Gelman, 1992; Hickling und Gelman, 1995; Springer, 1996.
106 Das Williams-Syndrom: Bellugi, Wang und Jernigan, 1994; Johnson und Carey, 1998; Mervis und Bertrand, in Druck.
108 Der Erklärungstrieb: Gopnik und Meltzoff, 1997; Gopnik, 1998; Keil und Wilson, 1998.
111 Die Dose, die muuh macht: Baldwin, Markman und Melartin, 1993.
111 Erwachsene als Lehrer: Bruner, 1987, 1996; Rogoff, 1990, 1998; Nelson, 1996.
112 Koreanische vs. englische Babys: Gopnik und Choi, 1990; Choi und Gopnik, 1995; Gopnik, Choi und Baumberger, 1996; Tardif, Shatz und Naigles, 1997; Gelman und Tardif, 1998.
113 Whorf'sche Hypothese: Carroll, 1956.

Kapitel vier: Was Kinder über Sprache lernen

117 75.000 Wörter und eine unendliche Anzahl von Kombinationen: Chomsky, 1981; Levelt, 1989; Pinker, 1998a; Miller, 1993.
119 Gesprochene Sprache als verschlüsselte Botschaft: Liberman et al., 1967.
119 Ein Gespräch mit einem Computer führen: »Mr. Gates builds his brain trust«, *Fortune* 8. Dez. 1997, 84-98; »Let's talk! Speech technology is the next big thing in computing«, *Business Week*, 12. Feb.1998, 60-72.
119 Bill Gates über die Möglichkeiten des Computers, gesprochene Sprache zu verstehen: »Microsoft: Beyond talking Barney. It's tedious work, but the software giant dearly wants PCs to gab«, *Business Week*, 12. Feb. 1998, 80.
120 Spektrogramme gesprochener Sprache: Stevens, 1999.

120 Verschiedene Stimmen, Geschwindigkeiten und Zusammenhänge – warum die gesprochene Sprache so schwer zu entschlüsseln ist: Kuhl, 1994a.

121 Die Laute, die in den menschlichen Sprachen verwendet werden: Ladefoged und Maddieson, 1996; Crystal, 1993.

121 Sehr … langsam … mit einem Computer sprechen: Dragon-
Dictate war eines der frühen Spracherkennungs-Programme,
die bei langsamem Sprechen zuverlässig arbeiteten: Bamberg
und Mandel, 1991.

122 Kontinuierliche Spracherkennung durch Computer: Kurzweil, 1999, beschreibt die neue Software, die bei Diktaten zur
Anwendung kommt. Er macht auch interessante Vorhersagen
über die Fähigkeiten zukünftiger Computer.

123 Augustinus' Lösung für die Namensgebung: Augustinus, 1988.

123 Bertrand Russells imaginäre Objekte: Russell, 1905.

123 Wittgensteins Intentionen: Wittgenstein, 1998.

124 Quines Leerräume und Teile von Pelztieren: Quine, 1980.

124 Chomskys Revolution: Chomsky, 1973a, 1973b, 1981.

125 Evolution der Sprache: Bickerton, 1981, 1990, 1995; Kuhl,
1988; Lieberman, 1991; Pinker, 1998a; Hauser, 1996; Deacon, 1997.

126 Wo das linguistische System herkommt: Brown, 1973; Bates
et al., 1979; Bruner, 1987; Markman, 1989; Bloom, 1993;
Hirsh-Pasek und Golinkoff, 1996; Nelson, 1996; Gopnik und
Meltzoff, 1997.

127 Unterschiedliche Gemeinschaften sprechen unterschiedliche
Sprachen: Slobin, 1992-1997.

128 Sprachen zergliedern die Laute auf unterschiedliche Weise:
Lisker und Abramson, 1964, für Thai; Abramson und Lisker,
1970, für Spanisch; Miyawaki et al., 1975, für Japanisch.

128 Wahrnehmung in Kategorien: Studdert-Kennedy et al., 1970.

128 Die Differenzierungsfähigkeit japanischer Hörer beim amerikanischen *ra* und *la*: Goto, 1971; Strange und Dittmann,
1984; Logan, Lively und Pisoni, 1991.

130 Der Unterschied liegt in unserem Gehirn: Kuhl, 1994b.

130 Techniken, mit denen man Babys testet, die jünger als vier Monate sind: Jusczyk, 1985.

131 Das sprachliche Differenzierungsvermögen von Säuglingen: Kuhl, 1987; Jusczyk, 1997.

132 Kikuyu, Französisch oder Chinesisch, Babys sind »Weltbürger«: Eimas et al., 1971; Eimas, 1975; Lasky, Syrdal-Lasky und Klein, 1975; Streeter, 1976.

132 Babys machen Unterschiede, ganz gleich, wer spricht: Kuhl, 1985a.

133 Techniken, mit denen man sechs- bis zwölfmonatige Babys testet: Kuhl, 1985b.

134 Was passiert zwischen dem sechsten und dem zwölften Monat?: Werker und Tees, 1984; Werker, 1991; Kuhl et al., 1992; Kuhl, 1998. Zum sprachlichen Unterscheidungsvermögen mit vierzehn Monaten: Stager und Werker, 1997.

134 Prototypische Laute: Kuhl, 1991, 1994b; Kuhl und Iverson, 1995.

134 Kategorien und Prototypen können wie Filter wirken und die Wahrnehmung verzerren: Rips, 1975; Rosch, 1975; Mervis und Pani, 1980; Mervis und Rosch, 1981; Weber und Crocker, 1983; Miller, 1994; Nygaard und Pisoni, 1995; Iverson und Kuhl, 1995; Kuhl, 1998.

135 Worte im Fluss der gesprochenen Sprache finden: Cutler und Butterfield, 1992; McQueen, Norris und Cutler, 1994.

136 Die Gesetzmäßigkeiten seiner Muttersprache erlernen: Jusczyk, Cutler und Redanz, 1993; Jusczyk et al., 1993; Saffran, Aslin und Newport, 1996.

137 Babbelnde Babys: Ferguson, Menn und Stoel-Gammon, 1992; Kent, 1992; Locke, 1993. Taube Babys babbeln mit ihren Händen: Petitto, 1993.

139 Warum *Mama* und *Dada* sagen? Murdock, 1959; Jakobson, 1960.

139 *Weg, da* und andere nicht gegenständliche Wörter: Bloom, 1973; Gopnik, 1982, 1984, 1988b; Nelson, 1985; Tomasello und Merriman, 1995.

141 Wenn der Postbote »Papa« ist: Clark, 1974; Bowerman, 1989; Naigles und Gelman, 1995.

142 Babys benennen plötzlich alles, was sie sehen: Nelson, 1985; Reznik und Goldfield, 1992; Fenson et al., 1994; Woodward, Markman und Fitzsimmons, 1994.

142 Fast Mapping: Carey, 1978; Mervis und Bertrand, 1994.

143 Sprache wird ebenso sehr erfunden, wie sie gelernt wird: Mervis, 1987.

143 Sprache mit Hilfe von Annahmen decodieren: Markman, 1989; Golinkoff, Mervis und Hirsh-Pasek, 1994.

143 Die Absichten anderer Menschen erkennen: Tomasello und Barton, 1994; Meltzoff, 1995a; Meltzoff, Gopnik und Repacholi, 1999; Baldwin et al., 1996; Tomasello, Strosberg und Akhtar, 1996.

143 Äpfel, Birnen und »Duxe«: Baldwin, 1993a, b; Baldwin et al., 1996.

144 Wörter zusammensetzen: Brown, 1973; Bates, Bretherton und Snyder 1987; Bloom, 1991; Fletcher und MacWhinney, 1995; Hirsh-Pasek und Golinkoff, 1996.

145 Kinder, die klingonisch sprechen: Nelson, 1981.

146 Pluralformen lernen: Berko, 1958; Mervis und Johnson, 1991.

146 Kinder, die verschiedene Sprachen lernen: Slobin, 1992.

148 Legasthenische Kinder: Tallal, Miller und Fitch, 1993; Studdert-Kennedy und Mody, 1995.

148 Genetisch bedingte Sprachstörungen: Gopnik, 1990; Gopnik und Crago, 1991.

149 Babys hören Hunderttausende von Vokalen: Chapman et al., 1992; Kuhl, 1994b.

150 Geistige Prototypen abstrahieren: Posner und Keele, 1970; Goldman und Homa, 1977; Strauss, 1979; Bomba und Siqueland, 1983; Medin und Barsalou, 1987; Kuhl, 1991, 1994b; Estes, 1993; Nygaard und Pisoni, 1995; Iverson und Kuhl, 1996. Prototyp-Effekte treten bei gesprochener Sprache, Gesichtern und Punkt-Mustern auf. Sie könnten entweder auf abstrakte, summarische Repräsentationen zurückzuführen sein, die Babys bilden, nachdem sie zahlreiche Beispiele erlebt haben, oder auf Erinnerungsspuren der Beispiele selbst.

wusstseinsartigen Eigenschaften: Turing, 1950; Haugeland, 1987, 1997; Pinker, 1998b. Zu gegenteiligen Ansichten: Searle, 1986; Dreyfus, 1992.

164 Programme, Repräsentationen und Regeln: Fodor, 1975; Dennett, 1978; Block, 1990.

165 Bemerkenswerte Entdeckungen über Computer: Ritchie, 1986; Herken, 1988.

165 Ausgewählte Diskussionen zur grundlegenden Idee der Kognitionswissenschaft: Haugeland, 1981, 1987; Pylyshyn, 1984; Pinker, 1998b. Die Erfindung neuer »konnektionistischer« Computerprogramme hat zu einer Debatte über die Beschaffenheit von mentalen Repräsentationen und Regeln geführt: Clark, 1993; Haugeland, 1997.

165 Spezielle Arten von Programmen: Videobilder werden in Beschreibungen von Objekten übersetzt: Hildreth and Ullman, 1989; Haralick und Shapiro, 1992; Pinker, 1998b. Diagnostizieren von Krankheiten: Miller, Pople und Myers, 1982; Middleton, Shweder und Heckerman, 1991. Marsgestein analysieren: Glymour, Ramsey und Roush, 1999.

166 Androiden-Epistemologie: Ford, Glymour und Hayes, 1995.

169 Bewusstheit und subjektives »Gefühl«: Churchland, 1988; Dennett, 1994; Carruthers, 1996; Chalmers, 1996; Lycan, 1996.

169 Philosophen über kindliches Denken: Davidson, 1985.

169 Wandel des Zeitgeists und die Geschichte der *International Conference on Infant Studies*: Lipsitt, 1978, 1998.

177 Moderne Entwicklungspsychologen befürworten weder extrem reifungsorientierte noch extrem assoziationsorientierte Sichtweisen: Beispiele für die aktuellen Theorien findet sich bei Karmiloff-Smith, 1992; Kagan, 1987, 1998; Elman et al., 1996; Gopnik, 1996a, b; Nelson, 1996; Gopnik und Meltzoff, 1997; Pinker, 1998b; Gelman und Williams, 1998; Kuhl, 1998; Siegler, 1998; Spelke und Newport, 1998; Wellman und Gelman, 1998; Flavell, 1999; Meltzoff und Moore, 1998, 1999b.

180 Odysseus' Boot: Neurath, 1959. In groben Zügen ähnelt diese Sichtweise dem Konstruktivismus Piagets, wenngleich der

Kern unserer Theorie, besonders unsere Ansichten über die Leistungsfähigkeit des ursprünglichen Repräsentations-Systems, sehr unterschiedlich sind. S. Gopnik und Meltzoff, 1997.

182 Babys lernen durch spielen: Piaget, 1993; Vygotsky, 1967; Bruner, 1973.

185 Die Theorie von der Theorie: In der Philosophie: Morton, 1980; Stich, 1983; Churchland, 1981, 1997. In der Psychologie: Gopnik, 1988a; Karmiloff-Smith und Inhelder, 1974; Carey, 1985, 1988; Keil, 1989; Wellman, 1990; Gopnik und Wellman, 1994; Gopnik und Meltzoff, 1997.

186 Kinder und Wissenschaftler ähneln sich: Gopnik 1996b; Gopnik und Meltzoff, 1997.

187 Kognitive Unreife, Flexibilität und Lernen: Bruner, 1972; Bennett und Harvey, 1985; Bjorklund, 1997.

189 Volksbotanik und die Geographie der australischen Aborigines: Lewis, 1976; Atran, 1990.

191 Arbeitsteilung und organisierte Wissenschaft: Kitcher, 1993.

193 Orgasmen des Geistes: Gopnik, 1998.

193 Die Emotionen von Babys und ihre negativen Reaktionen, wenn etwas für sie keinen Sinn ergibt: Moore und Meltzoff, 1999.

194 »Die Natur scheint auf uns wie eine Lehrmaschine zu wirken«: Weinberg, S., »The Revolution that didn't happen«, *The New York Review of Books*, 8. Okt. 1998.

194 »Es gibt eine Lust des Geistes«: Hobbes, 1966.

196 Eltern und Bezugspersonen in der behavioristischen Tradition: Watson, 1928, 1968; Skinner, 1970, 1973.

197 Warum sehen Babys so niedlich aus?: Lorenz, 1943; Fullard und Reiling, 1976.

198 Babys mögen es, wenn Erwachsene sie nachahmen: Meltzoff, 1990a; Meltzoff und Moore, 1999a. Sie lieben auch Nachahmungsspiele mit Gleichaltrigen: Nadel-Brulfert und Baudonnière, 1982.

199 Sozialer Einfluss durch Gleichaltrige, nicht nur durch Mütter: Babys lernen von anderen Kinder in Kinder-Tagesstätten

und imitieren sie: Hanna und Meltzoff, 1993. Schon Vierjährige verwenden »Mutterisch«, wenn sie mit kleinen Kindern sprechen: Shatz und Gelman, 1993.

202 Der idealisierte, logisch vorgehende Wissenschaftler: Hempel, 1965; Popper, 1994/1997; Kitcher, 1993.
202 Geschichte und Soziologie der Wissenschaft: Kuhn, 1973.
202 Die postmoderne Sicht der Wissenschaft: Feyerabend, 1991.
204 Über Genie und Führung: Gardner, 1999, Gardner und Laskin, 1997.
204 Über Politik: Habermas, 1979.

Kapitel sechs:
Was Wissenschaftler über das kindliche Gehirn gelernt haben

207 Drei Pfund graue Masse: Edelman, 1995; Kosslyn und Andersen, 1992; Shumeiko, 1998.
208 Bewusstsein ist abhängig vom Gehirn: P.S. Churchland, 1986; P.M. Churchland, 1997.
209 Aphasie, eine Sprachstörung: Caplan, 1992; Goodglass, 1993.
209 Das spezialisierte Gehirn: Geshwind, 1979; Nass und Gazzaniga, 1985; Geshwind und Galaburda, 1987.
210 Individuelle Gehirnzellen feuern als Antwort auf: Laute: Morel, Garraghty und Kaas, 1993. Gesichter: Desimone et al., 1984; Perrett, Mistlin und Chitty, 1987; Perrett et al., 1992. Soziale Signale: Perrett et al., 1990. Bewegungen sehen und machen: Rizzolatti et al., 1996; Rizzolatti und Arbib, 1998. Sprache: Ojemann, 1983.
211 Aufzeichnen von magnetencephalographischen (MEG) und ereigniskorrelierten Potentialen (ERP) während des Hörens von gesprochener Sprache: Eulitz et al., 1996; Näätänen et al., 1997.
212 PET–Scans des Gehirns: Petersen et al., 1990; Zatorre et al., 1992; Petersen und Fiez, 1993; Morris et al., 1996.
212 Funktionelle Kernspintomographie (fMRI) und Sprache: Bavelier et al., 1997; Kim et al., 1997.

212 Gehirn-Mapping vor Gehirnoperationen: Gallen et al., 1995; Ganslandt et al., 1997.

212 Wie das denkende Gehirn aufleuchtet: Damasio und Damasio, 1992; Posner und Raichle, 1996.

213 Die Entwicklung des Gehirns von der Geburt bis zum sechsten Lebensjahr: Shankle et al., 1998.

214 Vernetzung des Gehirns: Shatz, 1992.

215 Das Gehirn von Menschen mit Alzheimer'scher Krankheit: Frey, Minoshima und Kuhl, 1998; Mielke und Heiss, 1998.

215 Ratten, die in üppig ausgestatteter Umgebung leben: Diamond, Krech und Rosenzweig, 1964; Greenough, Volkman und Juraska, 1973.

216 Das Vernetzen des Auges eines Kätzchens mit dem Gehirn des Kätzchens: Hubel und Wiesel, 1963, 1965, 1970.

217 »Zellen, die gemeinsam feuern, schließen sich zusammen«: Shatz, 1990.

218 Verbindungen zwischen Gehirnzellen herstellen: Huttenlocher, 1979, 1990; Huttenlocher und de Courten, 1987; Chugani, 1998.

220 Das Wachstum von Synapsen und Dendriten: Simonds und Scheibel, 1989; Jacobs, Schall und Sheibel, 1993; Jones et al., 1997.

222 Synaptic Pruning: Chugani, Phelps und Mazziotta, 1987; Chugani, 1994; Huttenlocher, 1994.

222 Das Gehirn von Babys erkennt muttersprachliche Sprach-Prototypen: Cheour et al., 1998.

223 Erwachsene Gehirne stellen weiter neue Verbindungen her und erzeugen neue Gehirnzellen: Nottebohm, Nottebohm und Crane 1986; Kirn und Nottebohm, 1993; Eriksson et al., 1998; Gould et al., 1998.

224 Entscheidende Phasen bei Tieren: Nottebohm, 1969; Hubel und Wiesel, 1970; Marler, 1970a; Konishi, 1985; Brainard und Knudsen, 1998; Knudsen, 1998.

225 Über entscheidende Phasen beim Spracherwerb: Dennis und Whitaker, 1976; Snow, 1987; 000 Newport, 1990; Duchowny et al., 1996; Vargha-Khadem et al., 1997.

226 Genie und andere »Wildkinder«: Fromkin et al., 1974; Lane, 1985; Curtiss, 1977.

226 Schwierigkeiten beim Erlernen einer zweiten Sprache nach der Pubertät: Johnson und Newport, 1991; Newport, 1991.

226 Eine Fremdsprache mit Akzent sprechen: Oyama, 1976; Flege, 1988; Newport, 1991.

227 Über Parallelen zwischen den entscheidenden Phasen bei Vögeln und Babys: Marler, 1970b; Kuhl, 1989; Doupe und Kuhl, 1999.

227 Neubewertung kritischer Perioden als Folge des vorher Gelernten und störender Faktoren: Kuhl, 1998.

227 Unterschiede im Gehirn bei Legasthenikern: Eden und Zeffiro, 1998; Horwitz, Rumsey und Donohue, 1998.

228 Übertriebene Laute für legasthenische Kinder: Merzenich et al., 1996; Tallal et al., 1996; Tallal et al., 1998.

228 Soziale Einflüsse beim Lernen bei Vögeln: Eales, 1985; Baptista und Petrinovich, 1986.

Kapitel sieben: »Wir kommen, goldnen Wolkenzügen gleich«

233 White House Conference on Early Learning and the Brain: »Studies show talking with infants shapes basis of ability to think«, *The New York Times*, 17. April 1997; »Experts describe new research on early learning«, *The Washington Post*, 18. April 1997.

233 Was sollten wir den politisch Verantwortlichen sagen?: Viele Gruppen in den Vereinigten Staaten und in anderen Ländern setzen sich mit dem Problem auseinander, wie man wissenschaftliche Entdeckungen in Empfehlungen für politische Maßnahmen umsetzen kann. Neben der National Science Foundation erhält man Informationen von der Carnegie Foundation (P.O. Box 753; Waldorf, MD 20604), der Education Commission of the States (707 17th Street, Suite 2700, Denver, CO 80202), der Dana Alliance for Brain Initiatives (745

Fifth Ave., Suite 700, New York, NY 10151), dem Parents as Teachers National Center (10176 Corporate Square Drive, Suite 230 St. Louis, MO 63132) und dem Zero to Three: National Center for Infants, Toddlers and Families (734 15th Street, NW, Suite 1000, Washington D.C. 20005).

238 Radikale Veränderungen in den Umgebungen, in denen Kinder aufgezogen werden, durch Veränderungen in der Gesellschaft: Skolnick und Skolnick, 1992; Hernandez und Myers, 1993; Scarr, 1998.

244 Spüren Babys Schmerz?: Barr, 1992, 1994; Wellington und Rieder, 1993.

245 »Jede Alltagssicht ...«: Wordsworth, 1959; »Eine Welt in einem Sandkorn ...«: Blake, 1965.

LITERATUR

Abramson, A. S. und L. Lisker: Discriminability along the voicing continuum: Cross-language tests. In: *Proceedings of the Sixth International Congress of Phonetic Sciences Prague 1967*, 569-73. Prag 1970.

Ainsworth, M. D., M. C. Blehar, E. Waters und S. Wall: *Patterns of attachment: A psychological study of the strange situation.* Hillsdale, N.J., 1978.

Ariès, P: *Centuries of childhood.* London 1962.

Aristoteles: *Von der Seele.* Übs. O. Gigon. München 1996.

Aslin, R. N.: Visual and auditory development in infancy. In: *Handbook of infant development.* 2. Aufl., Hrsg. J. D. Osofsky, 5-97. New York 1987.

— Segmentation of fluent speech into words: Learning models and the role of maternal input. In: *Developmental neurocognition: Speech and face processing in the first year of life,* Hrsg. B. de Boysson-Bardies, S. de Schonen, P. Jusczyk, P. McNeilage und J. Morton, 305-16. Dordrecht 1993.

Astington, J. W.: *The child's discovery of the mind.* Cambridge 1993.

Astington, J. W., P. L. Harris und D. R. Olson: *Developing theories of mind.* New York 1988.

Astington, J. W. und J. Pelletier: The language of the mind: Its role in teaching and learning. In *Handbook of education and human development: New models of learning, teaching and schooling,* Hrsg. D. R. Olson und N. Torrance, 593-619. Oxford 1996.

Atkinson, J.: Human visual development over the first 6 months of life: A review and a hypothesis. In: *Human Neurobiology* 3:61-74, 1984.

Atran, S.: *Cognitive foundations of natural history: Towards an anthropology of science.* New York 1990.

Augustinus: *Die Bekenntnisse des heiligen Augustinus.* Übs. O. F. Lachmann. Leipzig 1988.

Bahrick, L. E.: Infants' intermodal perception of two levels of temporal structure in natural events. In: *Infant Behavior and Development* 10:387-416, 1993.

Baillargeon, R.: The object concept revisited: New directions in the investigation of infants' physical knowledge. In: *Visual perception and cognition in infancy,* Hrsg. C. Granrud, 265-315. Hillsdale, N.J., 1993.

Baillargeon, R. und M. Graber: Where's the rabbit? 5.5-month-old infants' representation of the height of a hidden object. In: *Cognitive Development* 2:375-92, 1987.

Baldwin, D. A.: Early referential understanding: Infants' ability to recognize referential acts for what they are. In: *Developmental Psychology* 29:832-43, 1993.

— Infants' ability to consult the speaker for clues to word reference. In: *Journal of Child Language* 20:395-418, 1993.

Baldwin, D. A., E. M. Markman, B. Bill, R. N. Desjardins, J. M. Irwin und G. Tidball: Infants' reliance on a social criterion for establishing word-object relations. In: *Child Development* 67:3135-53, 1996.

Baldwin, D. A., E. M. Markman und R. L. Melartin: Infants' ability to draw inferences about nonobvious object properties: Evidence from exploratory play. In: *Child Development* 64:711-28, 1993.

267

Baldwin, D. A. und L. J. Moses: Early understanding of referential intent and attention-al focus: Evidence from language and emotion. In: *Children's early understanding of mind: Origins and development*, Hrsg. C. Lewis und P. Mitchell, 133-56. Hillsdale 1994.

Bamberg, P. G. und M. A. Mandel: Adaptable phoneme-based models for large-vocabu-lary speech recognition. In: *Speech Communication* 10:437-51, 1991.

Banks, M. S.: The development of visual accomodation during early infancy. In: *Child Development* 51:646-66, 1980.

Baptista, L. F. und L. Petrinovich: Song development in the white-crowned sparrow: So-cial factors and sex differences. In: *Animal Behaviour* 34:1359-71, 1986.

Baron-Cohen, S.: *Mindblindness: An essay on autism and theory of mind*. Cambridge 1995.

Baron-Cohen, S., H. Tager-Flusberg und D. Cohen: *Understanding other minds: Perspec-tives from autism*. New York 1993.

Baron-Cohen, S., H. Tager-Flusberg und D. J. Cohen, Hrsg.: *Understanding other minds: Perspectives from autism and developmental cognitive neuroscience*. Oxford 1999.

Barr, R. G.: Is this infant in pain? Caveats from the clinical setting. In: *American Pain Society* 1:187-90, 1992.

— Pain experience in children: Developmental and clinical characteristics. In: *Textbook of pain*, Hrsg. P. D. Wall und R. Melzack, 739-65. New York 1994.

Bartsch, K. und H. M. Wellman: *Children talk about the mind*. New York 1995.

Bates, E., L. Benigni, I. Bretherton, L. Camaioni und V. Volterra: *The emergence of sym-bols: Cognition-communication in infancy*. New York 1979.

Bates, E., I. Bretherton und L. Snyder: *From first words to grammar: Individual differences and dissociable mechanism*. New York 1987.

Bavelier, D., D. Corina, P. Jezzard, S. Padmanabhan, V. P. Clark, A. Karni, A. Prinster, A. Braun, A. Lalwani, J. P. Rauschecker, R. Turner und H. Neville: Sentence reading: A functional MRI study at 4 Tesla. In: *Journal of Cognitive Neuroscience* 9:664-86, 1997.

Bellugi, U., P. P. Wang und T. L. Jernigan: Williams syndrome: An unusual neuropsycho-logical profile. In: *Atypical cognitive deficits in developmental disorders: Implications for brain function*, Hrsg. S. H. Broman und J. Grafman, 23-56. Hillsdale 1994.

Bennett, P. M. und P. H. Harvey: Brain size, development and metabolism in birds and mammals. In: *Journal of Zoology* 207:491-509, 1985.

Berkeley, G.: *An essay toward a new theory of vision*. Dublin 1910.

Berko, J.: The child's learning of English morphology. In: *Word* 14:150-77, 1958.

Bertenthal, B. I.: Perception of biomechanical motions: Intrinsic image and knowledge-based constraints. In: *Carnegie Mellon symposia on cognition: Visual perception and cogni-tion in infancy*, Hrsg. C. Granrud, 175-214. Hillsdale 1993.

Bertenthal, B. I., D. R. Proffitt und S. J. Kramer: Perception of biomechanical motions by infants: Implementation of various processing constraints. In: *Journal of Experimen-tal Psychology: Human Perception and Performance* 13 (Sonderausgabe: The Ontogenesis of Perception):77-85, 1987.

Bertenthal, B. I., D. R. Proffitt, N. B. Spetner und M. A. Thomas: The development of infant sensitivity to biomechanical motions. In: *Child Development* 56:531-43, 1985.

Bickerton, D.: *The roots of language*. Ann Arbor, 1981.

— *Language and species*. Chicago 1990.

— *Language and human behavior*. Seattle 1995.

Bjorklund, D. F: The role immaturity in human development. In: *Psychological Bulletin* 122:153-69, 1997.

Blake, W.: »Auguries of innocence«. In: *The poetry and prose of William Blake*, Hrsg. D. Erdman. Garden City, NY 1965.

Block, N.: The computer model of the mind. In: *An invitation to cognitive science*, Hrsg. D. N. Osherson und E. E. Smith. Bd. 3, *Thinking*, 247-89 Cambridge 1990.

Bloom, L.: *One word at a time: The use of single word utterances before syntax.* Den Haag 1973.

— *Language development from two to three.* New York 1991.

— *The transition from infancy to language: Acquiring the power of expression.* New York 1993.

Blount, B. G. und E. J. Padgug: Prosodic, paralinguistic, and interactional features in parent-child speech: English and Spanish. In: *Journal of Child Language* 4:67-86, 1977.

Bomba, P. C. und E. R. Siqueland: The nature and structure of infant form categories. In: *Journal of Experimental Child Psychology* 35-294-328, 1983.

Bower, T. G. R.: *Development in infancy.* 2. Aufl. San Francisco 1982.

— *The rational infant: Learning in infancy.* San Francisco 1989.

Bowerman, M.: Learning a semantic system: What role do cognitive predispositions play? In: *The teachability of language*, Hrsg. M. Rice und R. L. Schiefelbusch, 133-69. Baltimore 1989.

Bowlby, J.: *Attachment and loss.* Bd. 1, *Attachment.* New York 1969.

— *Attachment and loss.* Bd. 2, *Separation: Anxiety and anger.* New York 1973.

Boyer, P.: *The naturalness of religious ideas: A cognitive theory of religion.* Berkeley 1994.

Brainard, M. S. und E. I. Knudsen: Sensitive periods for visual calibration of the auditory space map in the barn owl optic tectum. In: *Journal of Neuroscience* 18:3929-42, 1998.

Brazelton, T. B., B. Koslowski und M. Main: The origins of reciprocity: The early mother-infant interaction. In: *The effect of the infant on its caregiver*, Hrsg. M. Lewis und L. A. Rosenblum, 49-76. New York 1974.

Brazelton, T. B. und E. Tronick: Preverbal communication between mothers and infants. In: *The social foundations of language and thought*, Hrsg. D. R. Olson, 299-315. New York 1980.

Brentano, F.: *Psychologie vom empirischen Standpunkt.* Hrsg. O. Kraus. Hamburg 1973.

Bretherton, I. und E. Waters: Growing points of attachment theory and research. In: *Monographs of the Society for Research in Child Development* 50, Nr. 1-2 (Serien-Nr. 209), 1985.

Brothers, L.: A biological perspective on empathy. In: *American Journal of Psychiatry* 146:10-19, 1989.

Brown, J. R., N. Donelan-McCall und J. Dunn: Why talk about mental states? The significance of children's conversations with friends, siblings, and mothers. In: *Child Development* 67:836-49, 1996.

Brown, R.: *A first language: The early stages.* Cambridge 1973.

Bruner, J. S.: Nature and uses of immaturity. In: *American Psychologist* 27:1-23, 1972.

— Organization of early skilled action. In: *Child Development* 44:1-11, 1973.

— From communication to language — A psychological perspective. In: *Cognition* 3:255-87, 1975.

— *Wie das Kind sprechen lernt.* Bern u.a. 1987.

— *The culture of education.* Cambridge 1996.

— *Sinn, Kultur und Ich-Identität: Zur Kulturpsychologie des Sinns.* Heidelberg 1997.

Bullock, M. und R. Gelman: Preschool children's assumptions about cause and effect: Temporal ordering. In: *Child Development* 50:89-96, 1979.

Bushnell, I. W. R., F. Sai und J. T. Mullin: Neonatal recognition of the mother's face. In: *British Journal of Developmental Psychology* 7:3-15, 1989.

269

Butterworth, G.: Starting point: Finger pointing by babies is correlated with the rate of language acquisition. In: *Natural History* 106:14-16, 1997.

Butterworth, G. und N. Jarrett: Piaget's stage 4 error: Background to the problem. In: *British Journal of Psychology* 73:175-85, 1982.

Byrant, P. E., P. Jones, V. Claxton und G. M. Perkins: Recognition of shapes across modalities by infants. In: *Nature* 240:303-04, 1972.

Byrne, R. W. und A. Whiten, Hrsg.: *Machiavellian intelligence: Social expertise and the evolution of intellect in monkeys, apes and humans.* Oxford: Clarendon Press 1988.

Campos, J. J. und C. R. Stenberg: Perception, appraisal and emotion: The onset of social referencing. In: *Infant social cognition: Empirical and theoretical considerations*, Hrsg. M. E. Lamb und L. R. Sherrod, 273-314. Hillsdale 1981.

Caplan, D.: *Language: Structure, processing, and disorders.* Cambridge 1992.

Carey, S.: The child as a word learner. In: *Linguist theory and psychological reality*, Hrsg. M. Halle, J. Bresnan und G. A. Miller, 264-93. Cambridge 1978.

— *Conceptual change in childhood.* Cambridge 1988.

— Conceptual differences between children and adults. In: *Mind and Language* 3:167-81, 1988.

Carpenter, M., K. Nagell und M. Tomasello: Social cognition, joint attention, and communicative competence from 9 to 15 months of age. In: *Monographs of the Society for Research in Child Development* 63, Nr. 4 (Serien-Nr. 255), 1988.

Carroll, J. B.: *Language, thought, and reality: Selected writings of Benjamin Lee Whorf.* Cambridge 1956.

Carruthers, P.: *Language, thought, and consciousness: An essay in philosophical psychology.* Cambridge 1996.

Chalmers, D.: *The conscious mind: In search of a fundamental theory.* New York 1996.

Chandler, M., A. S. Fritz und S. Hala: Small scale deceit: Deception as a marker of two-, three-, and four-year-olds' early theories of mind. In: *Child Development* 60:1263-77, 1989.

Chapman, R. S., N. W. Streim, E. R. Crais, D. Salmon, E. A. Strand und N. A. Negri: Child talk: Assumptions of a developmental process model for early language learning. In: *Processes in language acquisition and disorders*, Hrsg. R. S. Chapman, 3-19. St. Louis 1992.

Cheour, M., R. Ceponiene, A. Lehtokoski, A. Luuk, J. Allik, K. Alho und R. Näätänen: Development of language-specific phoneme representations in the infant brain. In: *Nature Neuroscience* 1:351-53, 1998.

Choi, S. und A. Gopnik: Early acquisition of verbs in Korean: A cross-linguistic study. In: *Journal of Child Language* 22:497-529, 1995.

Chomsky, N.: *Strukturen der Syntax.* Übs. K. P. Lange. Den Haag, Paris 1973.

— *Aspekte der Syntax-Theorie.* Hrsg. und Übs. unt. d. Leit. v. E. Lange. Frankfurt/M. 1973.

— *Regeln und Repräsentationen.* Übs. H. Leuninger. Frankfurt/M., 1981.

Chugani, H. T.: Development of regional brain glucose metabolism in relation to behavior and plasticity. In: *Human behavior and the developing brain*, Hrsg. G. Dawson und K. W. Fischer, 153-75. New York 1994.

— A critical period of brain development: Studies of cerebral glucose utilization with PET. In: *Preventive Medicine* 27:184-88, 1988.

Chugani, H. T., M. E. Phelps und J. C. Mazziotta: Positron emission tomography study of human brain functional development. In: *Annals of Neurology* 22:487-97, 1987.

Churchland, P. M.: Eliminative materialism and the propositional attitudes. In: *Journal of Philosophy* 78:67-90, 1981.
— *Matter and consciousness: A contemporary introduction to the philosophy of mind.* Überarb. Aufl. Cambridge 1988.
— *Die Seelenmaschine: Eine philosophische Reise ins Gehirn.* Heidelberg u.a. 1997.
Churchland, P. S.: *Neurophilosophy: Toward a unified science of the mind-brain.* Cambridge 1986.
Clark, A.: *Associative engines: Connectionism, concepts, and representational change.* Cambridge 1993.
Clark, E. V.: Some aspects of the conceptual basis for first language acquisition. In: *Language perspectives – Acquisition, retardation, and intervention,* Hrsg. R. L. Schiefelbusch und L. L. Lloyd, 105-28. Baltimore 1974.
Cohen, L. B.: Our developing knowledge of infant perception and cognition. In: *American Psychologist* 34:894-99, 1979.
Cole, M.: *Cultural psychology: A once and future discipline.* Cambridge 1996.
Crystal, D.: *Die Cambridge-Enzyklopädie der Sprache.* Übs. und Bearb. S. Röhrich. Frankfurt/M. u.a. 1993.
Curtiss, S.: *Genie: A psycholinguistic study of a modern day »wild child«.* New York 1977.
Cutler, A. und S. Butterfield: Rhythmic cues to speech segmentation: Evidence from juncture misperception. In: *Journal of Memory and Language* 31:218-36, 1992.
D'Andrade, R. G.: *The development of cognitive anthropology.* Cambridge 1995.
Damasio, A. R. und H. Damasio: Brain and language. In: *Scientific American* 267:88-95, 1992.
Davidson, D.: *Handlung und Ereignis.* Frankfurt/M. 1985.
Dawson, G., A. N. Meltzoff, J. Osterling und J. Rinaldi: Neurophysiological correlates of early symptoms of autism. In: *Child Development* 69:1276-85, 1998.
de Boysson-Bardies, B.: Ontogeny of language-specific syllabic productions. In: *Developmental neurocognition: Speech and face processing in the first year of life,* Hrsg. B. de Boysson-Bardies, S. de Schonen, P. Jusczyk, P. McNeilage und J. Morton, 353-63. Dordrecht 1993.
Deacon, T. W.: *The symbolic species: The co-evolution of language and the brain.* New York 1997.
DeCasper, A. J. und W. P. Fifer: Of human bonding: Newborns prefer their mothers' voices. In: *Science* 208:1174-76, 1980.
Dennett, D. C.: *Brainstorms: Philosophical essays on mind and language.* Cambridge 1978.
— *Philosophie des menschlichen Bewußtseins.* Hamburg 1994.
Dennis, M. und H. A. Whitaker: Language acquisition following hemidecortication: Linguistic superiority of the left over the right hemisphere. In: *Brain and Language* 3:404-33, 1976.
Descartes, R.: *The philosophical works of Descartes.* Übs. E. S. Haldane und G. R. T. Ross. Bd. 1. Cambridge 1911.
— *Descartes' philosophical writings.* Übs. und Hrsg. N. Kemp Smith. London 1952.
— Philosophische Schriften in einem Band. Übs. L Gäbe, H. Springmeyer und H. G. Zekl. Hamburg 1996.
Desimone, R., T. D. Albright, C. G. Gross und C. Bruce: Stimulus-selective properties of inferior temporal neurons in the macaque. In: *Journal of Neuroscience* 8:2051-62, 1984.
Desrochers, S., P. Morissette und M. Ricard: Two perspectives on pointing in infancy. In: *Joint attention: Its origins and role in development,* Hrsg. C. Moore und P. Dunham, 85-101. Hillsdale 1995.

Diamond, M. C., D. Krech und M. R. Rosenzweig: The effects of an enriched environment on the histology of the rat cerebral cortex. In: *Journal of Comparative Neurology* 123:111-20, 1964.

Doupe, A. und P. K. Kuhl: Birdsong and human speech: Common themes and mechanisms. In: *Annual Review of Neuroscience* 22:567-631, 1999.

Dreyfus, H.: *What computers still can't do: A critique of artificial reason.* Cambridge 1992.

Duchowny, M., P. Jayakar, A. S. Harvey, T. Resnick, L. Alvarez, P. Dean und B. Levin: Language cortex representation: Effects of developmental versus acquired pathology. In: *Annals of Neurology* 40:31-38, 1996.

Dunn, J. und R. Plomin: *Warum Geschwister so verschieden sind.* Stuttgart 1996.

Eales, L. A.: Song learning in zebra finches: Some effects of song model availability on what is learnt and when. In: *Animal Behavior* 37:507-8, 1985.

Edelman, G. M.: *Göttliche Luft, vernichtendes Feuer: Wie der Geist im Gehirn entsteht.* 2. Aufl. München u.a. 1995.

Eden, G. F. und T. A. Zeffiro: Neural systems affected in developmental dyslexia revealed by functional neuroimaging. In: *Neuron* 21:279-82, 1998.

Eimas, P. D.: Auditory and phonetic coding of the cues for speech: Discrimination of the /r-l/ distinction by young infants. In: *Perception & Psychophysics* 18:341-47, 1975.

Eimas, P. D., E. R. Siqueland, P. Jusczyk und J. Vigorito: Speech perception in infants. In: *Science* 171:303-6, 1971.

Elman, J. L., E. A. Bates und M. H. Johnson, Karmiloff-Smith, Parisi und Plunkett, Hrsg.: *Rethinking innateness: A connectionist perspective on development.* Cambridge 1996.

Eriksson, P. S., E. Perfilieva, T. Bjork-Eriksson, A. M. Alborn, C. Nordborg, D. A. Peterson und F. H. Gage: Neurogenesis in the adult human hippocampus. In: *Nature Medicine* 4:1313-17, 1998.

Estes, W. K.: Concepts, categories, and psychological science. In: *Psychological Science* 4:143-53, 1993.

Eulitz, C., B. Maess, C. Pantev und A. D. Friederici: Oscillatory neuromagnetic activity induced by language and non-language stimuli. In: *Cognitive Brain Research* 4:121-32, 1996.

Evans-Pritchard, E. E.: *Witchcraft, oracles, and magic among the Azande.* Oxford 1976.

— *Hexerei, Orakel und Magie bei den Azande.* Von E. Gillies gekürzte u. eingel. Ausg. Übs. B. Luchesi. Frankfurt/M. 1978.

Fantz, R. L.: Pattern vision in newborn infants. In: *Science* 140:296-97, 1963.

Fenson, L., P. S. Dale, J. S. Reznick, E. Bates, D. Thal und S. J. Pethick: Variability in early communicative development. In: *Monographs of the Society for Research in Child Development* 59, Nr. 5 (Serien-Nr. 242), 1994.

Ferguson, C. A.: Baby talk in six languages. In: *American Anthropologist* 66:103-14, 1964.

Ferguson, C. A., L. Menn und C. Stoel-Gammon, Hrsg.: *Phonological development: Models, research, implications.* Timonium 1992.

Fernald, A.: Four-month-old infants prefer to listen to motherese. In: *Infant Behavior and Development* 8:181-95, 1985.

— Human maternal vocalizations to infants as biologically relevant signals: An evolutionary perspective. In: *The adapted mind: Evolutionary psychology and the generation of culture.* Hrsg. J. H. Barkow, L. Cosmides und J. Tooby, 391-428. New York 1992.

Fernald, A. und P. Kuhl: Acoustic determinants of infant preference for motherese speech. In: *Infant Behavior and Development* 10:279-93, 1987.

Fernald, A. und T. Simon: Expanded intonation contours in mothers' speech to newborns. In: *Developmental Psychology* 20:104-13, 1984.

‍
Fernald, A., T. Taeschner, J. Dunn, M. Papousek, B. de Boysson-Bardies und I. Fukui: A cross-language study of prosodic modification in mothers' and fathers' speech to pre-verbal infants. In: *Journal of Child Language* 16:477-501, 1989.

Feyerabend, P. K.: *Wider den Methodenzwang*. 3. Aufl. Frankfurt/M. 1991.

Field, T. M., D. Cohen, R. Garcia und R. Greenberg: Mother-stranger face discrimination by the newborn. In: *Infant Behavior and Development* 7:19-25, 1984.

Flavell, J. H.: *The developmental psychology of Jean Piaget*. New York 1963.

— Cognitive development: Children's knowledge about the mind. In: *Annual Review of Psychology* 50, 21-45, 1999.

Flavell, J. H., B. A. Everett, K. Croft und E. R. Flavell: Young children's knowledge about visual perception: Further evidence for the Level 1 – Level 2 distinction. In: *Developmental Psychology* 17:99-103, 1981.

Flavell, J. H., F. L. Green und E. R. Flavell: Development of knowledge about the appearance-reality distinction. In: *Monographs of the Society for Research in Child Development* 51, Nr. 1 (Serien-Nr. 212), 1986.

Flavell, J. H und P. H. Miller: Social cognition. In: *Handbook of child psychology*, Hrsg. W. Damon. Bd. 2, *Cognition, perception, and language*, Hrsg. D. Kuhn und R. Siegler, 851-98. New York 1998.

Flege, J. E.: Factors affecting degree of perceived foreign accent in English sentences. In: *Journal of the Acoustical Society of America* 84:70-79, 1988.

Fletcher, P. und B. MacWhinney, Hrsg.: *The handbook of child language*. Cambridge 1995.

Fodor, J. A.: *The language of thought*. New York 1975.

Ford, K. M., C. N. Glymour und P. T. Hayes, Hrsg.: *Android epistemology*. Cambridge 1995.

Forguson, L. und A. Gopnik: The ontogeny of common sense. In: *Developing theories of mind*, Hrsg. J. W. Astington, P. L. Harris und D. R. Olson, 226-43. New York 1988.

Franco, F. und G. Butterworth: Pointing and social awareness: Declaring and requesting in the second year. In: *Journal of Child Language* 23:307-36, 1996.

Frege, G.: On sense and meaning. In: *Translations from philosophical writings of Gottlob Frege*, Hrsg. P. Geach und M. Black, 56-78. Oxford 1952.

Freud, S.: Three essays on the theory of sexuality. In: *The standard edition of the complete psychological works of Sigmund Freud*, Übs. J. Strachey, Bd. 7, 123-245. London 1953.

— *Drei Abhandlungen zur Sexual-Theorie und verwandte Schriften*. Hrsg. A. Mitscherlich. Frankfurt/M. 1976.

Frey, K. A., S. Minoshima und D. E. Kuhl: Neurochemical imaging of Alzheimer's disease and other degenerative dementias. In: *Quarterly Journal of Nuclear Medicine* 42:166-68, 1998.

Fullard, W. und A. M. Reiling: An investigation of Lorenz's »babyness«. In: *Child Development* 147:1191-93, 1976.

Fromkin, V., S. Krashen, S. Curtis, D. Rigler und M. Rigler: The development of language in Genie: A case of language acquisition beyond the »critical period«. In: *Brain and Language* 1:81-107, 1974.

Gallen, C. C., B. J. Schwartz, R. D. Bucholz, G. Malik, G. L. Barkley, J. Smith, H. Tung, B. Copeland, L. Bruno und S. Assam: Presurgical localization of functional cortex using magnetic source imaging. In: *Journal of Neurosurgery* 82:988-94, 1995.

Ganslandt, O., R. Steinmeier, H. Kober, J. Vieth, J. Kassubek, J. Romstock, C. Strauss und R. Fahlbusch: Magnetic source imaging combined with image-guided frameless stereotaxy: A new method in surgery around the motor strip. In: *Neurosurgery* 41:621-27, 1997.

Gardner, H.: *Dem Denken auf der Spur: Der Weg der Kognitionswissenschaft.* Stuttgart 1989.

— *Der ungeschulte Kopf: Wie Kinder denken.* Stuttgart 1993.

— *Kreative Intelligenz: Was wir mit Mozart, Freud, Woolf und Gandhi gemeinsam haben.* Übs. A. Simon. Frankfurt/M., New York 1999.

Gardner H. und E. Laskin: *Die Zukunft der Vorbilder: Das Profil der innovativen Führungskraft.* Stuttgart 1997.

Gelman, R., M. Bullock und E. Meck: Preschoolers' understanding of simple object transformations. In: *Child Development* 51:691-99, 1980.

Gelman, R. und E. M. Williams: Enabling constraints for cognitive development and learning: Domain specificity and epigenesis. In: *Handbook of child psychology*, Hrsg. W. Damon. Bd. 2, *Cognition, perception, and language*, Hrsg. D. Kuhn und R. Siegler, 575-630. New York 1998.

Gelman, S. A. und J. D. Coley: Language and categorization: The acquisition of natural kind terms. In: *Perspectives on language and thought: Interrelations in development*, Hrsg. S. A. Gelman und J. P. Byrnes, 146-96. New York 1991.

Gelman, S. A. und E. M. Markman: Young children's inductions from natural kinds: The role of categories and appearances. In: *Child Development* 58:1532-41, 1987.

Gelman, S. A. und T. Tardif: Acquisition of nouns and verbs in Mandarin and English. In: *The preceedings of the twenty-ninth annual child language forum*, Hrsg. E. V. Clark, 27-36. Stanford 1998.

Gelman, S. A. und H. M. Wellman: Insides and essence: Early understandings of the non-obvious. In: *Cognition* 38:213-44, 1991.

Gergely, G., Z. Nádasdy, G. Csibra und S. Bíró: Taking the intentional stance at 12 months of age. In: *Cognition* 56:165-93, 1995.

Geshwind, N.: Specializations of the human brain. In: *Scientific American* 241:180-99, 1979.

Geshwind, N. und A. Galaburda: *Cerebral lateralization: Biological mechanism, associations, and pathology.* Cambridge 1987.

Gibson, E. J.: What does infant perception tell us about theories of perception? In: *Journal of Experimental Psychology: Human Perception and Performance* 13:515-23, 1987.

Gibson, E. J. und A. S. Walker: Development of knowledge of visual-tactual affordances of substance. In: *Child Development* 55:453-60, 1984.

Glymour, C., J. Ramsey und T. Roush: *Automated mineral classification from near infrared reflectance spectra.* Pittsburgh 1999.

Goldman, D. und D. Homa: Integrative and metric properties of abstracted information as a function of category discriminability, instance variability, and experience. In: *Journal of Experimental Psychology: Human Learning and Memory* 3:375-85, 1977.

Golinkoff, R., C. B. Mervis und K. Hirsh-Pasek: Early object labels: The case for a developmental lexical principles framework. In: *Journal of Child Language* 21:125-55, 1994.

Goodglass, H.: *Understanding aphasia.* San Diego 1993.

Goodman, N.: *Tatsache, Fiktion, Voraussage.* Übs. H. Vetter. Frankfurt/M. 1975.

Gopnik, A.: Words and plans: Early language and the development of intelligent action. In: *Journal of Child language* 9:303-18, 1982.

— The acquisition of *gone* and the development of the object concept. In: *Journal of Child Language* 11:273-92, 1984.

— Conceptual and semantic development as theory change: The case of object permanence. In: *Mind and Language* 3:197-216, 1988.

274

— Three types of early words: The emergence of social words, names and cognitive-relational words in the one-word stage and their relation to cognitive development. In: *First Language* 8:49-69, 1988.
— How we know our minds: The illusion of first-person knowledge of intentionality. In: *Behavioral and Brain Science* 16:1-14, 1993.
— The post-Piaget era. In: *Psychological Science* 7:221-25, 1996.
— The scientist as child. In: *Philosophy of Science* 63:485-514, 1996.
— Explanation as orgasm. In: *Minds and Machines* 8:101-18, 1998.
Gopnik, A. und J. W. Astington: Children's understanding of representional change and its relation to the understanding of false belief and appearance-reality distinction. In: *Child Development* 59:26-37, 1988.
Gopnik, A. und S. Choi: Do linguistic differences lead to cognitive differences?: A cross-linguistic study of semantic and cognitive development. In: *First Language* 10:199-215, 1990.
Gopnik, A., S. Choi und T. Baumberger: Cross-linguistic differences in early semantic and cognitive development. In: *Cognitive Development* 11:197-227, 1996.
Gopnik, A. und P. Graf: Knowing how you know: Young children's ability to identify and remember the sources of their beliefs. In: *Child Development* 59:1366-71, 1988.
Gopnik, A. und A. N. Meltzoff: Semantic and cognitive development in 15-to 21-month-old children. In: *Journal of Child Language* 11:495-513, 1984.
— Relations between semantic and cognitive development in the one-word stage: The specificity hypothesis. In: *Child Development* 57:1040-53, 1986.
— The development of categorization in the second year and its relation to other cognitive and linguistic developments. In: *Child Development* 58:1523-31, 1987.
— Categorization and naming: Basic-level sorting in eighteen-month-olds and its relation to language. In: *Child Development* 63:1091-1103, 1992.
— Minds, bodies, and persons: Young children's understanding of the self and others as reflected in imitation and theory of mind research. In: *Self-awareness in animals and humans: Developmental perspectives*, Hrsg. S. T. Parker, R. W. Mitchell und M. L. Boccia, 166-86. New York 1994.
— *Words, thoughts, and theories.* Cambridge 1997.
Gopnik, A., A. N. Meltzoff und J. Esterly: Very young children's understanding of visual perspective taking. First annual west coast conference on theory of mind, 3.-4. Feb 1995.
Gopnik, A. und V. Slaughter: Young children's understanding of changes in their mental states. In: *Child Development* 62:98-110, 1991.
Gopnik, A., V. Slaughter und A. N. Meltzoff: Changing your views: How unterstanding visual perception can lead to a new theory of the mind. In: *Children's early understanding of mind: Origins and development*, Hrsg. C. Lewis und P. Mitchell, 157-81. Hillsdale 1994.
Gopnik, A. und D. Sobel: Detecting blickets. Poster, vorgestellt bei der Tagung der Society for Research in Child Development, 3. – 7. April, Washington, D.C. 1997.
Gopnik, A. und H. M. Wellman: The theory theory. In: *Mapping the mind: Domain specificity in cognition and culture*, Hrsg. L. A. Hirschfeld und S. A. Gelman, 257-93. New York 1994.
Gopnik, M.: Dysphasia in an extended family. In: *Nature* 344-715, 1990.
Gopnik, M. und M. Crago: Familial aggregation of a developmental language disorder. In: *Cognition* 39:1-50, 1991.

Goto, H.: Auditory perception by normal Japanese adults of the sounds »l« and »r«. In: *Neuropsychologia* 9:317-23, 1971.

Gottlieb, G. und N. Krasnegor: *Measurement of audition and vision in the first year of postnatal life: A methodological overview.* Norwood 1985.

Gould, E., P. Tanapat, B. S. McEwen, G. Flugge und E. Fuchs: Proliferation of granule cell precursors in the dentate gyrus of adult monkeys is diminished by stress. In: *Proceedings of the National Academy of Sciences of the United States of America* 95:3168-71, 1998.

Gould, S. J.: *Ontogeny and phylogeny.* Cambridge 1977.

Grandin, T.: *Ich bin die Anthropologin auf dem Mars: Mein Leben als Autistin.* München 1997.

Granrud, C. E.: Size constancy in newborn human infants. In: *Investigative Ophthalmology and Visual Science*, Beilage 28:5, 1987.

Greenough, W. T., F. Volkman und J. M. Juraska: Effects of rearing complexity on dendritic branching in frontolateral and temporal cortex of the rat. In: *Experimental Neurology* 41:371-78, 1973.

Grieser, D. L. und P. K. Kuhl: Maternal speech to infants in a tonal language: Support for universal prosodic features in motherese. In: *Developmental Psychology* 24:14-20, 1988.

Habermas, J.: *Communication and the evolution of society.* Übs. T. McCarthy. Boston 1979.

Haith, M. M.: *Rules that babies look by: The organization of newborn visual activity.* Hillsdale 1980.

— Who put the cog in infant cognition? Is rich interpretation too costly? In: *Infant Behavior and Development* 21:167-79, 1998.

Hanna, E. und A. N. Meltzoff: Peer imitation by toddlers in laboratory, home, and daycare contexts: Implications for social learning and memory. In: *Developmental Psychology* 29:701-10, 1993.

Happé, F.: *Autism: An introduction to psychological theory.* Cambridge 1995.

Haralick, R. M. und L. G. Shapiro: *Computer and robot vision.* 2 Bde. Reading 1992.

Harris, P. L.: The development of search. In: *Handbook of infant perception*, Hrsg. P. Salapatek und L. Cohen, Bd. 2, *From perception to cognition*, 155-207. New York 1987.

— *Children and emotion: The development of psychological understanding.* Oxford 1989.

Haugeland, J.: *Mind design: Philosophy, psychology, and artificial intelligence.* Cambridge 1981.

— *Künstliche Intelligenz – programmierte Vernunft.* Hamburg u.a. 1987.

— *Mind design II: Philosophical, psychological, artificial intelligence.* Cambridge 1997.

Hauser, M. D.: *The evolution of communication.* Cambridge 1996.

Hempel, C. G.: *Aspects of scientific explanation and other essays in the philosophy of science.* New York 1965.

Herken, R.: *The universal Turing machine: A half-century survey.* Oxford 1988.

Hernandez, D. J. und D. E. Myers: *America's children: Resources from family, gouvernment, and the economy.* New York 1993.

Hickling, A. K. und S. A. Gelman: How does your garden grow? Early conceptualization of seeds and their place in the plant growth cycle. In: *Child Development* 66:856-76, 1995.

Hildreth, E. C. und S. Ullman: The computational study of vision. In: *Foundations of cognitive science*, Hrsg. M. I. Posner, 581-630. Cambridge 1989.

Hirsh-Pasek, K. und R. M. Golinkoff: *The origins of grammar: Evidence from early language comprehension.* Cambridge 1996.

Hobbes, T.: *Leviathan oder Stoff, Form und Gewalt eines bürgerlichen und kirchlichen Staates.* Hrsg. I. Fetscher. Übs.. W. Euchner. Neuwied, Berlin 1966.

Hobson, R. P.: *Autism and the development of mind.* Hillsdale 1993.

Hofsten, C. V. und E. S. Spelke: Object perception and object-directed reaching in infancy. In: *Journal of Experimental Psychology: General* 114:198-212, 1985.

Hood, B. M., L. Murray, F. King, R. Hooper, J. Atkinson und O. Braddick: Habituation changes in early infancy: Longitutinal measures from birth to 6 months. In: *Journal of Reproductive and Infancy Psychology.* 14:177-85, 1996.

Horwitz, B., J. M. Rumsey und B. C. Donohue: Functional connectivity of the angular gyrus in normal reading and dyslexia. In: *Proceedings of the National Academy of Sciences of the United States of America* 95:8939-44, 1998.

Hubel, D. H. und T. N. Wiesel: Receptive fields of cells in striate cortex of very young, visually inexperienced kittens. In: *Journal of Neurophysiology* 26:994-1002, 1963.

— Binocular interaction in striate cortex of kittens reared with artificial squint. In: *Journal of Neurophysiology* 28:1041-59, 1965.

— The period of susceptibility to the physiological effects of unilateral eye closure in kittens. In: *Journal of Physiology* 206:419-36, 1970.

Hume, D.: *Ein Traktat über die menschliche Natur.* Hrsg. R. Brandt. Übs. T. Lipps. 2 Bde. Hamburg 1978.

Huttenlocher, P. R.: Synaptic density in human frontal cortex: Developmental changes and effects of aging. In: *Brain Research* 163:195-205, 1979.

— Morphometric study of human cerebral cortex development. In: *Neuropsychologia* 28:517-27, 1990.

— Synaptogenesis in human cerebral cortex. In: *Human behavior and the developing brain,* Hrsg. G. Dawson und K. W. Fischer, 35-54. New York 1994.

Huttenlocher, P. R. und C. de Courten: The development of synapses in striate cortex of man. In: *Human Neurobiology* 6:1-9, 1987.

Itard, J.:*Victor, das Wildkind vom Aveyron.* Übs. R. Lutz-Mensching und H. Zwahlen. Zürich, Stuttgart 1965.

Iverson, P. und P. K. Kuhl: Mapping the perceptual magnet effect for speech using signal detection theory and multidimensional scaling. In: *Journal of the Acoustical Society of America* 97:553-62, 1995.

— Influences of phonetic identification and category goodness on American listeners' perception of /r/ and /l/. In: *Journal of the Acoustical Society of America* 99:1130-40, 1996.

Jacobs, B., M. Schall und A. B. Sheibel: A quantitative dendritic analysis of Wernicke's area in humans. II. Gender, hemispheric, and environmental factor. In: *Journal of Comparative Neurology* 327:97-111, 1993.

Jacobson, J. L., D. C. Boersma, R. B. Fields und K. L. Olson: Paralinguistic features of adult speech to infants and small children. In: *Child Development* 54:436-42, 1983.

Jakobson, R.: Why »mama« and »papa«? In: *Perspectives in psychological theory,* Hrsg. B. Kaplan und S. Wapner, 124-34. New York 1960.

Jenkins, J. M. und J. W. Astington: Cognitive factors and family structure associated with theory of mind development in young children. In: *Developmental Psychology* 32:70-78, 1996.

Johnson, J. S. und E. L. Newport: Critical period effects on universal properties of language: The status of subjacency in the acquisition of a second language. In: *Cognition* 39:215-58, 1991.

Johnson, S. C. und S. Carey: Knowledge enrichment and conceptual change in folkbiology: Evidence from Williams syndrome. In: *Cognitive Psychology* 37:156-200, 1998.

Jones, T. A., A. Y. Klintsova, V. L. Kilman, A. M. Sirevaag und W. T. Greenough: Induction of multiple synapses by experience in the visual cortex of adult rats. In: *Neurobiology of Learning and Memory* 68:13-20, 1997.

Jusczyk, P. W.: The high-amplitude sucking technique as a methodological tool in speech perception research. In: *Measurement of audition and vision in the first year of postnatal life: A methodological overview*, Hrsg. G. Gottlieb und N. A. Krasnegor 195-222. Norwood 1985.

— *The discovery of spoken language.* Cambridge 1997.

Jusczyk, P. W., A. Cutler und N. J. Redanz: Infants' preference for the predominant stress patterns of English words. In: *Child Development* 64:675-87, 1993.

Jusczyk, P. W., A. D. Friederici, J. M. I. Wessels, V. Y. Svenkerud und A. M. Jusczyk: Infants' sensitivity to the sound patterns of native language words. In: *Journal of Memory and Language* 32:402-420, 1993.

Kagan, J.: The determinants of attention in the infant. In: *American Scientist* 58:298-306, 1970.

— *Die Natur des Kindes.* 2. Aufl. München u.a. 1987.

— *Three seductive ideas.* Cambridge 1998.

Kalish, C.: Reasons and causes: Children's understanding of conformity to social rules and physical laws. In: *Child Development* 69:706-20, 1988.

Karmiloff-Smith, A.: *Beyond modularity: A developmental perspective on cognitive science.* Cambridge 1992.

Karmiloff-Smith, A. und B. Inhelder: If you want to get ahead, get a theory. In: *Cognition* 3:195-212, 1974.

Kaye, K. L. und T. G. R. Bower: Learning and intermodal transfer of information in newborns. In: *Psychological Science* 5:286-88, 1994.

Keil, F. C.: *Concepts, kinds, and cognitive development.* Cambridge 1989.

Keil, F. C. und R. Wilson: Cognition and explanation. In: *Minds and Machines* 8, Nr. 1 (Sonderausgabe), 1998.

Kellman, P. J. und M. E. Arterberry: *The cradle of knowledge: Development of perception in infancy.* Cambridge 1998.

Kellman, P. J. und M. S. Banks: Infant visual perception. In: *Handbook of child psychology*, Hrsg. W. Damon. Bd. 2, *Cognition, perception, and language*, Hrsg. D. Kuhn und R. Siegler, 103-46. New York 1998.

Kellman, P. J. und E. S. Spelke: Perception of partly occluded objects in infancy. In: *Cognitive Psychology* 15:483-524, 1983.

Kent, R. D.: The biology of phonological development. In: *Phonological development: Models, research, implications*, Hrsg. C. A. Ferguson, L. Menn und C. Stoel-Gammon, 65-90. Timonium 1992.

Kim, K. H. S., N. R. Relkin, K. M. Lee und J. Hirsch: Distinct cortical areas associated with native and second languages. In: *Nature* 388:172-74, 1997.

Kirn, J. R. und F. Nottebohm: Direct evidence for loss and replacement of projection neurons in adult canary brain. In: *Journal of Neuroscience* 132:1654-63, 1993.

Kitcher, P.: *Advancement of science: Science without legend, objectivity without illusions.* Oxford 1993.

Klaus, M. H.: Mother and infant: Early emotional ties. In: *New perspectives in early emotional development*, Hrsg. J. G. Warhol, 51-57. Skillman 1998.

Klaus, M. H. und J. H. Kennell: *Mutter-Kind-Bindung: Über die Folgen einer frühen Trennung.* München 1987.

Klein, P. J. und A. N. Meltzoff: Long-term memory, forgetting, and deferred imitation in 12-month-old infants. In: *Developmental Science* 2:102-13, 1999.

Knudsen, E. I.: Capacity for plasticity in the adult owl auditory system expanded by juvenile experience. In: *Science* 279: 1531-33, 1998.

Konishi, M.: Birdsong: From behavior to neuron. In: *Annual Review of Neuroscience* 8:125-70, 1985.

Kosslyn, S. und R. A. Andersen: *Frontiers in cognitive neuroscience.* Cambridge 1992.

Kripke, S.A.: Naming and necessity. In: *Semantics of natural language*, Hrsg. D. Davidson und G. Harman, 253-355. Dordrecht, Niederlande 1972.

Kripke, S. A.: *Name und Notwendigkeit.* Übs. U. Wolf. Frankfurt/M. 1981.

Kuhl, P. K.: Categorization of speech by infants. In: *Neonate cognition: Beyond the blooming buzzing confusion*, Hrsg. J. Mehler und R. Fox, 231-62. Hillsdale 1985.

— Methods in the study of infant speech perception. In: *Measurement of audition and vision in the first year of postnatal life: A methodological overview*, Hrsg. G. Gottlieb und N. Krasnegor, 233-51. Norwood 1985.

— Perception of speech and sound in early infancy. In: *Handbook of infant perception*, Hrsg. P. Salapatek und L. Cohen. Bd. 2, *From perception to cognition*, 275-382. New York 1987.

— Auditory perception and the evolution of speech. In: *Human Evolution* 3:19-43, 1988.

— On babies, birds, modules, and mechanisms: A comparative approach to the acquisition of vocal communication. In: *The comparative psychology of audition: Perceiving complex sounds*, Hrsg. R. J. Dooling und S. H. Hulse, 379-419. Hillsdale 1989.

— Human adults and human infants show a »perceptual magnet effect« for the prototypes of speech categories, monkeys do not. In: *Perception & Psychophysics* 50:93-107, 1991.

— Speech perception. In: *Introduction to communication sciences and disorders*, Hrsg. F. D. Minifie, 77-148. San Diego 1994.

— Learning and representation in speech and language. In: *Current Opinion in Neurobiology* 4:812-22, 1994.

— The development of speech and language. In: *Mechanistic relationships between development and learning*, Hrsg. T. J. Carew, R. Menzel und C. J. Shatz, 53-73. New York 1998.

Kuhl, P. K., J. E. Andruski, I. A. Chistovich, L. A. Chistovich, E. V. Kozhevnikova, V. L. Ryskina, E. I. Stolyarova, U. Sundberg und F. Lacerda: Cross-language analysis of phonetic units in language addressed to infants. In: *Science* 277:684-86, 1997.

Kuhl, P. K. und P. Iverson: Linguistic experience and the »perceptual magnet effect.« In: *Speech perception and linguistic experience: Issues in cross-language research*, Hrsg. W. Strange, 121-54. Timonium 1995.

Kuhl, P. K. und A. N. Meltzoff: The bimodal perception of speech in infancy. In: *Science* 218:1138-41, 1982.

— The intermodal representation of speech in infants. In: *Infant Behavior and Development* 7:361-81, 1984.

— Infant vocalizations in response to speech: Vocal imitation and developmental change. In: *Journal of the Acoustical Society of America* 100:2425-38, 1996.

Kuhl, P. K., K. A. Williams, F. Lacerda, K. N. Stevens und B. Lindblom: Linguistic experience alters phonetic perception in infants by 6 months of age. In: *Science* 255:606-8, 1992.

Kuhn, T. S.: *Die Struktur wissenschaftlicher Revolutionen.* Übs. K. Simon. Frankfurt/M. 1973.
Kurzweil, R.: *Homo sapiens: Leben im 21. Jahrhundert – was bleibt vom Menschen?* Übs. H. Dierlamm. 2. Aufl. Köln 1999.
Ladefoged, P. und I. Maddieson: In: *The sounds of the world's languages.* Cambridge 1996.
Lane, H. L.: *Das wilde Kind von Aveyron: Der Fall des Wolfsjungen.* Frankfurt/M. u.a. 1985.
Lasky, R. E., A. Syrdal-Lasky und R. E. Klein: VOT discrimination by four to six and a half month old infants from Spanish environments. In: *Journal of Experimental Child Psychology* 20:215-25, 1975.
Lempers, J. D., E. R. Flavell und J. H. Flavell: The development in very young children of tacit knowledge concerning visual perception. In: *Genetic Psychology Monographs* 95:3-53, 1977.
Leslie, A. M.: Spatiotemporal continuity and the perception of causality in infants. In: *Perception* 13:287-305, 1984.
— Pretense and representation: The origins of »theory of mind«. In: *Psychological Review* 94:412-26, 1987.
Leslie, A. M. und S. Keeble: Do six-month-old infants perceive causality? In: *Cognition* 25:265-88, 1987.
Levelt, W. J. M.: *Speaking: From intention to articulation.* Cambridge 1989.
Lewis, D.: Observations on route finding and spatial orientation among aboriginal peoples of the Western desert region of Central Australia. In: *Oceania* 46:249-82, 1976.
Lewkowicz, D. J. und R. Lickliter, Hrsg.: *The development of intersensory perception: Comparative perspectives.* Hillsdale 1994.
Liberman, A. M., F. S. Cooper, D. P. Shankweiler und M. Studdert-Kennedy: Perception of the speech code. In: *Psychological Review* 74:431-61, 1967.
Lieberman, P.: *Uniquely human: The evolution of speech, thought and selfless behavior.* Cambridge 1991.
Lifter, K. und L. Bloom: Object knowledge and the emergence of language. In: *Infant Behavior and Development* 12:395-423, 1989.
Lillard, A.: Ethnopsychologies: Cultural variations in theories of mind. In: *Psychological Bulletin* 123:3-32, 1998.
Lipsitt, L. P.: Learning capacities of the human infant. In: *Brain and early behaviour: Development in the fetus and infant,* Hrsg. R. J. Robinson, 227-49. London 1969.
— A coming out occasion for babies. In: *Infant Behavior and Development* 1:1-2, 1978.
— Interview von A. N. Meltzoff, 7. April, im Society for Research in Child Development Oral History Project, Leit. W. W. Hartup. Bandaufnahme, SRCD Executive Office, University of Michigan, Ann Arbor 1998.
Lipsitt, L. P. und J. S. Werner: The infancy of human learning processes. In: *Developmental plasticity,* Hrsg. E. S. Gollin, 101-33. New York 1981.
Lisker, L. und A. S. Abramson. A cross-language study of voicing in initial stops: Acoustical measurements. In: *Word* 20:384-422.
Locke, J.: *Versuch über den menschlichen Verstand.* 2 Bde. 4. Aufl. Hamburg 1981.
Locke, J. L.: *The child's path to spoken language.* Cambridge 1993.
Logan, J. S., S. E. Lively und D. B. Pisoni: Training Japanese listeners to identify English /r/ and /l/: A first report. In: *Journal of the Acoustical Society of America* 89:874-86, 1991.
Lorenz, K. Z.: The companion in the bird's world. In: *Auk* 54:245-73, 1937.
— Die angeborenen Formen möglicher Erfahrung. In: *Zeitschrift für Tierpsychologie* 5:235-409, 1943.
Lycan, W. G.: *Consciousness and experience.* Cambridge 1996.

Macfarlane, A.: Olfaction in the development of social preferences in the human neonate. In: *Ciba Foundation Symposium* 33.103 13, 1975.

MacKain, K., M. Studdert-Kennedy, S. Spieker und D. Stern: Infant intermodal speech perception is a left-hemisphere function. In: *Science* 219:1347-49, 1983.

MacWhinney, B. und C. Snow: The child language data exchange system. In: *Journal of Child Language* 12:271-95, 1985.

— The child language data exchange system: An update. In: *Journal of Child Language* 17:457-72, 1990.

Main, M.: Metacognitive knowledge, metacognitive monitoring, and singular (coherent) vs. multiple (incoherent) model of attachment: Findings and directions for future research. In: *Attachment across the life cycle*, Hrsg. C. M. Parkes, J. Stevenson-Hinde und P. Marris, 127-59. London 1991.

Markman, E. M.: *Categorization and naming in children: Problems of induction.* Cambridge 1989.

Marr, D.:*Vision: A computational investigation into the human representation and processing of visual information.* San Francisco 1982.

Masangkay, Z., K. McClusky, C. McIntyre, J. Sims-Knight, B. Vaughn und J. H. Flavell: The early development inferences about the visual percepts of others. In: *Child Development* 45:357-66, 1974.

McQueen, J. M., D. Norris und A. Cutler: Competition in spoken word recognition: Spotting words in other words. In: *Journal of Experimental Psychology: Learning, Memory & Cognition* 20:621-38, 1994.

Medin, D. L. und L. W. Barsalou: Categorization processes and categorical perception. In: *Categorical perception: The groundwork of cognition*, Hrsg. S. Harnad, 455-90. New York 1987.

Mehler, J. und R. Fox: *Neonate cognition: Beyond the blooming buzzing confusion.* Hillsdale 1985.

Mehler, J., P. Jusczyk, G. Lambertz, N. Halsted, J. Bertoncini und C. Amiel-Tison: A precursor of language acquisition in young infants. In: *Cognition* 29:143-78, 1988.

Meltzoff, A. N.: Infant imitation after a 1-week delay: Long-term memory for novel acts and multiple stimuli. In: *Development Psychology* 24:470-76, 1988a.

— Infant imitation and memory: Nine-month-olds in immediate and deferred tests. In: *Child Development* 59:217-25, 1988b.

— Imitation of televised models by infants. In: *Child Development* 59:1221-29, 1988c.

— Imitation, objects, tools, and the rudiments of language in human ontogeny. In: *Human Evolution* 3:45-64, 1988d.

— Foundations for developing a concept of self: The role of imitation in relating self to other and the value of social mirroring, social modeling, and self practice in infancy. In: *The self in transition: Infancy to childhood*, Hrsg. D. Cicchetti und M. Beeghly, 139-64. Chicago 1990a.

— Towards a developmental cognitive science: The implications of cross-modal matching and imitation for the development of representation and memory in infancy. In: *Annals of the New York Academy of Sciences: The development and neural bases of higher cognitive functions*, Hrsg. A. Diamond, Bd. 608, 1-31. New York 1990b.

— Understanding the intentions of others: Re-enactment of intended acts by 18-month-old children. In: *Developmental Psychology* 31:838-50, 1995a.

— What infant memory tells us about infantile amnesia: Long-term recall and deferred imitation. In: *Journal of Experimental Child Psychology* 59:497-515, 1995b.

Meltzoff, A. N. und R. W. Borton: Intermodal matching by human neonates. In: *Nature* 282:403-4, 1979.

Meltzoff, A. N. und A. Gopnik: The role of imitation in understanding persons and developing a theory of mind. In: *Understanding other minds: Perspectives from autism*, Hrsg. S. Baron-Cohen, H. Tager-Flusberg und D. J. Cohen, 335-66. New York 1993.

Meltzoff, A. N., A. Gopnik und B. M. Repacholi: Toddlers' understanding of intentions, desires, and emotions: Explorations of the dark ages. In: *Development of intention and intentional understanding in infancy and early childhood*, Hrsg. P. D. Zelazo, J. W. Astington und D. R. Olson, 17-41. Mahwah 1999.

Meltzoff, A. N. und M. K. Moore: Imitation of facial and manual gestures by human neonates. In: *Science* 198:75-78, 1977.

— Newborn infants imitate adult facial gestures. In: *Child Development* 54:702-9, 1983.

— Early imitation within a functional framework: The importance of person identity, movement, and development. In: *Infant Behavior and Development* 15:479-505, 1992.

— Imitation, memory, and the representation of persons. In: *Infant Behavior and Development* 17:83-99, 1994.

— Infants' understanding of people and things: From body imitation to folk psychology. In: *Body and the self*, Hrsg. J. Bermúdez, A. J. Marcel und N. Eilan, 43-69. Cambridge 1995.

— Explaining facial imitation: A theoretical model. In: *Early Development and Parenting* 6:179-92, 1997.

— Object representation, identity, and the paradox of early permanence: Steps toward a new framework. In: *Infant Behavior and Development* 21:201-35, 1998.

— Persons and representation: Why infant imitation is important for theories of human development. In: *Imitation in infancy*, Hrsg. J. Nadel und G. Butterworth, 9-35. Cambridge 1999a.

— A new foundation for cognitive development in infancy: The birth of the representational infant. In: *Conceptual development: Piaget's legacy*, Hrsg. E. Scholnick, K. Nelson, P. Miller und S. Gelman, 53-78. Mahwah, N.J. 1999b.

Mervis, C. B: Child-basic object categories and early lexical development. In: *Concepts and conceptual development: Ecological and intellectual factors in categorization*, Hrsg. U. Neisser, 201-34. New York 1987.

Mervis, C. B. und J. Bertrand: Acquisition of the novel name-nameless category (N3C) principle. In: *Child Development* 65:1646-62, 1994.

— Relations between cognition and language: A developmental perspective. In: *Research on communication and language disorders: Contributions to theories of language development*, Hrsg. L. B. Adamson und M. A. Romski. New York (in Druck).

Mervis, C. B. und K. E. Johnson: Acquisition of the plural morpheme: A case study. In: *Developmental Psychology* 27:222-35, 1991.

Mervis, C. B. und J. R. Pani: Acquisition of basic object categories. In: *Cognitive Psychology* 12:496-522, 1980.

Mervis, C. B. und E. Rosch: Categorization of natural objects. In: *Annual Review of Psychology* 32:89-115, 1981.

Merzenich, M. M., W. M. Jenkins, P. Johnston, C. Schreiner, S. L. Miller und P. Tallal: Temporal processing deficits of language-learning impaired children ameliorated by training. In: *Science* 271:77-81, 1996.

Middleton, B., M. A. Shwe und D. E. Heckerman: Probabilistic diagnosis using a reformulation of the INTERNIST-1/QMR knowledge base. Evaluation of diagnostic performance. In: *Methods of Information in Medicine* 30:256-67, 1991.

Mielke, R. und W. D. Heiss: Positron emission tomography for diagnosis of Alzheimer's disease and vascular dementia. In: *Journal of Neural Transmission, Supplementum* 53:237-50, 1998.

Miller, G. A.: *Wörter: Streifzüge durch die Psycholinguistik.* Heidelberg u.a. 1993.

Miller, J. L.: On the internal structure of phonetic categories: A progress report. In: *Cognition* 50:271-85, 1994.

Miller, R. A., H. E. Pople und J. D. Myers: Internist-1: An experimental computer-based diagnostic consultant for general internal medicine. In: *New England Journal of Medicine* 307:468-76, 1982.

Miyawaki, K., W. Strange, R. Verbrugge, A. M. Liberman, J. J. Jenkins und O. Fujimura: An effect of linguistic experience: The discrimination of [r] and [l] by native speakers of Japanese and English. In: *Perception & Psychophysics* 18:331-40, 1975.

Moon, C., R, P. Cooper und W. P. Fifer: Two-day-olds prefer their native language. In: *Infant Behavior and Development* 16:495-500, 1993.

Moore, M. K., R. Borton und B. L. Darby: Visual tracking in young infants: Evidence for object identity or object permanence? In: *Journal of Experimental Child Psychology* 25:183-98, 1978.

Moore, M. K. und A. N. Meltzoff: New findings on object permanence: A developmental difference between two types of occlusion. In: *British Journal of Developmental Psychology* 17:00-00, 1999.

Morel, A., P. E. Garraghty und J. H. Kaas: Tonotopic organization, architectonic fields and connections of auditory cortex in macaque monkeys. In: *Journal of Comparative Neurology* 335:437-59, 1993.

Morgan, J. L. und K. Demuth, Hrsg.: *Signal to syntax: Bootstrapping from speech to grammar in early acquisition.* Hillsdale, N.J. 1995.

Morris, J. S., C. D. Frith, D. I. Perrett und D. Rowland: A differential neural response in the human amygdala to fearful and happy facial expressions. In: *Nature* 389:812-15, 1996.

Morrongiello, B. A.: Effects of colocation on auditory-visual interactions and cross-modal perception in infants. In: *The development of intersensory perception: Comparative perspectives*, Hrsg. D. J. Lewkowicz und R. Lickliter, 235-63. Hillsdale, N.J. 1994.

Morton, A.: *Frames of mind: Constraints on the common-sense conception of the mental.* New York 1980.

Muir, D. W. und S. M. J. Hains: Infant sensitivity to perturbations in adult facial, vocal, tactile, and contingent stimulation during face-to-face interactions. In: *Developmental neurocognition: Speech and face processing in the first year of life*, Hrsg. B. de Boysson-Bardies, S. de Schonen, P. Jusczyk, P. MacNeilage und J. Morton, 171-85. Dordrecht, Niederlande 1993.

Munakata, Y., J. L. McClelland, M. H. Johnson und R. S. Siegler: Rethinking infant knowledge: Toward an adaptive process account of successes and failures in object permanence tasks. In: *Psychological Review* 104:686-713, 1997.

Murdock, G. P.: Cross-language parallels in parental kin terms. *Anthropological Linguistics* 1:1-5.

Näätänen, R., A. Lehtokoski, M. Lennes, M. Cheour, M. Huotilainen, A. Iivonen, M. Vainio, P. Alku, R. J. Ilmoniemi, A. Luuk, J. Allik, J. Sinkkonen und K. Alho: Language-specific phoneme representations revealed by electric and magnetic brain responses. In: *Nature* 385:432-34, 1997.

Nadel, J. und G. Butterworth: *Imitation in infancy.* Cambridge 1999.

283

Nadel-Brulfert, J. und P. M. Baudonnière: The social function of reciprocal imitation in 2-year-old peers. In: *International Journal of Behavioral Development* 5:95-109, 1982.

Naigles, L. G. und S. A. Gelman: Overextensions in comprehension and production revisited: Preferential-looking in a study of dog, cat, and cow. In: *Journal of Child Language* 22:19-46, 1995.

Nass, R. D. und S. Gazzaniga: Cerebral lateralization and specialization in human central nervous system. In: *Handbook of Physiology*, Hrsg. F. Plum, 701-61. Bethesda, Md: The American Physiological Society, 1985.

Nelson, C. A.: The recognition of facial expression in the first two years of life: Mechanism of development. In: *Child Development*. 58:889-909, 1987.

Nelson, K.: Individual differences in language development: Implications for development and language. In: *Developmental Psychology* 17:170-87, 1981.

— *Making sense: The acquisition of shared meaning*. New York 1985.

— Remembering, forgetting, and childhood amnesia. In: *Knowing and remembering in young children. Emory symposia in cognition*, Hrsg. R. Fivush und J. A. Hudson, Bd. 3, 301-6. New York 1990.

— *Language in cognitive development: The emergence of the mediated mind*. Cambridge 1996.

Neurath, O.: Protocol sentences. In *Logical positivism*, Hrsg. A. J. Ayer, 199-208. Glenco, Ill., 1959.

Newcombe, N. und N. A. Fox.: Infantile amnesia: Through a glass darkly. In: *Child Development* 65:31-40, 1994.

Newport, E. L.: Maturational constraints on language learning. In: *Cognitive Science*. 14:11-28, 1990.

— Contrasting conceptions of the critical period for language. In: *Epigenesis of mind: Essays of mind: Essays on biology and cognition*, Hrsg. S. Carey und R. Gelman, 111-30. Hillsdale, N.J. 1991.

Nottebohm, F.: The »critical period« for song learning. In: *Behavioral and Neural Biology* 111:386-87, 1969.

Nottebohm, F., M. E. Nottebohm und L. Crane: Developmental and seasonal changes in canary song and their relation to changes in the anatomy of song-control nuclei. In: *Behavioral and Neural Biology* 46:445-71, 1986.

Nygaard, L. C. und D. B. Pisoni: Speech perception: New directions in research and theory. In: *Handbook of perception and cognition*, Bd. 11, *Speech, language, and communication*, J. L. Miller und P. D. Eimas, 63-96. San Diego 1995.

O'Neill, D. K.: Two-year-old children's sensitivity to a parent's knowledge state when making requests. In: *Child Development* 67:659-77, 1996.

O'Neill, D. K., J. W. Astington und J. H. Flavell: Young children's understanding of the role that sensory experiences play in knowledge acquisition. In: *Child Development* 63:474-90, 1992.

O'Neill, D. K. und A. Gopnik: Young children's ability to identify the sources of their beliefs. In: *Developmental Psychology* 27:390-97, 1991.

Oakes, L. M. und L. B. Cohen: Infant causal perception. In: *Advances in infancy research*, Hrsg. C. Rovee-Collier und L. P. Lipsitt, Bd. 9, 1-54. Norwood, N.J. 1995.

Ojemann, G. A.: Brain organization for language from the perspective of electrical stimulation mapping. In: *Behavioral and Brain Sciences* 6:189-230, 1983.

Oller, D. K. und M. P. Lynch: Infant vocalizations and innovations in infraphonology: Toward a broader theory of development and disorders. In: *Phonological development: Mod-

284

els, research, implications, Hrsg. C. A. Ferguson, L. Menn und C. Stoel-Gammon, 509-36. Timonium, Md., 1992

Oyama, S.: A sensitive period for the acquisition of a nonnative phonological system. In: Journal of Psycholinguistic Research 5:261-83, 1976.

Palmer, S. E.: Vision science: Photons to phenomenology. Cambridge 1999.

Papousek, H.: Individual variability in learned responses in human infants. In: Brain and early behavior: Development in the fetus and infant, Hrsg. R. J. Robinson, 251-66. New York 1969.

Papousek, H. und M. Papousek: Learning and cognition in the everyday life of human infants. In: Advances in the study of behavior, Hrsg. J. Rosenblatt, C. Beer, C. Busnel und P. Slater, Bd. 14, 127-63. New York 1984.

Pascalis, O., S. de Schonen, J. Morton, C. Deruelle und M. Fabre-Grenet: Mother's face recognition by neonates: A replication and an extension. In: Infant Behavior and Development 18:79-85, 1995.

Perner, J.: Understanding the representional mind. Cambridge 1991.

Perner, J., S. R. Leekam und H. Wimmer: Three-year-olds' difficulty with false belief: The case for a conceptual deficit. In: British Journal of Developmental Psychology 5:125-37, 1987.

Perner, J. und T. Ruffman: Episodic memory and autonoetic consciousness: Developmental evidence and a theory of childhood amnesia. In: Journal of Experimental Child Psychology 59:516-48, 1995.

Perner, J., T. Ruffman und S. R. Leekam: Theory of mind is contagious: You catch it from your sibs. In: Child Development 65:1228-38, 1994.

Perrett, D. I., M. H. Harries, A. J. Mistlin, J. K. Hietanen, P. J. Benson, R. Bevan, S. Thomas, M. W. Oram, J. Ortega und K. Brierley: Social signals analyzed at the single cell level: Someone is looking at me, something touched me, something moved! In: International Journal of Comparative Psychology 4:25-55, 1990.

Perrett, D. I., J. K. Heitanen, M. W. Oram und P. J. Benson: Organization and functions of cells responsive to faces in the temporal cortex. In: Processing the facial image, Hrsg. V. Bruce und A. Cowey, 23-30. Oxford: Clarendon 1992.

Perrett, D. I., A. J. Mistlin und A. J. Chitty: Visual neurons responsive to faces. In: Trends in Neuroscience 10:358-64, 1987.

Peskin, J.: Ruse and representations: On children's ability to conceal information. In: Developmental Psychology 28:84-89, 1992.

Petersen, S. E. und J. A. Fiez: The processing of single words studied with positron emission topography. In: Annual Review of Neuroscience 16:509-30, 1993.

Petersen, S. E., P. T. Fox, A. Z. Snyder und M. E. Raichle: Activation of extrastriate and frontal cortical areas by visual words and word-like stimuli. In: Science 249:104-44, 1990.

Petitto, L. A.: On the ontogenetic requirements for early language acquisition. In: Developmental neurocognition: Speech and face processing in the first year of life, Hrsg. B. de Boysson-Bardies, S. de Schonen, P. Jusczyk, P. McNeilage und J. Morton, 365-83. Dordrecht, Niederlande 1993.

Piaget, J.: Jean Piaget. In: History of psychology in autobiography, Hrsg. E. G. Boring, H. S. Langfeld, H. Werner und R. M. Yerkes, Bd. 4, 237-40. Worcester, Mass., 1952.

— Der Aufbau der Wirklichkeit beim Kinde. In: Gesammelte Werke, Bd. 2. Stuttgart 1975.

— Das Erwachen der Intelligenz beim Kinde. In: Gesammelte Werke, Bd. 1. Stuttgart 1991.

— Nachahmung, Spiel und Traum. In: Gesammelte Werke, Bd. 5. Stuttgart 1993.

Pinker, S.: *Language learnability and language development.* Cambridge 1984.
— The bootstrapping problem in language acquisition. In: *Mechanisms of language acquisition*, Hrsg. B. Mac Whinney, 399-441. Hillsdale N. J. 1987.
— *Der Sprachinstinkt: Wie der Geist die Sprache bildet.* München 1998a.
— *Wie das Denken im Kopf entsteht.* München 1998b.
Platon: *Das Gastmahl oder Von der Liebe.* Hrsg. und Übs. A. Hübscher. 3. Aufl.; 2. Aufl. der Neuausg. München u.a. 1989.
— *Phaidon.* Übs. B. Zehnpfennig. Hamburg 1991.
— *Menon.* Hrsg. und Übs. M. Kranz. Stuttgart 1994.
Popper, K. R.: *Vermutungen und Widerlegungen: Das Wachstum der wissenschaftlichen Erkenntnis.* 2 Bde. Tübingen 1994/1997.
Porter, R. H., M. W. Makin, L. B. Davis und K. M. Christensen: An assessment of the salient olfactory environment of formula-fed infants. In: *Physiology and Behavior* 50:907-11, 1991.
Posner, M. I. und S. Keele: Retention of abstract ideas. In: *Journal of Experimental Psychology* 83:304-8, 1970.
Posner, M. I. und M. E. Raichle: *Bilder des Geistes: Hirnforscher auf den Spuren des Denkens.* Heidelberg u.a. 1996
Povinelli, D. J. und T. J. Eddy: What young chimpanzees know about seeing. *Monographs of the Society for Research in Child Development* 61, Nr. 3 (Serien-Nr. 247), 1996.
Povinelli, D. J. und T. M. Preuss: Theory of mind: Evolutionary history of a cognitive specialization. *Trends in Neurosciences* 18:418-24, 1995.
Putnam, H.: *Mind, language, and reality: Philosophical papers.* Bd. 2. New York 1975.
Pylyshyn, Z. W.: *Computation and cognition: Toward a foundation for cognitive science.* Cambridge 1984.
Quine, W. v. O.: *Wort und Gegenstand.* Übs. J. Schulte und D. Birnbacher. Stuttgart 1980.
Quinn, P. C. und P. D. Eimas: Perceptual organization and categorization in young infants. In: *Advances in infancy research*, Hrsg. C. Rovee-Collier und L. P. Lipsitt, Bd. 10, 1-36. Norwood, N.J. 1996.
Repacholi, B. M.: Infants' use of attentional cues to identify the referent of another person's emotional expression. In: *Developmental Psychology* 34:1017-25, 1998.
Repacholi, B. M. und A. Gopnik: Early reasoning about desires: Evidence from 14- and 18-month olds. In: *Developmental Psychology* 33:12-21, 1997.
Reznick, J. S. und B. A. Goldfield: Rapid change in lexical development in comprehension and production. In: *Developmental Psychology* 28:406-13, 1992.
Ricciuti, H. N.: Object grouping and selective ordering behaviors in infants 12 to 24 months old. In: *Merrill-Palmer Quarterly* 11:129-48, 1965.
Rips, L. J.: Inductive judgments about natural categories. In: *Journal of Verbal Learning and Verbal Behavior* 14:665-81, 1975.
Ritchi, D.: *The computer pioneers: Making of the modern computer.* New York 1986.
Rizzolatti, G. und M. A. Arbib: Language within our grasp. In: *Trends in Neuroscience* 21:188-94, 1998.
Rizzolatti, G., L. Fadiga, V. Gallese und L. Fogassi: Premotor cortex and the recognition of motor actions. In: *Brain Research* 3:131-41, 1996.
Rogoff, B.: *Apprenticeship in thinking: Cognitive development in social context.* New York 1990.
— Cognition as a collaborative process. In: *Handbook of child psychology*, Hrsg. W. Damon, Bd. 2, In: *Cognition, perception, and language*, Hrsg. D. Kuhn und R. Siegler, 679-744. New York 1998.

Rogoff, B., M. J. Sellers, S. Pirrotta, N. Fox und S. White: Age of assignment of roles and responsibilities to children: A cross-cultural survey. In: *Human Development* 18:353-69, 1975.

Rosch, E.: Cognitive reference points. In: *Cognitive Psychology* 7:532-47, 1975.

Rousseau, J. J.: *Emil oder über die Erziehung*. Übs. L. Schmidts. 12. Aufl. Paderborn, München u.a. 1995.

Rovee-Collier, C. K.: The »memory system« of prelinguistic infants. In: *Annals of the New York Academy of Sciences: The development and neural bases of higher cognitive functions*, Hrsg. A. Diamond, Bd. 608, 517-42. New York 1990.

Rovee-Collier, C. K. und M. J. Gekoski: The economics of infancy: A review of conjugate reinforcement. In: *Advances in child development and behavior*, Hrsg. H. W. Reese und L. P. Lipsitt, Bd. 14, 195-255. New York 1979.

Rovee-Collier, C. K. und L. P. Lipsitt: Learning, adaptation, and memory in the newborn. In: *Psychobiology of the human newborn*, Hrsg. P. Stratton, 147-90. New York 1982.

Rovee-Collier, C. K., M. W. Sullivan, M. Enright, D. Lucas und J. W. Fagen: Reactivation of infant memory. In: *Science* 208:1159-61, 1980.

Ruffman, T., J. Perner, M. Naito, L. Parkin und W. A. Clements: Older (but not younger) siblings facilitate false belief understanding. In: *Developmental Psychology* 34:161-74, 1998.

Russel, B.: On denoting. In: *Mind* 14:479-93, 1905.

— Science as a product of Western Europe. In: *The Listener* 39:865-66, 1948.

Russell, J., C. Jarrold und D. Potel: What makes strategic deception difficult for children – the deception or the strategy? In: *British Journal of Developmental Psychology* 12:301-14, 1994.

Ryle, G.: *Der Begriff des Geistes*. Übs. K. Baier, G. Patzig und U. Steinvorth. Stuttgart 1969.

Sacks, O.: *Eine Anthropologin auf dem Mars: Sieben paradoxe Geschichten*. Reinbek b. Hamburg 1995.

Saffran, J. R., R. N. Aslin und E. L. Newport: Statistical learning by 8-month-old infants. In: *Science* 274:1926-28, 1996.

Salapatek, P. und L. Cohen, Hrsg.: *Handbook of infant perception: From perception to cognition*. New York 1987.

Scarr, S.: American child care today. In: *American Psychologist* 53:95-108, 1998.

Searle, J. R.: *Geist, Hirn und Wissenschaft*. Frankfurt/M. 1986.

Shankle, W. R., B. H. Landing, M. S. Rafii, A. Schiano, J. M. Chen und J. Hara: Evidence for a postnatal doubling of neuron number in the developing human cerebral cortex between 15 months and 6 years. In: *Journal of Theoretical Biology* 191:115-40, 1998.

Shatz, C. J.: Impulse activity and the patterning of connections during CNS development. In: *Neuron* 5:745-56, 1990.

— The developing brain. In: *Scientific American* 267:61-67, 1992.

Shatz, M. und R. Gelman: The development of communication skills: Modifications in the speech of young children as a function of listener. In: *Monographs of the Society for Research in Child Development*, 38, Nr. 5 (Serien-Nr. 152), 1973.

Shore, B.: *Culture in mind: Cognition, culture, and the problem of meaning*. New York 1996.

Shumeiko, N. S.: Age-related changes in the cytoarchitectonics of the human sensorimotor cortex. In: *Neuroscience and Behavioral Physiology* 28:345-48, 1998.

Shweder, R.: *Thinking through cultures: Expeditions in cultural psychology*. Cambridge 1991.

Shweder, R., J. Goodnow, G. Hatano, R. Le Vine, H. Markus und P. Miller: The cultural psychology of development: One mind, many mentalities. In: *Handbook of child psychology*, Hrsg. W. Damon. Bd. 1, *Theoretical models of human development*, Hrsg. R. M. Lerner, 865-937. New York 1998.

Siegler, R. S.: *Children's thinking*. 3. Aufl. Upper Saddle River, N.J. 1998.

Sigman, M. und L. Capps, Hrsg.: *Children with autism: A developmental perspective. The developing child*. Cambridge 1997.

Simonds, R. J. und A. B. Scheibel: The postnatal development of the motor speech area: A preliminary study. In: *Brain and Language* 37:42-58, 1989.

Skinner, B. F.: *Futurum zwei*. Übs. M. Beheim-Schwarzbach. Hamburg 1970.

— *Jenseits von Freiheit und Würde*. Übs. E. Ortmann. Reinbek b. Hamburg 1973.

Skolnick, A. S. und J. H. Skolnick: *Family in transition: Rethinking marriage, sexuality, child rearing, and family organization*. 7. Aufl. New York 1992.

Slater, A., V. Morison und D. Rose: Habituation in the newborn. In: *Infant Behavior and Development*. 7:183-200, 1984.

Slater, A., A. Mattock und E. Brown: Size constancy at birth: Newborn infants' responses to retinal & real size. In: *Journal of Experimental Child Psychology* 49:314-22, 1990.

Slaugther, V. und A. Gopnik: Conceptual coherence in the child's theory of mind: Training children to understand belief. In: *Child Development* 67:2967-88, 1996.

Slobin, D. I., Hrsg.: *The crosslinguistic study of language acquisition*. 5 Bde. Hillsdale, N. J. 1992–1997.

— Hrsg: *The crosslinguistic study of language acquisition*. Bd. 4-5. Hillsdale, N.J. 1997.

Snow, C. E.: The development of conversation between mothers and babies. In: *Journal of Child Language* 4:1-22, 1977.

— Relevance of the notion of a critical period to language acquisition. In: *Sensitive periods in development: Interdisciplinary perspectives*, Hrsg. M. H. Bornstein, 183-209. Hillsdale, N.J., 1987.

Snow, C. E. und C. A. Ferguson: *Talking to children: Language input and acquisition*. New York 1977.

Sodian, B.: The development of deception in young children. *British Journal of Developmental Psychology*. Sonderausgabe. In: *Perspectives on the child's theory of mind: 1* 9:173-88, 1991.

Sodian, B., C. Taylor, P. L. Harris und J. Perner: Early deception and the child's theory of mind: False trails and genuine markers. In: *Child Development* 62:468-83, 1991.

Spelke, E. S.: Perceiving bimodally specified events in infancy. In: *Developmental Psychology* 15:626-36, 1979.

— The development of intermodal perception. In: *Handbook of infant perception*, Hrsg. P. Salapatek und L. Cohen. Bd. 2, *From perception to cognition*, 233-73. New York 1987.

— Nativism, empiricism, and the origins of knowledge. In: *Infant Behavior and Development* 21:181-200, 1998.

Spelke, E. S., K. Breinlinger, K. Jacobson und A. Phillips: Gestalt relations and object perception: A development study. In: *Perception* 22:1483-1501, 1993.

Spelke, E. S., K. Breinlinger, J. Macomber und K. Jacobson: Origins of knowledge. In: *Psychological Review* 99:605-32, 1992.

Spelke, E. S. und E. L. Newport: Nativism, empiricism, and the development of knowledge. In: *Handbook of child psychology*, Hrsg. W. Damon, Bd. 1, In: *Theoretical models of human development*, Hrsg. R. M. Lerner, 275-340. New York 1998.

Sperber, D.: *Explaining culture: A naturalistic approach*. Oxford 1996.

Springer, K.: Young children's understanding of a biological basis for parent-offspring relations. In: *Child Development* 67:2841-56, 1996.

Springer, K. und F. C. Keil: On the development of biologically specific beliefs: The case of inheritance. In: *Child Development* 60:637-48, 1989.

— Early differentiation of casual mechanisms appropriate to biological and nonbiological kinds. In: *Child Development* 62:767-81, 1991.

Stager, C. und J. Werker: Infants listen for more phonetic detail in speech perception than in word learning tasks. In: *Natural* 388:381-382, 1997.

Stern, D. N.: *Die Lebenserfahrung des Säuglings.* Stuttgart 1992.

Stern, D. N., S. Spieker, R. K. Barnett und K. MacKain: The prosody of maternal speech: Infant age and context related changes. In: *Journal of Child Language* 10:1-15, 1983.

Stevens, N. K.: *Acoustic phonetics.* Cambridge 1999.

Stich, S. P.: *From folk psychology to cognitive science: The case against belief.* Cambridge 1983.

Strange, W. und S. Dittmann: Effects of discrimination training on the perception of /r-l/ by Japanese adults learning English. In: *Perception & Psychophysics* 36:131-45, 1984.

Strauss, M. S.: Abstraction of prototypical information by adults and 10-month-old infants. In: *Journal of Experimental Psychology: Human Learning and Memory* 5:618-32, 1979.

Streeter, L. A.: Language perception of 2-month-old infants shows effect of both innate mechanisms and experience. In: *Nature* 259:39-41, 1976.

Studdert-Kennedy, M., A. M. Liberman, K. S. Harris und F. S. Cooper: Motor theory of speech perception: A reply to Lane's critical review. In: *Psychological Review* 77:234-49, 1970.

Studdert-Kennedy, M. und M. Mody: Auditory temporal perception deficits in the reading-impaired: A critical review of the evidence. In: *Psychonomic Bulletin & Review* 2:508-14, 1995.

Sugarman, S.: *Children's early thought: Developments in classification.* New York 1983.

Sulloway, F. J.: *Der Rebell der Familie: Geschwisterrivalität, kreatives Denken und Geschichte.* Übs. K. Binder und B. Leineweber. München 1999.

Tallal, P., M. M. Merzenich, S. Miller und W. Jenkins: Language learning impairments: Integrating basic science, technology, and remediation. In: *Experimental Brain Research* 123:210-19, 1998.

Tallal, P., S. Miller und R. H. Fitch: Neurobiological basis of speech: A case for the pre-eminence of temporal processing. In: *Temporal information processing in the nervous system: Special reference to dyslexia and dysphasia,* Hrsg. P. Tallal, A. M. Galaburda, R. R. Llinas und C. V. Euler, 27-47. New York 1993.

Tallal, P., S. L. Miller, G. Bedi, G. Byma, X. Wang, S. S. Nagarajan, C. Schreiner, W. M. Jenkins und M. M. Merzenich: Language comprehension in language-learning impaired children improved with acoustically modified speech. In: *Science* 271:81-84, 1996.

Tardif, T., M. Shatz und L. Naigles: Caregiver speech and children's use of nouns versus verbs: A comparison of English, Italian, and Mandarin. In: *Journal of Child Language* 24:535-65, 1997.

Taylor, M.: A theory of mind perspective on social cognitive development. In: *Handbook of perception and cognition,* Hrsg. E. C. Carterette und M. P. Friedman. Bd. 13. In: *Perceptual and cognitive development,* Hrsg. R. Gelman und T. Au, 283-329. New York 1996.

Taylor, M., B. M. Esbensen und R. T. Bennet: Children's understanding of knowledge acquisition: The tendency for children to report they have always known what they have just learned. In: *Child Development* 65:1581-1604, 1994.

Tomasello, M. und M. E. Barton: Learning words in nonostensive contexts. In: *Developmental Psychology* 30:639-50, 1994.

Tomasello, M. und J. Call: *Primate cognition*. New York 1997.

Tomasello, M. und M. J. Farrar: Object permanence and relational words: A lexical training study. In: *Journal of Child Language* 13:495-505, 1986.

Tomasello, M., A. C. Kruger und H. H. Ratner: Cultural learning. In: *Behavioral and Brain Scientist* 16:495-552, 1993.

Tomasello, M. und W. E. Merriman, Hrsg.: *Beyond names for things: Young children's acquisition of verbs*. Hillsdale, N.J., 1995.

Tomasello, M., R. Strosberg und N. Akhtar: Eighteen-month-old children learn words in non-ostensive contexts. In: *Journal of Child Language* 23:157-76, 1996.

Trevarthen, C.: Communication and cooperation in early infancy: A description of primary intersubjectivity. In: *Before speech*, Hrsg. M. Bullowa, 321-47. New York 1979.

Trevarthen, C. und P. Hubley: Secondary intersubjectivity: Confidence, confiding and acts of meaning in the first year. In: *Action, gesture, and symbol: The emergence of language*, Hrsg. A. Lock, 183-229. New York 1978.

Turing, A. M.: Computing machinery and intelligence. In: *Mind* 59: 433-60, 1950.

Uzgiris, I. C. und J. M. Hunt: *Assessment in infancy: Ordinal scales of psychological development*. Urbana 1975.

Vargha-Khadem, F., L. J. Carr, E. Isaacs, E. Brett, C. Adams und M. Mishkin: Onset of speech after left hemispherectomy in a nine-year-old boy. In: *Brain* 120:159-82, 1997.

Vihman, M. M. und B. de Boysson-Bardies: The nature and origins of ambient language influence on infant vocal production and early words. In: *Phonetica* 51:159-69, 1994.

Vygotsky, L. S.: Play and its role in the mental development of the child. In: *Soviet Psychology* 5:6-18, 1967.

— *Denken und Sprechen*. Hrsg. J. Helm. Übs. G. Sewekow. Frankfurt/M. 1977.

Walker-Andrews, A. S.: Infants perception of expressive behaviors: Differentiation of multimodal information. In: *Psychological Bulletin* 121:437-56, 1997.

Walton, G. E., N. J. A. Bower und T. G. R. Bower: Recognition of familiar faces by newborns. In: *Infant Behavior and Development* 15:265-69, 1992.

Walton, G. E. und T. G. R. Bower: Amodal representations of speech in infants. In: *Infant Behavior and Development* 16:233-43, 1993.

Waters, E., B. E. Vaughn, G. Posada und K. Kondo-Ikemura: Caregiving, cultural, and cognitive perspectives on secure-base behavior and working models: New growing points of attachment theory and research. In: *Monographs of the Society for Research in Child Development* 60: Nr. 2-3 (Serien-Nr. 244), 1995.

Watson, J. B.: *Psychological care of infant and child*. New York 1928.

— *Behaviorismus*. Hrsg. C. F. Graumann. Übs. L. Kruse. Köln, Berlin 1968.

Watson, J. S.: Smiling, cooing and the »game«. In: *Merrill-Palmer Quarterly* 18:323-39, 1972.

Weber, R. und J. Crocker: Cognitive processes in the revision of stereotypic beliefs. In: *Journal of Personality and Social Psychology* 45:961-77, 1983.

Wellington, N. und M. J. Rieder: Attitudes and practices regarding analgesia for newborn circumcision. In: *Pediatrics* 92:541-43, 1993.

Wellman, H. M.: *The child's theory of mind.* Cambridge 1990.

Wellman, H. M. und S. A. Gelman: Cognitive development: Foundational theories of core domains. In: *Annual Review of Psychology* 43:337-75, 1992.

— Knowledge acquisition in foundational domains. In: *Handbook of child psychology*, Hrsg. W. Damon. Bd. 2, *Cognition, perception, and language*, Hrsg. D. Kuhn und R. Siegler, 523-73. New York 1998.

Wellman, H. M., A. K. Hickling und C. A. Schult: Young children's psychological, physical, and biological explanations. In: *The emergence of core domains of thought: Children's reasoning about physical, psychological, and biological phenomena. New directions for child development*, Nr. 75. Hrsg. H. M. Wellman und K. Inagaki, 7-25. San Francisco 1997.

Werker, J.: The ontogeny of speech perception. In: *Modularity and the motor theory of speech perception*, Hrsg. I. G. Mattingly und M. Studdert-Kennedy, 91-109. Hillsdale, N.J., 1991.

Werker, J. F. und R. C. Tees: Cross-language speech perception: Evidence for perceptual reorganization during the first year of life. In: *Infant Behavior and Development* 7:49-63, 1984.

Werner, E. E. und R. S. Smith: *Vulnerable, but invincible: A longitudinal study of resilient children and youth.* New York 1998.

Wertheimer, M.: Psychomotor coordination of auditory and visual space at birth. In: *Science* 134:1692, 1961.

Wertsch, J. V.: *Vygotskij und die gesellschaftliche Bildung des Bewußtseins.* Marburg 1996.

Whiten, A.: *Natural theories of mind: Evolution, development, and simulation of everyday mindreading.* Oxford 1991.

Willatts, P.: The stage-IV infant's solution of problems requiring the use of supports. In: *Infant Behavior and Development* 7:125-134, 1984.

— Development of problem-solving in infancy. In: *Infant Development*, Hrsg. A. Slater und G. Bremner, 143-82. Hillsdale, N.J. 1989.

Wimmer, H., J. Hogrefe und J. Perner: Children's understanding of informational access as source of knowledge. In: *Child Development* 59:386-96, 1988.

Wimmer, H. und J. Perner: Beliefs about beliefs: Representation and constraining function of wrong beliefs in young children's understanding of deception. In: *Cognition* 13:103-28, 1983.

Winnicott, D. W.: *Vom Spiel zur Kreativität.* Übs. M. Ermann. Stuttgart 1973.

Wittgenstein, L.: *Philosophische Untersuchungen.* Hrsg. E. v. Savigny. Berlin 1998.

Woodward, A.: Infants selectively encode the goal of an actor's reach. In: *Cognition* 69:1-34, 1998.

Woodward, A. L., E. M. Markman und C. M. Fitzsimmons: Rapid word learning in 13- and 18-month-olds. In: *Developmental Psychology* 30:553-66, 1994.

Wordsworth, W.: »Ode: Ahnungen der Unsterblichkeit durch Erinnerungen an die frühste Kindheit«. In: *William Wordsworth und Samuel Taylor Coleridge.* Hrsg. A. v. Bernus. Übs.: W. Breitwieser. Heidelberg 1959.

Xu, F. und S. Carey: Infants' metaphysics: The case of numerical identity. In: *Cognitive Psychology* 30:111-53, 1996.

Yonas, A. und C. Owsley: Development of visual space perception. In: *Handbook of infant perception*, Hrsg. P. Salapatek und L. Cohen. Bd. 2, *From perception to cognition*, 79-122. Orlando 1987.

Zahn-Waxler, C., M. Radke-Yarrow, E. Wagner und M. Chapman: Development of concern for others. In: *Developmental Psychology* 28:126-36, 1992.

Zatorre, R. J., A. C. Evans, E. Meyer und A. Gjedde: Lateralization of phonetic and pitch discrimination in speech processing. In: *Science* 256:846-49, 1992.

ZU DEN AUTOREN:

Alison Gopnik ist Professorin für Psychologie an der Berkeley Universität in Kalifornien und gehört zu den führenden Wissenschaftlern im Bereich der Kognitionswissenschaften. Sie war Präsidentin der Gesellschaft für Philosophie und Psychologie und ist Autorin von zahlreichen Schriften im Bereich Psychologie und frühes Lernen bei Kindern. Alison Gopnik ist Mutter von drei Kindern und lebt mit ihrer Familie in Berkeley.

Patricia Kuhl ist Professorin der Sprach- und Akustikwissenschaften an der Universität von Washington und gehört zu den führenden wissenschaftlichen Autoritäten im Bereich der Sprachentwicklung. Sie gehörte zu der sechsköpfigen Delegation, die 1997 im Weißen Haus über frühe Lern- und Gehirnentwicklung referierte. Nationales Aufsehen erregte ihre Forschungsarbeit über das Sprachverhalten von Eltern.
Patricia Kuhl lebt mit Mann und Tochter in Seattle, Washington.

Andrew N. Meltzoff ist Professor für Psychologie an der Universität von Washington. Seine Forschungen im Bereich der Entwicklungspsychologie (wie Kinder lernen und sich erinnern) revolutionierten die Kinderpsychologie. Seine Erkenntnisse wurden zum öffentlichen Thema in den Medien der USA.

Jacques Salomé

Papa, was ist Liebe?
Gespräche mit meiner Tochter

Broschur, 208 Seiten
ISBN 3-7205-2151-6

Papa, was ist Liebe? Wie tief kann Liebe gehen, warum ist
die Liebe zwischen den Eltern anders als zwischen Geschwistern?
Was ist der Unterschied zwischen lieben und mögen und warum
geht der Nachbar mit einem Mann Hand in Hand? Es ist nicht immer
leicht, diese Fragen zur Zufriedenheit der Kinder zu beantworten.
Doch wie soll man etwas erklären, was man selbst gar nicht genau zu
wissen meint und schon gar nicht formulieren kann?
Jacques Salomé hat es geschafft, mit einem Gefühl für sanfte Töne seine
Erfahrungen und seine Lebensphilosophie in Worte zu fassen, mit denen
er die Dinge beim Namen nennt und die trotzdem für Kinderseelen
geeignet sind.

ARISTON

Hans-Helmut Decker-Voigt

Mit Musik ins Leben.

Wie Klänge wirken: Schwangerschaft und frühe Kindheit

Festeinband mit Schutzumschlag, 258 Seiten
ISBN 3-7205-2061-7

Die Klänge, die ein Kind ins Leben begleiten, beeinflussen
seine gesamte Entwicklung. Schon im Mutterleib und unmittelbar
nach der Geburt kommuniziert ein Kind mit seiner Umwelt:
durch Laute, Töne und Klänge. Der Musiktherapeut und
Entwicklungspsychologe Decker-Voigt erzählt von dieser Musik,
den ersten Dialogen, von frühen Duetten und der Musik des Stillens.

ARISTON